Gaetano Chiurazzi (Ed.)

The Frontiers of the Other

Philosophie – Sprache – Literatur

herausgegeben von

Hans-Ulrich Lessing
(Ruhr-Universität Bochum)

Band 4

LIT

The Frontiers of the Other

Ethics and Politics of Translation

edited by

Gaetano Chiurazzi

LIT

This publication was printed with financial support of the University of Turin (Italy) – Dipartimento di Filosofia e Scienze dell'Educazione

This book is printed on acid-free paper.

Bibliographic information published by the Deutsche Nationalbibliothek
The Deutsche Nationalbibliothek lists this publication in the Deutsche Nationalbibliografie; detailed bibliographic data are available in the Internet at http://dnb.d-nb.de.

ISBN 978-3-643-90434-8

A catalogue record for this book is available from the British Library

Klosbachstr. 107
CH-8032 Zürich
Tel. +41 (0) 44-251 75 05
Fax +41 (0) 44-251 75 06
E-Mail: zuerich@lit-verlag.ch
http://www.lit-verlag.ch

LIT VERLAG Dr. W. Hopf
Berlin 2013
Fresnostr. 2
D-48159 Münster
Tel. +49 (0) 2 51-62 03 20
Fax +49 (0) 2 51-23 19 72
E-Mail: lit@lit-verlag.de
http://www.lit-verlag.de

Distribution:
In Germany: LIT Verlag Fresnostr. 2, D-48159 Münster
Tel. +49 (0) 2 51-620 32 22, Fax +49 (0) 2 51-922 60 99, E-mail: vertrieb@lit-verlag.de
In Austria: Medienlogistik Pichler-ÖBZ, e-mail: mlo@medien-logistik.at
In the UK: Global Book Marketing, e-mail: mo@centralbooks.com
In North America: International Specialized Book Services, e-mail: orders@isbs.com
e-books are available at www.litwebshop.de

TABLE OF CONTENT

GAETANO CHIURAZZI

INTRODUCTION

If there is a distinguishing mark in the recent studies on translation, a linguistic practice that has become central in the literary and philosophical studies since the 19th Century,[1] this is the coming to the fore of its ethical and political implications.

Between the 1950s and 1960s, studies on translation were characterized by a prevailing scientific interest, focused on the possibility of the automatic translation; for this reason, the approach to translation was almost exclusively pursued from a linguistic and structural point of view.[2] In this period studies on translation were primarily concerned with the content of the speech and aimed at finding equivalent linguistic expressions between different languages. Structuralism and generative grammar, the latter characterized for the matter by a non problematized monolingualism,[3] are among the main protagonists of this period, which focused on linguistic invariants and on the deep universal structures rooted in languages.

For such *source oriented* and normativistic approaches, the original text serves as a model, which translations, though their superficial linguistic

---

[1] For a reconstruction of the history of translation theory, see: A. Berman, *L'épreuve de l'étranger. Culture et traduction dans l'Allemagne romantique: Herder, Goethe, Schlegel, Novalis, Humboldt, Schleiermacher, Hölderlin*, Paris: Gallimard 1984; H. van Hoof, *Histoire de la traduction en Occident*, Paris: Duclot 1991; S. Nergaard, *La teoria della traduzione nella storia*, Milan: Bompiani 1993; Id., *Teorie contemporanee della traduzione*, Milan: Bompiani 1995; U. Stadler (ed.), *Zwiesprache. Beiträge zur Geschichte und Theorie des Übersetzens*, Stuttgart-Weimar: Metzer 1996; B. Osimo, *Storia della traduzione*, Milano: Hoepli 2002.

[2] On this topic, see: W.J. Hutchins, *Machine Translation: Past, Presence, Future*, Wiley, Chichester-New York: Ellis Horwood 1986; on its philosophical presuppositions, cf. U. Eco, *La ricerca della lingua perfetta nella cultura europea*, Rom-Bari: Laterza 1993.

[3] "A profound bias towards 'monolingualism' prevades generative theories and their inference of universality" (G. Steiner, *After Babel: Aspects of Language and Translation*, Oxford: Oxford University Press 1992, p. 245).

transformations, should simply repeat. The consideration that translations never occur in aseptic, ahistorical and acultural contexts was particularly extraneous to this approach; translations, actually, are not merely linguistic facts but textual operations, which take their place on the level of concrete formations: in Saussurian terms, at the level of the *parole* and not of the *langue*.[4]

It is this different approach which in the 1960s and 1970s allowed for the transition from the science of translation to the theory of translation, namely to a cultural approach to it. From this new point of view, linguistic aspects are not considered as the only way to speak about translation, they should be taken in relation to extra-linguistic, "cultural" in a broad sense, elements. The purpose of a theory of translation is to produce, not a new normative science of translation, but rather a descriptive theory rooted in the concrete experience which one makes of it; we could say it is more a phenomenology than a normative theory. Consequently, it involves especially writers and literary scholars, those who have more of a practical experience of translation and therefore know its difficulties and meanders. Not anymore addressed only to the content, this approach reveals a wider pragmatic and even poetic interest, attentive to the enunciative and material aspect of the text, and not only to the expressed message.

Towards the end of the 1980s, translation studies increasingly became an autonomous discipline, with a distinctive academic dignity, achieving a multidimensional approach to the problem of translation. The theoreticians of the *Translation Studies* (among which Susan Bassnet,[5] André Lefevere,[6] Anthony Pym,[7] Basil Hatim, and Ian Mason[8]) tend to conceive translation as an experience where the linguistic factor is much more

---

[4] The difficulties of the authomatic translation have been well summarized by J.M. Cohen, who writes: "Scientific translation is the aim of an age that would reduce all activities to techniques. It is impossible however to imagine a literary-translation machine less complex than the human brain itself, with all its knowledge, reading, and discrimination" (J.M. Cohen, "Translation", *Encyclopedia Americana*, vol. 27, p. 14).

[5] S. Bassnett, *Translation Studies*, London-New York: Routledge 1991.

[6] A. Lefevere, *Translation, Rewriting and the Manipulation of Literary Frame*, London-New York: Routledge 1992.

[7] A. Pym, *Translation and Text Transfer. An Essay on the Principles of Intercultural Communication*, Frankfurt a.M.-Berlin-New York-Paris-Wien: Peter Lang 1992.

[8] B. Hatim, I. Mason, *Discourse an the Translator*, London-New York: Longman 1990.

circumscribed in comparison with cultural factors in a wider meaning: translation is, not so much a process of linguistic communication, than a process of intercultural communication. The possibility and the success of a translation are unthinkable without its immersion in a culture, of which it is one of the main evolutive and cumulative factors. Through translations, cultures are constantly and reciprocally enriched, and this interchange is the principle of their evolution. Translation then becomes the "filter" through which different cultures pass osmotically one into another, allowing therefore to consider their formative processes as intrinsically relational: cultures constitute their identity only in relation with other cultures.

However, beyond, or perhaps jointly with this evolution of the translation studies, a different focus becomes relevant: these being the ethical and political implications of translation. As a discursive discipline living by translations and by transmissions they allow from one culture to another,[9] philosophy must confront translation problems, concerning its conceptualization from one language to another. But without leaving out linguistic and ontological problems, which translation poses on the theoretical level, the path we mainly want to follow here is the connection between translation and ethics, to which the essays in this volume are devoted. This connection is, in my opinion, the mark that characterizes the most recent and specifically philosophical reflection about translation, and not simply literary or cultural.

The fact that the language in general has unavoidable ethical and political implications has been recognised since the early thoughts of both Plato and, especially, Aristotle: speaking allows human being establish relationships and form communities.[10] In the normal and everyday practise of the language this community is already presupposed, in the sense that the encounter with the other occurs always inside a monological condition, where they speak the same language. On the contrary, in the boundary-

---

[9] On this point, see: L. Foran (ed.), *Translation and Philosophy*, Oxford-Bern-Berlin-Bruxelles-Frankfurt a.M.-New York-Wien: Peter Lang 2012.

[10] See Aristotle, *Politics*, 1, 2. The political implications of the Aristotelian theory of language are well highlighted by B. Cassin and M. Narcy, *La décision du sens. Le Livre Gamma de la Métaphysique d'Aristote*, Paris: Vrin 1989; S. Elden, "Reading *Logos* as Speech: Heidegger, Aristotle and Rethorical Politics", *Philosophy and Rethoric*, vol. 38, n. 4 (2005), pp. 281-301.

situations in which the need of translation arises, such a condition is shown in all its contingency and historicity. Representing a non-monological experience, translation poses ethical and political problems on a very radical level: how can we genuinely encounter the other without the risk of an ethnocentrical domination? At the heart, every translation has to cope with the same radicalism that Quine attributed to the encounter with civilizations before contact had never been made.[11]

The title of this book *The Frontiers of the Other* refers to this radicalism. Translation is actually intrinsically a frontier-practise, a boundary-experience, in the sense that it is an experience of the *boundary* of language: a practise that puts in touch alterities, not in the enclosure of one's own home, but on its threshold, on the contact-point between inside and outside.[12] The title *The Frontiers of the Other* suggests this duplicity of the frontier, as a boundary and as a limit: as *limes*, what delimitates territories on a map, plotting their exclusive identities; or as *limen*, what can be seen from both sides, as threshold, which marks the passage from one territory to another, from the inside to the outside. The practise of translation appears as an attempt to cross the frontiers, to pass from one territory to another. It is an operation in which the frontiers become flexible, osmotic; what it bears is not the crystallization of the limit (the re-closing on oneself, the reconstitution of one's identity through the "annexation of the other"[13]), nor its improbable crossing out, but its permeability.

Translation is, on a linguistic level, the equivalent of migratory movements: it evokes explorations of unknown and far-away territories, the experience of nomadism and of exodus. It also involves the risk of manipulation and of political, cultural and ideological domination.[14] It cannot even avoid, however (and this is rather one of its unavoidable conse-

---

[11] W. v. O. Quine, *Meaning and Translation*, in: *Word and Object*, Cambridge: MIT Press 1960.

[12] A reich example of the difficulties and strategies of the translation practise can be found in M. Ballard (ed.), *La traduction, contact de langues et de cultures*, Arras: Artois Presses Université, 1 (2005) and 2 (2006).

[13] H. Meschonnic, *Poétique du traduire*, Lagrasse: Verdier 1999.

[14] On these aspects and on the function, which translation had even in the establishing of the colonial anglo-american politcs between 18th and 20th centuries, and on its ability, on the contrary, to safegard the differences, see L. Venuti (ed.), *Rethinking Translation. Discourse, Subjectivity, Ideology*, London-New York: Routledge 1992; Id., *The Translator's Invisibility. A History of Translation*, London-New-York: Routledge 1995.

quences), hybridizations and graftings, that is, a cultural and ethnic medley: phenomena which all are "translational" in a broad sense, because they involve the passage from one world to another, from one territory to another, from one culture to another, and their multiple and different forms of interaction and structuration.

The ethical significance of translation is then immediate, as the experience, which these phenomena refers to: the very basic experience that every contact with the external world (even, we can say, at the cellular level) involves always a translation, and that the formation of one's own identity cannot leave aside, and rather requires, the confrontation with the other. Translation is thus a privileged field to test the dialectic of identity and difference, to overcome their exclusive or destructive opposition, revealing the possibilities and the risks that the openness to the other always entails: briefly, to inquire into what we call "experience".

It is not by chance, then, that many essays presented in this book assume as a leitmotiv the theme of experience, to the point to see its paradigm in translation. This is due to the differential character of experience, which steadily requires a confrontation to the other – which can be the real or the other I, which we encounter in the world – and a consequent consciousness of the never complete assimilation of such an otherness. The experience is "translational" since its rise, because it has in the difference and in the confrontation its constitutive core. The essence of the *homo traductor* – whose identity coincides with the human condition itself, recognizing it as a universal phenomenon of human activities, not only those strictly communicative[15] – is the relation with the other.

As theorized by Schleiermacher,[16] translation is marked by a bidirectional tropism, which determines its ethical ambivalence: on one hand, if the stress falls too emphatically on the target language, translation can become an ethnocentric and even imperialistic, identitarian practise; if, on the other hand, its *telos* is oriented to the initial and constitutive encounter with the other, to the source language, it can become an

[15] G. Steiner, *After Babel: Aspects of Language and Translation*, cit.

[16] For a reconstruction of the role that the experience of the encounter with the other had in the theorizations of translation in the German Romanticism see: A. Berman, *L'épreuve de l'étranger. Culture et traduction dans l'Allemagne romantique: Herder, Goethe, Schlegel, Novalis, Humboldt, Schleiermacher, Hölderlin*, cit.

eccentric and de-totalizing differential practise. Translation can be considered, then, as an attempt to bring the other back to one's own world or, vice versa, as an attempt to open up one's own world and to experience different cultures The specificity of philosophical reflection on translation lies in having grasped, in all its ambivalence, this ethical dimension, even when it seems to be confined to a linguistic problem: this is proved by the essays that are presented here, in which the references to the wide debate on translation are evident, a debate which encompasses philosophers such as Friedrich Schleiermacher, Walter Benjamin, José Ortega y Gasset, Willard van Orman Quine, Hans-Georg Gadamer, Jacques Derrida, Paul Ricœur. In all these authors, the unavoidable linguistic and ontological problems the translation poses are unfailingly interwoven with ethical and political considerations.

The most important consequence of this barycentric shifting from the language to ethics is a different evaluation of the phenomenon itself of translation. The perspective of the linguistic universalism bare a substantial devaluation of it, since it was intended in a *negative* way, as a defective condition, from which we have to emancipate, as a stigma of the human condemnation, the mark of his fall from a condition of unity and perfection (following a reading of the biblical myth of the Babel Tower that today, however, is even more disputed[17]). On the contrary, as a result of the differential constitution of the human experience, it can now be understood in a *positive* way, as a process of liberation and emancipation. The polyphonic openness to the other, and not the monological closure on the identical, is in fact the very impulse of liberation. This different evaluation constitutes in conclusion the most significant contribution, which the philosophical studies gave to the problem of translation, and to which this book means to give voice.

In the following essays, the general leading thread of ethics and politics of translation gives rise to several considerations, which develop the sketched ideas, approaching them from different and complementary perspectives.

---

[17] See: D. Di Cesare, *Grammatica dei tempi messianici*, Firenze: Giuntina 2011.

Part I of the book, *Translation as Experience of Alterity*, is devoted to theoretical aspects of translation. Silvana Borutti's text, *Traduction et expérience, traduction et connaissance*, opens this section: in it, the problem of translation interweaves that of experience and of knowledge. Echoing some thesis of contemporary epistemology and anthropology (from Pierre Duhem to Willard van Orman Quine and Thomas Kuhn, from James Clifford to Dan Sperber), Silvana Borutti sees translation as a process of symbolic transformation, a definition that justifies the wide use of this concept in contemporary discussion about translation. It permits the communication between different levels of experience – the semantic, the conceptual and the ontological ones. Translation is then essentially a comparative practise; the unique way to achieve the formation and the consciousness of our identity (the purpose of every symbolic process, on the different levels mentioned above) is, actually, the contrastive way of the experience of the other: we cannot recognize ourselves and our representations and conceptualizations of the world but in relation with other representations and conceptualizations. The "gap" between them is the condition of every real understanding, the space in which the reciprocal identities can arise. Silvana Borutti heightens then the dynamic, productive meaning of what we can call "ontological untranslatable": it represents, not a failure, but a resistance, which sets again in motion the process of understanding. As Wittgenstein said, the basis of our experience of the other (but we can add: even of ourselves) is not the confrontability and the similarity, but the unconfrontability and the difference.

This point is also at the centre of Gaetano Chiurazzi's and Ute Heidmann's textes. The former, *Incommensurability and Experience of Alterity: Translation from Ontology to Economy*, starts from an analysis of the problem of incommensurability in Greek mathematics. Translation can be seen, in fact, as the analogous, on the linguistic level, of what the discovery of incommensurable magnitudes was for ancient mathematics: it shows the irreducible difference between languages. The consequence of the crisis caused by the discovery of incommensurable magnitudes was the overcoming of the static Parmenidean ontology, in favour of a dynamic ontology, and the passage from a logic of commensuration (that is, of synonymy) to a logic of mediation (that is, of analogy). The logic of translation cannot be but this "new" logic: the logic of the movement, of the transformations, of the contingency. Even on the ethical level (and economical, as it is suggested in the conclusion), it is the defence of a certain incommensurability – the idea that there is not a common measure for everything – that allows to preserve from totalization and from the reduction to a unique rule.

In *« C'est par la différence que fonctionne la Relation avec un grand R ». Pour une approche comparative et différentielle du traduire*, Ute Heidmann, with her experience as a comparatist, shows that the purpose of the translation is, not bringing out the identities and the synonymies between languages, but their differences. It is a differential process, of which literature offers several examples. Translation is possible only as presenting itself as a re-elaboration of the enunciative field, which involves, not without creative elements, a very textual and inter-textual reconfiguration: translation is then not the mere transposition of the original text in the target culture. In this way, the consciousness of alterity and irreducibility of languages does not constitute an obstacle to their relation: it becomes rather a motive of the reciprocal exchange between languages and cultures, a condition of their differential formation.

Chiara Sandrin's essay, *„Siebzehn Arten von Feigen". Name, Erfahrung, Übersetzung bei Walter Benjamin*, approaches the topic of translation from the experience of travelling in a foreign land, an occasion, for Benjamin, for reflecting about the mimetic character of the nouns. Through the nouns of places, we know and make experience of the extraneous, which is the normal situation of the translator. Nouns keep the originarity of an experience, of which the translation can only be reminiscent in an analogical way, awakening, through the feeling of this discrepancy, the memory of a third language, of the pure language, which will be the theme of Benjamin's famous essay *Die Aufgabe des Übersetzers*.

The considerations of these first essays on alterity introduce the properly political reflections of Part II, *Ethics and Politics of Translation*. Caterina Resta's text, *Jacques Derrida: poetica e politica della traduzione*, considers two of the most relevant philosophical discussions of the 20th century about translation, those of Benjamin and Derrida. At the centre of Derrida's theory on translation is the question of the untranslatable: it is what withstands the hegemonic project of linguistic universalism, and thus constitutes one of the best resources of deconstruction. Deconstruction is actually directed against every attempt of reducing the real to identity. A politics of translation is then a politics that has to face at the same time a double requirement. On one hand, it must impede that differences between languages are overcome by a monolingualism, which presents itself as a universalism and leads in reality to the imposition of one language over the others. On the other hand, it must also avoid to fade its relation to the other in order to reconstruct an idiomatic identity, a relativistic isolation of cultures and languages. This is possible only if, according to Derrida, we intend the language as a moment of *exappropriation*, that is, of appropriation of oneself through the relation to the other, which has a factual concreteness in the experience of emigration and of exile, political ways out from a totalitarianism. Translation could then be understood as a condition of political de-totalization: as what impedes the totalitarian closure, thanks to the double movement of the exile to a foreign language and its acceptance in one's proper language.

Donatella Di Cesare concentrates on the sense that the politics of translation assumes or can assume in the globalized contemporary world. In the title of her essay, *Per una politica del tradurre*, the genitive is to be understood at the same time as objective and subjective. In the objective sense, it means that translation is often under political and cultural rules, which we must be conscious of; this is for instance what happens in today's attempt at imposing a common language, the "globalenglish", which is functional to a centralist power and to a future world state. In the subjective sense, it means on the contrary that translation, just because of the irreducible experience of alterity it involves, can be taken as a paradigm for a politics opened to the other and to the difference. Translation therefore needs to be conceived not as a substitution of the original text, but as something that must preserve in itself the memory of the original, from which it comes and differs, following a tradition, which has in Jewish philosophers Franz Rosenzweig and Walter Benjamin its greatest representatives.

The idea that translation must preserve the trace of the original text, arousing a feeling of extraneousness – as it happens in a "voyage to the foreing" – is also at the centre of the philosophical reflections of Ortega y Gasset. Francisco Martín, in *Exile and Translation. A Political Reading of José Ortega y Gasset "Miseria y esplendor de la traducción"*, tries to show that behind this idea, already proposed by Schleiermacher, there are political considerations, which again bring the topic of translation to the topic of emigration and exile. Through a wide reconstruction of the historical context – the *circumstantia* – in which Ortega's text was published, Martín shows that this text is in fact a political appeal to Spanish people: speaking on translation, Ortega speaks indirectly of the political possibility to get out of dictatorship. Translation is in general the oblique way, which allows every process of liberation and the leaving of an oppressing and closing condition. The "voyage to the foreign" is then – as we have seen by several authors of this book – a metaphor of such an openness.

Just as well as a political paradigm (deeply different from that of conflict), translation is understood in Alberto Martinengo's *Dal conflitto alla traduzione. Metafore dell'interpretazione in Paul Ricoœur*. Translation turns by Ricœur into a mediating and managing model of intersubjective relations in a democratic society, where it is needed to temper different requests. Furthermore, it is a paradigm through which trying to articulate theory and praxis, a paradigm which poses, in a peculiar way, the problem of political praxis – in the concrete translation – and of its theoretical reflection – as the problem of the perfect or ideal translation. That the ideal can be only imperfectly achieved, is not a reason to say that translation is absolutely impossible; translations occur, and they succeed effectively in connecting different languages and cultures. There is then a *bonheur* (an untranslatable concept, at the same time "happiness" and "luck") of translation. Translation is thus a place of an *interlinguistic hospitality*, which finds in forgiveness its ethical model, as it tempers faithfulness and betrayal. It is then possible to assume translation as a political paradigm, because it gives a guarantee of plurality in the conflict between languages: like in forgiveness, the hospitality of the other is a condition of reciprocal emancipation.

Adriano Fabris' essay, *Ethik der übersetzerischen Beziehung*, concerns this ambivalence of the translational practice. On one hand, it compares with an alterity, on the other hand it must look for a mediation: it is an analogical process, searching for an essentially precarious balance, which has an ethical importance because it appeals unavoidably to responsibility. The experience of translation is an "uneasy", disturbing experience, since it gets in touch with something different and potentially inassimilable: it can therefore be a model of the experience and of philosophy itself, which arises from astonishment in front of something strange or extraneous, which we try to "translate" in our more familiar words. However, it has no guarantee: its reference field is not metaphysics but ethics, a science which, as Aristotle teaches, concerns what is contingent and moving, and which requires a mediative faculty, the *phronesis*, a central concept in the hermeneutical reflections of the 20th century. Translation is thus, rather than assured by ontological presuppositions, remitted to responsibility, to the translator's capability of finding a real meeting point between different worlds.

In the Part III of the book, *Crossing the Frontiers: the Literature*, the theoretical reflections of the previous essays are tested in the concrete work of translator, on the field of literature. Taking the cue from a Russian poetess Marina Tsvetaeva's sentence, Adalberto Mainardi, in *"The Poet's Mother Tongue". Translation as Ethic of Thought*, sees in the untranslatable – as it appears especially in the poem – the very ethical resource of translation. The untranslatable marks the emergence of the other; it means the impossibility to reduce the other's language to one own's language. This emergence is not an accidental, but a constitutive fact inside a culture: it situates itself on the edge of cultures and languages, but just for this, as Bachtin stated, it is essential to them, because it marks their boundaries. The figure of the foreigner who speaks another language inspires intrinsically the ethics of translation: which is not only a set of rules and precepts we apply extrinsically in the translation practice, but also a way of thinking that orientates the translation from within. Its purpose is the faithfulness to the untranslatable, which is betrayed by the unique language, since it cancels the multiplicity of translations. This ethical faithfulness is then assured, not by coming back to a pre-Babel language, but in the miracle of Pentecost, in the possibility of understanding in and thanks different languages.

Two different examples of the possibilities of translation to render the original text in another language are offered by Evgenij Solonovič and Nadia Caprioglio. Evgenij Solonovič's text, *Esperienza del tradurre poesia: tra possibile e impossibile*, gives a good example of what happens in the practice of translation, when it must face the untranslatable. In this situation – which is the normal situation of poetry –, the translator has the responsibility to render the message of another language comprehendible for whom is able to pick it up only this way, through the translator himself. The responsibility is therefore double, since he does not speak in his own name, but in the name of the other, of whom he is the alter ego. In his translations of Italian poets, Solonovič admits that he had to unavoidably leave out something (poetry is the art of loss), but just the impossible challenge of translation to translator makes poetry so interesting. Despite these losses, he tried however to render the satiric effect, the protest and the criticism which some poems expressed in their original contexts: he was this way able to cause the same effect in the Soviet context. To translate, in this case, does not mean to translate literarily, but to provoke the same effect on the reader, with the advantage that the translator can make his own criticism under oppressive situations by hiding himself behind the author: in the target language, translation functions this way like the original, that is, it assumes its same role.

According to Nadia Carpioglio, Nabokov's translation of Aleksandr Pushkin's famous Russian poem *Evgenij Onegin* offers the interesting example of an artist performing as translator, critic, annotator and scholar commentator. The article, *Il pony di Nabokov. La traduzione inglese di "Evgenij Onegin"*, explores Nabokov's work on translating *Evgenij Onegin* and his subsequent reflection on the possible methods to render a literary work in another language, coming to the conclusion that the only true translation of a poem is the translation rendering as closely as possible the exact contextual meaning of the original (in his terms "literal" translation), sacrificing to the completeness of meaning everything but the jambic rhythm.

The translator must choose: it is may be this conclusion that resumes its very ethical activity. Even when he wants to be as loyal as possible, he is creative, he cannot escape the responsibility of his liberty. Babel is not a condemnation, but a gift of a new creativity: the creativity of translation.

Acknowledgments

Most of the essays of this book were presented, in a first and shorter version, during the International Congress *Le frontiere dell'altro. Etica e politica della traduzione*, held in Turin (Italy) on February 11th and 12th 2013. I wish here to thank prof. Massimo Ferrari, Head of the "Dipartimento di Filosofia e Scienze dell'Educazione", and prof. Lorenzo Massobrio, ex Dean of the "Facoltà di Lettere e Filosofia", University of Turin, who sponsored it. I would like to thank also Frau Isabel Opatz of the LIT-Verlag for her help during the publication of this book.

PART I

TRANSLATION

AS EXPERIENCE OF ALTERITY

Silvana Borutti

TRADUCTION ET EXPÉRIENCE, TRADUCTION ET CONNAISSANCE

1. Traduction et différence : pluralité des langues et nécessité de la traduction

Qu'est-ce que la traduction pour cette faculté humaine, trop humaine qu'est le langage ? C'est là une question qui mérite une réflexion philosophique, une réflexion inspirée par la conviction que la traduction est une fonction essentielle et constitutive pour la vie du *langage entendu comme mise en commun de la vie humaine*. Elle est donc un espace d'expérience qui a une importance cognitive et éthico-politique.

Babel est le mot-concept dont nous disposons afin de dire ce qu'est et ce qu'opère la traduction. Selon la vulgate d'interprétation que tout le monde connaît, Babel, le mythe que bien des civilisations partagent d'une façon mystérieuse,[1] parle d'une *Ur-sprache*, une langue originelle unique dans laquelle le mot et la chose se correspondent, et qui est suivie par la punition et la dispersion chaotique des langues plurielles, à cause d'une faute fatale. La nécessité de la traduction afin de dépasser l'impossibilité de la communication demeure ainsi liée sinistrement à la culpabilité. Or, Babel est en effet un récit,[2] au sens aristotélicien de *muthos*, mais, comme c'est le cas avec de nombreux récit provenant de la tradition, il est devenu un mythe au sens de narration symbolique concernant les origines : la signification de Babel s'est congelée dans le mythe du désordre, de la confusion des langues, de l'incommunicabilité, c'est-à-dire du châtiment par lequel Dieu se venge de la *hubris* des hommes. À travers une longue série d'exégèses et de commentaires, le récit de Babel a été transformé dans le mythe de la langue originelle dispersée dans les langues plurielles. Mais relire les contes de tradition est une opération de connaissance que l'on doit toujours faire à nouveau : une analyse philologique,

[1] Cf. Steiner 1975, ch. II.

[2] *Genèse*, 11, 1-9.

linguistique et sémantique du texte hébreu montre qu'en fait on peut lire la dispersion des langues et le multilinguisme non pas tant comme une punition divine que comme une action bénéfique qui évite à l'humanité de sombrer dans l'unique et dans l'indifférenciation.[3] Les vingt lignes constituant l'épisode de la tour ont toujours été lues en isolation, mais il ne faut pas oublier qu'elles sont déjà précédées par le récit de la dispersion des peuples et de la multiplication des langues (conséquence de la descendance très riche de Noé).

On peut donc considérer que, si la dispersion après le déluge précède la construction de la tour, le récit de Babel peut alors revêtir la signification d'un fantasme régressif, d'un retour à la pensée de l'origine. Dans cette lecture, Babel signifie à la fois la pensée de l'origine et l'assomption de la pluralité des langues, c'est-à-dire de la richesse des formes de vie humaines et des mondes possibles compris, interprétés et communiqués dans le langage. La traduction nous apparaît alors liée moins à un crime qu'à un acte de détachement de l'identique et de l'indifférencié : un acte qui est donc *de connaissance et de croissance*. Perspective renforcée par une lecture psychanalytique : en ce qu'il renvoie au fantasme d'une langue originelle absente, en ce qu'il pense un manque, Babel est un mythe rétroactif et consolateur.[4] On peut en effet le lire comme l'élaboration de la douleur du détachement de l'Un, une élaboration projetant une langue originelle unique, qui n'a jamais existée et qui est inatteignable, mais qui est pensée comme originaire et fondatrice ; mais dans le temps même où il réconforte pour la perte (aspect régressif), il attire l'attention sur la différence et la limite (aspect progressif). Dans cette perspective, le mythe de Babel apprend au fond à penser le problème de l'un et des plusieurs, en ce qu'il représente les différences sur le fond de l'unité perdue : il représente les différences sur le fond d'un rapport in-

---

[3] Cf. Ost 2009, Prologue. Donatella Di Cesare (2011, p. 32-33) *reconstruit* l'herméneutique hébraïque des versets de la *Genèse*, en en soulignant des significations cruciales : en intervenant pour disperser l'humanité qui construit la «verticalité fermée de la tour» afin de "se faire un nom", « Dieu empêche la concentration totalitaire dans une seule ville » ; l'humanité est ainsi forcée de se disperser « vers l'horizontalité ouverte du monde », et de remédier en traduisant. Di Cesare renvoie à *La tâche du traducteur* de Benjamin: « Dans la tradition hébraïque toute entière, le traduire, entendu au sens le plus large, est la tâche messianique par excellence » (p. 34).

[4] Pour une lecture psychanalytique du mythe, cf. Amati Mehler, Argentieri, Canestri 2003, p. 21.

time demandant ce « lien intensif » qu'est la traduction, dont parle Benjamin.

Le sens du mythe de Babel auquel je me réfère, à fin d'arriver à une perspective mieux définie sur la traduction, est celui que nous pouvons lire aussi dans un passage de *Crise de vers* de Mallarmé (1895), auquel se reporte Benjamin dans *La tâche du traducteur*. Mallarmé y montre le lien philosophique entre la pluralité des langues et l'être du langage :

> Les langues imparfaites en cela que plusieurs, manque la suprême : penser étant écrire sans accessoires, ni chuchotement mais tacite encore l'immortelle parole, la diversité, sur terre, des idiomes empêche personne de proférer les mots qui, sinon se trouveraient, par une frappe unique, elle-même matériellement la vérité. Cette prohibition sévit expresse, dans la nature (on s'y bute avec un sourire) que ne vaille de raison pour se considérer Dieu; mais, sur l'heure, tourné à l'esthétique, mon sens regrette que le discours défaille à exprimer les objets par des touches y répondant en coloris ou en allure, lesquelles existent dans l'instrument de la voix, parmi les langages et quelquefois chez un. A côté d'*ombre*, opaque, *ténèbres* se fonce peu; quelle déception, devant la perversité conférant à *jour* comme à *nuit*, contradictoirement, des timbres obscures ici, là clair. Le souhait d'un terme de splendeur brillant, ou qu'il s'éteigne, inverse; quant à des alternatives lumineuses simples - *Seulement*, sachons *n'existerait pas le vers* : lui, philosophiquement rémunère le défaut des langues, complément supérieur.

Le thème de Babel signifie chez Mallarmé aussi bien la pluralité des langues, que l'inachèvement de chacune; cette imperfection des langues entraîne l'allusion à une langue suprême, et la demande d'un achèvement. Une langue suprême serait « elle-même la vérité », elle serait la réalisation d'un lien nécessaire entre le son et le sens, entre signifiant et signifié (« par une frappe unique », où le signifiant disparaîtrait dans la réalisation du signifié); cette langue serait en même temps une langue philosophique, esthétique et mimologique,[5] elle serait une langue motivée, liée d'un rapport essentiel avec la chose. Le manque de cette langue suprême, c'est-à-dire, d'un lien nécessaire entre le son et le sens, est ce qui justifie et fonde *le travail supplémentaire et réparateur du signifiant* - travail qui est mis en œuvre dans la traduction (à laquelle Mallarmé fait allusion dans l'expression « parmi les langages ») et dans le vers. Si chaque langue est

[5] Dans un texte de 1877, *Les mots anglais*, Mallarmé avait soutenu une idée « mimologique » de la perfection, ou de l'achèvement, des langues (cf. Genette 1976, p. 257-314).

défectueuse du point de vue de sa correspondance mimétique avec la qualité des choses, l'insuffisance des langues demande un supplément, que l'on peut entrevoir « parmi les langages », dans le rapport avec le caractère mimétique d'une autre langue, renvoyant à un état de perfection absent. Mais le vrai « complément supérieur », le vrai supplément de l'absence de la langue suprême est le vers. Le travail du vers sur le signifiant, qui est un effort de rythme et de style, transforme la langue en langage où le son et le sens sont liés essentiellement – « le vers n'étant autre qu'un mot parfait, vaste, natif »:[6] à savoir, un mot motivé, étendu, développé dans un syntagme ou phrase, « juste » comme à l'origine. Le vers est « rémunération philosophique », parce qu'il suture la séparation entre la langue originaire et les langues plurielles, tout en montrant en même temps l'absence d'un mot essentiel immédiat (« quant à des alternatives *lumineuses simples - Seulement*, sachons *n'existerait pas le vers* »). Babel et traduction sont donc chez Mallarmé des thèmes théoriques qui font allusion à un achèvement esthétique et philosophique de la langue, poursuivi par le travail réparateur du vers, et par le travail réparateur qu'est le rapport traductif parmi les langues plurielles – un achèvement qui n'est pourtant jamais atteint.

Sur le fond de l'unité jamais atteinte, la traduction, c'est-à-dire le passage liant les langues plurielles, est l'assomption des différences, et en même temps l'ouverture à leur traitement possible. D'ailleurs, la préposition "entre" en français (et l'expression "entre-deux") - *dia* en grec, *Zwischen* en allemand, *tra* en italien – ont le pouvoir d'introduire à l'intérieur du lexique un véritable champ sémantique : ils indiquent en effet la condition de la traduction, qui signifie en même temps l'*être entre* deux langues et deux horizons symboliques, et la *traversée.* La traduction signifie en d'autres termes la différence jointe au lien, au dialogue, ò l'échange ; en dernière analyse, la traduction renvoie au *lien entre le sens et la différence*.

Le thème de la différence est donc fondamental. Il est sûrement vrai que la traduction vise toujours à nouveau et nécessairement à « dire la même chose », mais il est aussi vrai que sa richesse est toujours, et même nécessairement, « dire autrement », dans un processus incessant et constamment ré-ouvert de transformation symbolique réciproque entre une langue

[6] Mallarmé 1890, p. 492.

et une autre langue. « Dire autrement » peut nous apparaître comme une perte, une entropie. La question posée dans le livre que j'ai écrit avec Ute Heidmann[7] est justement : *comment se fait-il que l'expérience de la traduction transforme cette perte, cette entropie, en richesse ?* À travers la traduction, les langues s'enrichissent : elles s'échangent et se dérobent réciproquement des significations ; elles brisent la clôture et l'étroitesse du provincialisme, elle communiquent leur propre force signifiante, en s'enrichissant réciproquement et en renforçant leur capacité d'héberger les autres. Sous cet éclairage, traduire est une opération novatrice qui est une traversée, une transmission et une métamorphose, dans une situation qu'on a l'habitude d'appeler *babélesque* dans un sens négatif, mais que nous invitons à considérer sous ses aspects positifs. Babel est à envisager comme mise en œuvre des différences, parce que les « *langues dans lesquelles on parle, on songe, on se tait* », on comprend, on se forme des images de soi-même, des autres, du monde, sont diverses.[8]

La traduction est donc une pratique des différences à valeur théorétique, parce qu'elle met au jour les différences en les mettant en œuvre: elle est en fait le problème du corps signifiant, à savoir, le problème de l'interaction spécifique entre le son et le sens et de la segmentation spécifique du contenu se réalisant dans une langue non seulement à travers le lexique, mais aussi à travers des structures grammaticales et syntaxiques – ce qui constitue l'être (le corps) de cette langue. Traduire est au fond montrer et accepter la différence, ce qui constitue un double lien: d'une part *je ne peux ne pas* traduire, c'est-à-dire ne pas exposer ma langue et mon système conceptuel à des modèles différents d'interaction entre le son et le sens, et à des modèles différents de segmentation du contenu et de construction de la réalité; mais d'autre part et en même temps *je ne peux pas* traduire, je ne peux pas reproduire dans ma langue le corps signifiant de l'autre, qui est aussi bien constitutif du sens, mais je suis obligé de *réincarner* le signifiés de l'autre dans ma propre langue.

Cette interaction spécifique entre le son et le sens qui est une langue est plurielle depuis l'origine. La pluralité n'est pas «un fait accidentel ou additionnel par rapport à la nature du langage, mais au contraire un fait

---

[7] Borutti, Heidmann 2012.

[8] Amati Mehler, Argentieri, Canestri 2003, p. 2.

consubstantiel à sa constitution»[9]. Il n'y a pas de langage, sans la réalisation multiple du langage dans des langues différentes, sans traduction et peut-être sans projection d'une langue originaire absente, il n'y a pas de langage sans Babel.

2. Traduction et expérience : un concept élargi de traduction

Or, si la traduction peut être envisagée comme modèle du rapport entre les langues, les littératures et les cultures, elle l'est moins en tant que modèle épistémologique et traductologique élaboré d'une façon abstraite que comme une véritable *expérience*, un acte qui réalise un rapport entre des textes et des langues et qui implique qu'on demeure entre deux langues et entre deux horizons symboliques, et en même temps qu'on les traverse. Voilà donc le deuxième mot-clé: expérience. L'accès cognitif, communicatif et affectif à la différence est une expérience de connaissance ainsi qu'une dimension de recherche ; ce qui ne peut qu'arriver dans un processus, parce que les significations, les concepts, les textes littéraires et culturels d'autrui (l'altérité en général) ne sont pas des entités, mais des formes dynamiques toujours en transformation. La traduction a justement la tâche fondamentale de mettre en communication dynamique les différences. C'est pour cela que Barbara Cassin, en projetant un *Vocabulaire européen des philosophies*,[10] a choisi de privilégier ces « symptômes de différence » que sont *les intraduisibles*: c'est-à-dire, ces mots, ces expressions, ces textes qui, même s'ils sont déjà traduits, demandent toutefois qu'on recommence constamment à les traduire, parce qu'il portent en eux, sous une forme exemplaire, les différences entre les langues et les ensembles théoriques et philosophiques. Qu'on pense aux mots grecs, de *phusis* à *skepsis* à *psuché* ..., qui sont tous des défis à notre capacité de comprendre à travers la traduction.

Tout cela étant donné, il est à mon avis important de plaider la cause d'un concept élargi de traduction,[11] comprise comme transformation symbo-

[9] De Mauro 2003, p. XXXVII.

[10] Cassin 2004.

[11] In *On Linguistic Aspects of Translation*, Roman Jakobson (1959, p. 79) propose une perspective d'élargissement, en distinguant traduction *intra-linguale* (recherche d'un synonyme), traduction *inter-linguale* ou traduction au sens propre (transfert d'un message

lique : une transformation concernant non seulement les langues, mais aussi la connaissance qui se forme et se communique au travers des langues, et l'ontologie, à savoir, l'être qui s'exprime et se communique dans les langues. En tant qu'opération cruciale qui arrive à rompre le lien entre signifiant et signifié, c'est-à-dire le lien du sens avec son corps – lien constituant toute langue et tout ensemble conceptuel – et à le recomposer dans une autre langue, en le mettant en contact avec des formes différentes d'interaction entre le son et le sens, la traduction pose sur le terrain non seulement des problèmes sémantiques (concernant le rapport entre les significations), mais aussi des problèmes épistémologiques (concernant le rapport entre les concepts et les théories), des problèmes philosophiques et ontologiques (concernant le rapport entre les sujets et les cultures). Afin de garder le lien traduction-connaissance-ontologie, nous considérons la traduction comme un déplacement symbolique, au sens élargi de Jakobson, intra- et inter-linguistique ; et nous employons "symbolique" au sens de la "forme symbolique" de Cassirer, en tant que travail vital et formel qui nous permet de vivre et de comprendre notre monde.[12] C'est justement à partir de cette perspective sur les systèmes symboliques, compris en tant que formes de construction du monde, que la traduction apparaît comme une opération qui est en même temps sémantique, conceptuelle et ontologique. Si la traduction est un passage entre des *systèmes symboliques de construction du monde*, et non pas entre des nomenclatures différentes appliquées à une base commune de données, elle finit par concerner la langue, le monde, le sens des sujets qui se confrontent ; elle devient le nœud de situations cognitives cruciales.

Que l'on pense par exemple aux problèmes de la traduction conceptuelle dans les contextes de révolution scientifique et de changement de paradigme. On peut considérer par exemple le problème de l'intraduisibilité de la chimie du phlogistique dans celle de l'oxygène. La révolution chimique de Lavoisier signifie en fait une restructuration complète de la

dans un message équivalent dans une autre langue), et traduction *inter-sémiotique* (transfert, par exemple, d'une sémiotique linguistique, comme l'est une langue naturelle, à un système sémiotique différent, comme l'est un *medium* audiovisuel).

[12] Je renvoie au concept cassirerien de forme symbolique en tant qu'activité de "donation de forme" (*Form-gebung*), de constitution d'horizons symboliques constituant le contenu et rendant le monde compréhensible.

représentation de la matière et du monde des éléments, car la chimie moderne remplace le principe des quatre racines substantielles de la matière par le principe de l'homogénéité de la matière – le principe selon lequel la pureté des éléments n'est pas donnée en nature, mais dans le laboratoire du chimiste, en tant que résultat de techniques de purification.[13] La découverte de l'oxygène implique qu'on abandonne le phlogistique en tant que principe chimique causant la combustion, et qu'on arrive à voir la combustion comme l'absorption d'un gaz présent dans l'atmosphère ; ce qui signifie une re-formulation de la nomenclature chimique qui est en même temps une véritable re-invention du monde chimique. Mais s'il est vrai que la théorie du phlogistique n'est pas traduisible dans la théorie de l'oxygène, les savants qui soutiennent des théories différentes peuvent toutefois arriver à comprendre chacun la théorie de l'autre, en devenant bi-théoriciens : comme le dit Kuhn (1983), ils arrivent à avoir un regard qu'on peut appeler traductif.

La traduction pose aussi sur le terrain des problèmes philosophiques et ontologiques concernant le rapport *entre les sujets et les cultures*. En particulier, en anthropologie (une relation de connaissance qui a la tâche difficile de confronter les autres cultures avec notre volonté de savoir et d'objectiver) elle a une valeur exemplaire en ce qu'elle offre la possibilité d'accès aux significations d'autrui. Les anthropologues ont commencé à parler de “traduction de cultures” à partir des années Cinquante du vingtième siècle. James Clifford indique dans la partialité de la traduction le moteur de la connaissance anthropologique. Toute expérience de l'anthropologue est une expérience de traduction où l'on expérimente la partialité du rapport avec l'autre culture : la vérité qu'on atteint est partielle parce qu'elle est une vérité *traduite*, une vérité qui n'est jamais complètement neutre ni définitive, et qui est toujours liée à des rapports de pouvoir.[14] Les anthropologues réfléchissent sur la signification dynamique et productive de ce que l'on peut appeler “intraduisible ontolo-

---

[13] Cf. Kuhn 1970, ch. VI. Avant Lavoisier, Priestley avait recueilli le gaz libéré par l'oxyde de mercure, mais il l'avait catégorisé par les vieux concepts, en tant qu'un type d'air sans phlogistique. Ce qui signifie que Priestley *ne voit pas* l'oxygène, même s'il l'a isolé : c'est seulement Lavoisier qui arrive à le voir comme un élément distinct, comme un gaz, un constituant de l'atmosphère.

[14] Cf. Clifford 1997. Spivak G.C. (1999) analyse la traduction comme pratique qui donne la parole au sujet colonial à l'intérieur d'une hiérarchie de pouvoir.

gique" : *non pas faillite, mais résistance qui remet en mouvement le processus de la compréhension.* La traduction en anthropologie est exemplaire du court-circuit entre l'appropriation possible et les limites (ou conditions) de l'appropriation, liées au caractère inévitable d'une prise de distance produisant une objectivation.

En anthropologie, ce sont justement les obstacles qui sont à la base de la compréhension des significations d'autrui – une compréhension qui se réalise en soulignant la distance des mondes symboliques et, en même temps, en re-inventant les mots de sa propre culture. Dan Sperber (1982) commente le travail ethnographique d'Evans-Pritchard sur les Nuer: l'anthropologue traduit le rituel du *kuk kwoth* chez les Nuer par "sacrifice à Dieu" ou "à un esprit", mais, après avoir traduit, il consacre plusieurs pages de commentaire pour éloigner cette expression des significations relevant de l'Antiquité classique ou de la chrétienté que nous lui associons, ce qu'il fait en reconstruisant le contexte, ou le jeu linguistique qu'est le rite Nuer. Il explique que dans le champ sémantique du sacrifice Nuer il faut penser aussi les idées d'échange, de rachat, de négociation, de rédemption des malheurs: devant une culture radicalement étrangère, il connaît en traduisant, mais sa traduction est en même temps une réinvention des mots de sa propre culture – une forme de re-compréhension qui naît d'un décentrement du soi, comme le dit Meschonnic (1973), et d'un prise en charge de la distance de l'autre. La connaissance en anthropologie commence sous forme d'une glose sur l'activité de la traduction.

Encore, nous n'arrivons à comprendre les représentation fataleka (Mélanésie) de l'univers et de l'origine du monde qu'à travers des notions constitutives de notre imaginaire spatial (comme les notions de "limite et d'"histoire") et des notions par lesquelles nous représentons l'origine de notre culture (comme le thème grec de l'*apeiron*), mais que nous n'arrivons même pas à rendre transparents à nous-même.[15] Nous n'arrivons à comprendre le *hau* maori qu'à travers des notions comme "prix", "don", "profit", "paiement" que nous n'arrivons même pas à définir, et à travers des oppositions comme utilité/gratuité, échange/don, qui se trouvent au cœur de l'articulation entre économique, juridique et politique dans notre forme de vie, et au cœur de bien des conflits culturels.[16]

[15] Cf. Guidieri 1980, 1.2.

[16] Cf. Kilani 1990.

Mais ce sont justement ces résidus et ces creux qui constituent l'espace et le temps où la connaissance fait son travail : l'intraduisible n'est pas simplement une limite cognitive par rapport à un idéal de connaissance transparente ; il est, par contre, la limite ontologique définissant les bords de notre expérience de l'altérité, une expérience qui se réalise par contraste, à partir de nous-mêmes, et qui contribue en même temps à notre auto-compréhension. Comme le suggère Wittgenstein, ce qui constitue la base de notre expérience de l'autre n'est pas la comparabilité ni non plus la ressemblance, mais plutôt la non comparabilité et la différence.

3. Théories « ultra-sémanticistes » de la traduction versus utopie concrète de la traduction

L'intérêt de la perspective que l'on peut lire dans le passage (commenté plus haut) de *Crise de vers* de Mallarmé consiste dans le fait qu'il s'oppose aux conceptions « ultra-sémanticistes »[17] de la traduction, d'après lesquelles la tâche de la traduction est la restitution du sens entendu par un mot, par une phrase, par un texte; d'après lesquelles en d'autres termes la traduction est transposition du contenu, entendu comme dénotation ou information. Une version fort intéressante du sémanticisme est la théorie de la traduction de Jakobson, qui interprète la traduction comme une opération *offrant deux messages équivalents en deux codes différents* : de ce point de vue, la traduction est fondamentale pour la signification, parce qu'elle révèle l'invariant, ce qui ne change pas au cœur du sens. Mais il est significatif que Jakobson doit laisser tomber son sémanticisme au moment où il discute de la traduction poétique. En fait, si la traduction est re-codage du message par des moyens linguistique différents, la poésie est intraduisible par définition. En poésie – nous dit Jakobson – le sens n'est pas le contenu, mais le travail des similitudes et des équations, des parallélismes et des contrastes construits à partir des éléments du code linguistique (signes, catégories syntaxiques et morphologiques, phonèmes, racines, etc.), et à partir de la métrique, du rythme, du phono-symbolisme.

---

[17] Ou « ciblistes » (Ladmiral 1986).

En poésie, on ne peut pas traduire au sens propre : « Seule est possible la transposition créatrice » (Jakobson 1959, p. 86). Mais, cela étant donné, la poésie pose *le problème emblématique de la traduction*, qui est à mon avis le problème de la traduction en général, non seulement le problème des textes poétiques : c'est-à-dire, *le problème de la traduction du corps verbal*. Traduire le corps poétique à la lettre ne signifie pas traduire mot à mot, mais plutôt traduire le jeu des signifiants, traduire l'intégration spécifique et nécessaire entre le son et le sens qui est manifestée, montrée (non pas communiquée) dans un poème. Comme le dit Bonnefoy (1989, p. 77): « la difficulté de la poésie est que la langue est *système*, tandis que sa parole est *présence* », c'est-à-dire manifestation, venir à la présence du sens dans le signifiant, qui n'est pas réductible au signifié. Traduire le contenu, le message d'un poème, c'est traduire en prose : la fidélité limitée au sens est une forme de trahison, comme le dit Valéry (1957). Jacques Derrida formule de cette façon le problème du sémanticisme :

> Un corps verbal ne se laisse pas traduire ou transporter dans une autre langue. Il est cela même que la traduction laisse tomber. Laisser tomber le corps, telle est même l'énergie essentielle de la traduction. Quand elle réinstitue un corps, elle est poésie. (Derrida 1967, p. 312)

L'énergie essentielle de la traduction est ce à quoi vise ce type de sémanticisme qui se propose uniquement la restitution du sens et des contenus invariants, en laissant tomber le corps. C'est là l'opération conceptuelle, idéaliste, platonicienne de la traduction – opération qui sépare le signifiant du signifié et qui isole un contenu universel signifié. De ce point de vue la traduction, opération qui arrive à rompre le lien signifiant-signifié constitutif de toute langue, apparaît comme une opération secrètement philosophico-métaphysique, parce qu'elle *ramène les différentes langues vers le langage*, vers leur essence de *logos*, en libérant l'idéalité du sens de l'obligation de la lettre (cf. Berman 1986, p. 70). Et l'on sait très bien que, pour toute forme d'idéalisme, tendant au niveau du conceptuel et du « sens propre », du contenu idéal autonome, *la langue constitue problème*; et que tout langage philosophique est, pour l'idéalisme, un compromis, en ce qu'il conjugue l'universalité rationnelle et idéale du concept avec les idiotismes sensibles des langues historiques, en se détachant de la chose même (cf. Ladmiral 1989, p. 6). La traduction met au jour au fond le problème qu'est la langue pour les perspectives idéalistes.

Ce que j'oppose à la conception de la traduction comme transposition du contenu, c'est l'utopie concrète de la traduction – la re-institution du corps, comme le dit Derrida. Emblème exemplaire de l'utopie de la traduction est la traduction de la poésie : une activité poiétique qui, si bien réussie, ré-institue l'être de la langue dont vit l'original dans une autre langue. L'utopie de la traduction est bien représentée non pas tant par l'idéal romantique du *Verfremden* – transposer en étranger, laisser ébranler sa propre langue au contact de la langue d'autrui, ce qui risque de produire la folie-Hölderlin – que par la belle expression *faire chanter la traduction* que Meschonnic emploie pour la traduction de la Bible : comme le texte de la Bible, se constituant sur un rythme continuel, une intonation, un récitatif, n'implique pas l'opposition poésie/prose, mais plutôt l'opposition chanté/parlé, le texte hébreux ne dit pas le sens, mais l'entonne, le chante. La traduction de la Bible et la traduction poétique sont emblématiques du défi de la traduction, qu'est rendre l'intonation et le rythme du texte : comme le dit Meschonnic, rendre non pas un rythme platonicien (essentiel) de la langue, ni non plus le rythme en tant que formalisme métrique vide, mais plutôt le rythme en mouvement, « le rythme héraclitéen des mouvements du sujet dans son langage » (Meschonnic 1987, p. 76).

4. La traduction comme ré-énonciation de textes

Un autre mot-clé définissant le travail traductif est ré-énonciation : la traduction comme ré-énonciation de textes, une ré-énonciation qui est un véritable acte d'écriture. Dire que la traduction n'est pas mot à mot, mais énonciation à énonciation, qu'elle a la forme de corrélation d'énonciations ou bien de corrélation des «effets de discours» orchestrés par les textes,[18] signifie qu'en traduisant nous faisons des hypothèses de correspondance entre des occurrences textuelles: nous cherchons à rendre le sémantisme du texte, la pertinence textuelle, les conditions énonciatives et les circonstances co-textuelles et contextuelles, la référence instituée par le texte, les alentours des énoncés. Comme l'écrit De Mauro, en reprenant la conception wittgensteinienne de la signification, chaque mot a «une signification ni cristalline, pure, ni fumeuse, mais plutôt plastique,

[18] Ladmiral 1986, p. 36.

filamenteuse, susceptible de s'étendre dans des directions imprévisible sous la poussée des besoins et des pratiques vitales».[19] La signification n'est pas ce qui est désigné par un mot, mais un environnement, une configuration de différences – ce que Wittgenstein exprime par la métaphore du visage et de la physionomie, renvoyant moins à un ensemble de détails et de composants qu'à une configuration de sens irréductible aux détails. On comprend en inscrivant les mots dans un “comme”, dans une façon de voir, en montrant des possibilités, des contextes possible, non pas en collectionnant des données.

L'opération de la traduction vise le sens dans sa réalisation textuelle. La traduction comme le continuum d'un processus, qui se détermine dynamiquement dans le corps du texte ré-énoncé dans l'autre langue, dans un processus infiniment corrigible. *Nous devons traduire, mais nous ne pouvons traduire qu'en restituant une image de l'espace de la différence où vit le dialogue entre les langues*. À la limite, l'opération de la traduction devrait se rapprocher de la compréhension des poèmes, c'est-à-dire du soin que nous consacrons à comprendre les paroles poétiques et les vers en tant qu'attracteurs d'univers de sens et en tant que réalisations du rythme énonciatif de la composition.

La traduction poétique est donc celle où l'utopie de la traduction qu'est la ré-institution du corps ou ré-incarnation en langue-cible se révèle le mieux. Considérons un exemple de traduction poétique : le poète et comparatiste italien Antonio Prete traduit le poème *À une passante* de Baudelaire.

La rue assourdissante autour de moi hurlait
Longue, mince, en grand deuil, douleur majestueuse,
Une femme passa, d'une main fastueuse
Soulevant, balançant le feston et l'ourlet;

Agile et noble, avec sa jambe de statue.
Moi, je buvais, crispé comme un extravagant,
Dans son œil, ciel livide où germe l'ouragan,
La douceur qui fascine et le plaisir qui tue.

---

[19] De Mauro 2003, p. XXXVI.

Un éclair… puis la nuit! Fugitive beauté
Dont le regard m'a fait soudainement renaître,
Ne te verrai-je plus que dans l'éternité?

Ailleurs, bien loin d'ici! trop tard! *jamais* peut-être!
Car j'ignore où tu fuis, tu ne sais où je vais,
Ô toi que j'eusse aimée, ô toi qui le savais!

Dans son intervention à un colloque sur « Traduire en vers » (Sienne, 2005), Prete (2006) nous offre un commentaire de sa propre traduction, en expliquant d'une façon efficace ce qu'est ce qu'il appelle « l'écoute et l'hospitalité de la différence » de l'œuvre à traduire. La tâche fondamentale du traducteur de poèmes – il dit – est l'écoute et la relecture, afin de saisir le souffle et le ton de la langue originelle. L'écoute est la condition pour que le risque qu'est la traduction donne lieu à un acte éthique d'hospitalité – acte éthique, parce que ce qui est en question est le rapport avec l'autre.[20] La décision à prendre tout d'abord, devant le poème de Baudelaire, est de choisir si maintenir la forme métrique, l'alexandrin, risquant de transformer le classicisme de Baudelaire dans le maniérisme du traducteur dans une langue, comme l'italienne, qui, à la différence de la langue française, n'a pas mémoire d'une écoute théâtral de vers alexandrins. Prete décide de maintenir l'alexandrin moins comme prison et obligation que comme ouverture de variations interprétatives possibles. Un autre problème est comment maintenir le timbre de la langue Baudelaire, qui compose le ton déclamé et le ton surveillé, la dissonance et l'harmonie, le vers précieux et littéraire et le vers narratif : dans la composition du poème des remous et des registres divers, des changements dynamiques du ton se rencontrent. Le problème en d'autres termes est de maintenir la complexité du timbre, afin de faire entendre Baudelaire dans une autre langue. Prete choisit comme démarche de sa ré-création non pas tant l'identité de la traduction *mot à mot* que l'imitation de cette spécifique déviation et de cette *spécifique déformation réglée de l'audible* (pour ainsi dire, en paraphrasant Merleau-Ponty) qu'est *le son Baudelaire,* le timbre Baudelaire. Et néanmoins il dit aussi d'avoir essayé de recréer le caractère narratif du texte et la présence de la ville sur le fond – qui sont tous, ceux-ci, des éléments du potentiel poétique reposant sur le

[20] Sur la traduction de la parole littéraire cf. aussi Prete 2011.

contenu. Fidélité, donc, non pas au mot, ni au sens, mais plutôt à le halo, pour ainsi dire, à la physionomie et au caractère plastique des significations. Ainsi anime-t-il les deux langues, en demeurant lui-même poète, donc un sujet qui est nécessairement présent avec sa langue – non seulement, mais avec son interprétation et sa volonté de connaître Baudelaire dans son inter-texte littéraire, historique et social aussi.

Trad. Antonio Prete

La strada era assordante, urlava tutt'intorno
Esile ed alta, in lutto, regina dolorosa
una donna passò, con la mano fastosa
sollevando il vestito, di trine e balze adorno.

Leggera, nelle gambe una scultorea grazia.
Negli occhi suoi, cielo ove s'annuncia l'uragano,
bevevo, come quello ch'è fatto ossesso e strano,
la dolcezza che incanta, il piacere che strazia.

Un lampo... poi la notte! Bellezza fuggitiva,
che con un solo sguardo la vita m'hai ridato,
non ti vedrò più dunque che nell'eterna riva?

Altrove, in lontananza, e tardi, o forse *mai*!
Non so dove tu fuggi, tu non sai dove vado,
io t'avrei certo amato, e tu certo lo sai!

Dans la première strophe, plusieurs rappels phoniques s'accumulent (*da, da*; *utt, utt*; *do, do, do, do*; *or, or*).[21] Ce sont les sons qui nous plongent dans le fond des bruits de la ville et dans la narration. On remarque tout de suite que le « moi » du poète est, dans la traduction, effacé (*autour de moi* devient *tutt'intorno*), ce qui prépare et exalte l'épiphanie de la femme. L'épiphanie est exaltée aussi par la dislocation des vers 2 et 3 de la deuxième strophe, ce qui entraîne que la femme est la seule protagoniste dans le deux premiers vers; son épiphanie arrive sous la forme d'un ouragan annoncé par ses yeux, ouragan qui cause les effets sur le poète

[21] Je dois à Gianfranca Lavezzi (Université de Pavie) l'analyse métrique du poème.

dans les deux autres vers. Le rythme de la traduction réalise très bien la dialectique entre dissonance et harmonie, ce qu'on peut voir dans l'accentuation : les deux hémistiches de l'alexandrin des vers 6, 11, 13 n'ont pas le même rythme, à la différence de l'identité de rythme dans les autres vers. Je souligne la magnifique réussite du vers 2, où le premier mot, proparoxyton (*esile*), reproduit d'une façon iconique la silhouette mince et longue de la passante (*esile e alta*). Plus, ce magnifique vers a la forme classique du vers adonique, ce qui introduit un registre littéraire élevé, confirmé par *regina dolorosa*, qui rappelle la Vierge : *Mater Regina dolorosa*. Il faut remarquer aussi que la ré-invention de la rime à travers la dislocation de mots dans la troisième strophe (*fugitive beauté* devient *bellezza fuggitiva*) évite la rime populaire *beltà* / *eternità* en choisissant un registre littéraire et élevé : *bellezza fuggitiva* / *eterna riva* sont des citations de Leopardi : gli « occhi ridenti e fuggitivi » di Silvia, et de Dante : l'« eterna riva » (Paradis, XXIII, v. 115).

Ute Heidmann fait remarquer que la traduction de Prete efface ou, au moins, affaiblit la position énonciative et la scène de parole du texte source : on a déjà remarqué que dans les deux premières strophes, là où Baudelaire dit : *autour de moi* Prete traduit : *tutt'intorno*; *moi je buvais* devient : *bevevo*. Par contre, je remarque que dans la dernière strophe il respecte le *je* énonciatif et le dialogue pressant, martelant, des deux derniers vers; dans le dernier vers le poète traducteur répète le *toi* comme le fait Baudelaire, mais il commence le vers avec un *io* : l'invocation de Baudelaire (*ô toi ... ô toi*) est renversé dans une forte énonciation du sujet (*io t'avrei certo amato, e tu certo lo sai*), en balançant peut-être l'affaiblissement énonciatif des vers précédents à travers la force d'un vers ouvrant sur *l'autre temps* de l'amour réalisé, impossible mais rendu réel par la répétition de *certo*.

La traduction de Prete essaie de re-créer en même temps le sens et la cohérence dynamique, le rythme originaire du texte-source et de sa structure métrique. En ce sens, on peut reconnaître dans la traduction de Prete une véritable recherche concernant non seulement les conditions de germination du texte source (non définitif, ouvert, comme tout texte : Lavieri 2007, p. 182), mais on reconnaît aussi une recherche concernant l'intertexte résonnant dans les mots du poète.[22] Tout cela comporte une véritable ré-écriture ; ce qui ne signifie pas infidélité, mais re-énonciation : en d'autres termes, il signifie que la pratique poétique réalise le projet traductif en se donnant une cohérence énonciative contingente, liée à des contraintes pratiques de rythme et de poétique, et à l'horizon d'attente d'une culture. C'est à partir du dialogue intertextuel, dialogue dans lequel différents rapports à la situation d'énonciation et au contexte socio-culturel se passent, que le traducteur met en œuvre des effets de sens.

Patrizia Valduga (2006), elle-même poète, parle de la traduction comme construction d'un « système d'infidélité programmée », et de fidélité à la forme de la substance : par exemple, en traduisant en italien un vers de *Richard III* de Shakespeare, elle sacrifie un *sweet* de l'original en le rendant par un vers qui ne contient pas le mot italien « dolce », mais qui est en soi doux : « per un'ora di vita in grembo vostro ». Ce qui signifie que l'unité de signification n'est pas le mot, mais l'ensemble dynamique du texte et de son rythme, qui demeure germinatif dans la nouvelle vie qu'est la traduction. «La traduction réussie fait advenir des possibles de la langue qui sommeillaient encore en elle» (Ladmiral 1986, p. 40).

La pratique traductive, paraît-il, nous demande d'affaiblir le thème de l'intraduisibilité et de la nécessité de la ré-création poétique dans le thème d'un rapport de loyauté avec l'original entendu comme composition et texte d'ensemble ; loyauté atteinte à travers des compensations et des suppléances, afin de réaliser l'adhérence la meilleure possible à la structure rythmique, au souffle, à la voix du poète.
Notre possibilité d'existence symbolique vit au fond de situations de traduction.

[22] Sur les concepts de co-textualité et d'intertextualité, cf. Adam, Heidmann 2009, ch. 5 et 6.

Bibliographie

Adam J.-M., Heidmann U., 2009, *Le texte littéraire. Pour une approche interdisciplinaire*, Bruylant Academia, Louvain-La-Neuve.

Amati Mehler J., Argentieri S., Canestri J., 2003, *La Babele dell'inconscio*, Raffaello Cortina, Milan.

Berman A., 1986, *L'essence platonicienne de la traduction*, « Revue d'esthétique », 12, p. 63-73.

Bonnefoy Y., 1989, *La traduzione nella poesia*, « Il testo poetico », I, 1989, p. 75-81.

Borutti S., Heidmann U., 2012, *La Babele in cui viviamo. Traduzione, riscritture, culture*, Bollati Boringhieri, Turin.

Cassin B. (éd.), 2004, *Vocabulaire européen des philosophies*, Seuil-Le Robert, Paris.

De Mauro T., 2003, *Introduzione*, in Amati Mehler, Argentieri, Canestri, *La Babele dell'inconscio*, Raffaello Cortina, Milan, p. XXIII-XXXVIII.

Clifford J., 1997, *Routes. Travel and Translation in the Late Twentieth Century*, Harvard University Press, Cambridge (Mass.)

Derrida J., 1967, *L'écriture et la différence*, Seuil, Paris.

Di Cesare, D., 2011, *Grammatica dei tempi messianici*, Giuntina, Florence.

Genette G., 1976, *Mimologiques*, Seuil, Paris.

Guidieri R, 1980, *La route des morts*, Seuil, Paris.

Jakobson J., 1959, *On Linguistic Aspects of Translation*, in R. A. Brower (ed.), *On Translation*, Harvard University Press, Cambridge (Mass.), p. 232-239 (trad. fr. *Aspects linguistiques de la traduction*, in *Essais de linguistique générale*, T. I, Minuit, Paris 1963, p. 78-86).

Kilani M., 1990, *Que de hau! Le débat autour de l'«Essai sur le don» et la construction de l'objet en anthropologie*, in J.-M. Adam, M.-J. Borel, C. Calame, M. Kilani, *Le Discours anthropologique*, Klincksieck, Paris, p. 135-167.

Kuhn, T. S., 1970, *The Structure of Scientific Revolutions*, University of Chicago Press, Chicago, IIe éd.

– 1983, *Commensurability, Comparability, Communicability*, in P.D. Asquith e Thomas Nickles (eds.), *PSA 1982*, II, Philosophy of Science Association, East Lansing, p. 669-688.

Ladmiral J.-R., 1979, *Traduire : théorèmes pour la traduction*, Payot, Paris.

– 1986, *Sourciers et ciblistes*, « Revue d'esthétique », 12, p. 33-42.

– 1989, *Pour une philosophie de la traduction*, « Revue de Métaphysique et de Morale », XCIV, 1, p. 5-22.

Lavieri A., 2007, *Translatio in fabula. La letteratura come pratica teorica del tradurre*, Editori Riuniti, Rome.

Mallarmé S., 1890, *Quelques médaillons et portraits en pied*, in *Œuvres complètes, Poésie - prose*, sous la direction de H. Mondor et G. Jean-Aubry, Gallimard, Paris 1945.

– 1895, *Crise de vers*, in *Œuvres complètes. Poésie - prose*, sous la direction de H. Mondor et G. Jean-Aubry, Gallimard, Paris 1945.

Meschonnic, H., 1973, *Propositions pour une poétique de la traduction*, in *Pour la poétique*, II, Gallimard, Paris, p. 305-323.

– 1987, *Alors la traduction chantera*, « Revue d'esthétique », 12, p. 75-90.

Ost F., 2009, *Traduire. Défense et illustration du multilinguisme*, Fayard, Paris.

Prete A, 2006, *Tradurre Baudelaire : tono, dissonanza, ritmo*, in *Tradurre in versi*, sous la direction de M. A. Grignani, Pacini, Pise.

– 2011, *All'ombra dell'altra lingua. Per una poetica della traduzione*, Bollati Boringhieri, Turin.

Sperber, D., 1982, *Le Savoir des anthropologues*, Hermann, Paris.

Spivak, G. C., 1999, *A Critique of Postcolonial Reason*, Harvard University Press, Cambridge-London.

Steiner G., 1975, *After Babel*, Oxford University Press, London.

Valduga P., 2006, *Tradurre Riccardo III*, in *Tradurre in versi*, sous la direction de M. A. Grignani, Pacini, Pise.

Valéry P., 1957, *Variations sur les Bucoliques*, in *Œuvres*, édition établie et annotée par J. Hytier, La Pléiade, Gallimard, Paris, t. I, p. 207-222.

GAETANO CHIURAZZI

INCOMMENSURABILITY AND EXPERIENCE OF ALTERITY: TRANSLATION FROM ONTOLOGY TO ECONOMY

1. Translation and Synonymy

The ingenuous presumption of any translation is the idea that meanings can remain identical as they pass from one language to another. The philosophical model of this presumption of synonymy is articulated by Aristotle at the beginning of *De Interpretatione*: here Aristotle writes that the sounds (*phonaí*) are symbols of affections (*pathémata*) of the soul, like the written signs (*grámmata*) are of the sounds. But, while the letters and the sounds are not identical to everyone, "the mental experiences, which these directly symbolize, are the same for all, as also are those things of which our experiences are the images".[1] Affections – i.e. representations or meanings – and things constitute the terms of the synonymous relation defined at the beginning of the *Categories* that make it possible to refer different words to one and the same meaning (the essence or the definition) or to one and the same thing.[2] This ontological presumption has nourished the hope of one day making translation superfluous: because, if the conditions for identical meanings in all languages exist, it would be possible to define a single and univocal language, thus making any translation redundant. Such a prospect has inspired all endeavors for a universal language, from Leibniz to Frege and contemporary mathematical logics; indeed, it is the theoretical nucleus of any universalism.

The Aristotelian paradigm from the *De Interpretatione* asserts certain identical meanings (nominal and propositional) common to all languages beyond their expressive diversities: we can call it the "metric paradigm" of language, because these meanings constitute the "measure" by which all languages can be measured together, that is, become *commensurate*. Its "transcendental" justification can be found in *Book IV* of *Metaphisics*:

[1] Aristotle, *De int.* 1, 16a.

[2] Aristotle, *Cat.* 1, 1a.

given that communication is possible, our words must refer (*semaínein*) to the same objects, i.e. there must be something common in our discourses. Understanding, consequently, is fundamentally "understanding identities".

However, as any not superficial experience with translation demonstrates, such a synonymous relation between the languages is pure utopia. Quine has given philosophical relevance to this through his experiment of radical translation between two populations that have never been in contact before, and which, therefore, commence on a radical distance at the level of linguistic understanding.[3] According to Quine, such a situation makes it evident how synonymy is only possible within systems of analytical hypotheses, i.e. within one and same language.

The methodological importance of translation consists in challenging, in the field of linguistic theory, the metric paradigm, the presumption of commensurability between languages: this impels us to compare translation with the operation, which in antique Greek mathematics produced an analogous effect in relation to geometric magnitudes, namely the incommensurability between the diagonal and the side of the square. The consequences of this discovery will be recaptured in order to develop a theory of translation to which synonymy is not an implicit and undemonstrated assumption, but a boundary case in a more general ontology of language. The presumed ontology of the metric paradigm, which represents language as an articulation of discrete unities, becomes therefore problematic.

2. Incommensurability: From Discontinuity to Continuity

To the Pythagorean mathematics incommensurability was a scandal to the point, the legend has it, that for having disclosed its existence Hippasus of Metapontum was condemned by Zeus to suffer shipwreck. It caused a crisis in the traditional conception of *logos*, defined as a relation of integers. Incommensurability showed the existence of magnitudes, like the diagonal of the square, that did not correspond to this definition of *logos*,

---

[3] W. van Orman Quine, *Meaning and Translation*, *Meaning and Translation*, in R.A. Brower, *On Translation*, Oxford University Press, New York 1966, pp. 148-172..

and which consequently appeared radically "heterogeneous" to the numerical system.

In translation something similar happens. In this, certain meanings of a given language emerge as "inexpressible" (*arrhetoi*, as the irrational magnitudes were also called) into another linguistic system, hence appearing as incommensurable to it. Incommensurability, then, is fundamentally a way of showing the incapacity of a system to say all what is possible to say: there are things that can be said in some languages that cannot be said as well in others.

Showing the limits of metric rationality, incommensurability is not *a-logical*, rather it opens for a different kind of *logos*. In fact, two consequences – an ontological and a logical – derive from the discovery of the incommensurable magnitudes. The first is the passage from an ontology of discontinuity to one of continuity; the second is the passage from the arithmetical *logos* to the geometrical, i.e. from *logics* (dominated by the principle of identity) to *analogics* (guided by the principle of resemblance). Characteristic to continuity is "divisibility ad infinitum",[4] i.e. the reiteration of the difference when measuring a quantity on the basis of another (the method which Aristotle in the *Topics* calls *antanairesis*). For a theory of translation this does not mean that incommensurability between languages sanctions their absolute separation and incommunicability, i.e. that between them there is nothing; rather this means that a comparison can never lead to a total equivalence between them, in other words: that between them there is always something other and that the distance between them can be filled up infinitely and hence never be closed completely. More than a thesis in favor of incommunicability, incommensurability between languages affirms their irreducible diversity and the fact that the metric paradigm is insufficient for thinking the phenomena of language.

This shows, furthermore, that incommensurability does not exclude but *presupposes* relation: incommensurability *per se* is in fact a *contradictio in adjecto*. As it has been disclosed, the philosophical-grammatical interest in the comparative, i.e. in the degrees of the adjective in the form of the more or the less, is a phenomenon strictly correlated to the reflections

---

[4] Regarding this distinction, see: L. Borzacchini, *Il computer di Dio. Alle origini del pensiero logico e matematico*, Bari: Dedalo 2005, p. 385 ss.

over incommensurability in mathematics:[5] comparison gathers differences and constitutes implicitly an exit from the Parmenidean metaphysics of identity through an elaboration of "a comparative vision of the real",[6] in which relations of resemblance and proportionality prevail. As a result, proportionality – that is analogy – becomes a new kind of *logos*, which integrates incommensurability and rejects absolute identity, i.e. metric reducibility of one quantity to another (the condition of the perfect translation), in favor of a comparative and differential rationality.

3. Alterity: Languages as Systems of Disequivalences

Among the different theories of translation, Ortega y Gasset's is perhaps one of the most important regarding the effort to relate translation to the experience of alterity and to show its intrinsic ethical and political value.

In *Misery and Splendor of Translation* Ortega writes that the task of the translator is an "excessively demanding task",[7] that can always only approximate perfect equivalence: "but this approximation can be greater or lesser, to an infinite degree". [8] To Ortega, incommensurability, the experience of which translation opens for, regards the "visions of the world," the lexical, semantic, and inflectional links, the relations of meanings, that, from one language to another, form some more or less corresponding networks, and therefore carry different senses. Hence, that which a Spaniard means by the word *bosque* is never the same that a German means by the word *Wald*. This incommensurability refracts itself in the superior linguistic entities from the sentence to the phrase and the text.

Ortega y Gasset here repeats a theme expressed in Friedrich Schleiermacher's *On the Different Methods of Translating*; a text Gasset regards to

---

[5] See P. Berrettoni, "Per una archeologia del discorso grammaticale sul comparativo", *Histoire Epistémologie Langage*, 22/1 (2000), pp. 35-49.

[6] Ivi, p. 39. The importance of comparison to translation is emphasized by S. Borutti and U. Heidemann in *La Babele in cui viviamo. Traduzioni, riscritture, culture*, Turin: Bollati-Boringhieri 2012, cap. 7: the aim of the comparative procedure is not to shed light on different universal themes, but to let differences emerge. The impossible synonymy makes way for the heuristics of differences.

[7] J. Ortega y Gasset, "Misery and Splendor of Translation" (tr. by E. Gamble Miller), in *The Translation Studies Reader*, ed. by L. Venuti, London: Routledge 2000 p. 50.

[8] Ivi, p. 53.

have already said the essential concerning the problem of translation.[9] To Schleiermacher, the "irrationality" of languages consists in the fact that the more these are distant in time and space, "the more difficult it is that a word in one language corresponds exactly to another one in another language and that the inflections of the former gathers the same variety of cases of relation found in the latter".[10] According to Schleiermacher, it is this incommensurability that brings two languages into contact: the excess of familiarity, the fact that understanding is completely internal to one's own language, and thus finds its measure exclusively within it (which is the typical model of relativism), makes sure that the value of translation in these cases gets lost; but this happens exactly because here there is no incommensurability, no relation to the other.

It is somewhat peculiar that incommensurability generally gets associated with relativism. Relativism is the idea that every culture, language, and system, finds in itself its own *metron* without the possibility of sharing it with another culture, language, or system. So understood, relativism is nothing but "provincial absolutism": it reduces the real to discontinuous entities that are all unrelated and closed in themselves, i.e., exactly, *absolute*. The discovery of incommensurability destroys such an atomistic unrelatedness by showing that *there is always something other*: something that, even if it cannot be expressed in terms of a given system, as it has been said, it nonetheless "exists". Its exteriority and heterogeneity mean that it can enter in a relation but not assimilated completely. Incommensurability is thus not the condition of a relativistic world, which is moreover understandable as a "provincial absolutism", but rather an objection to this, because it is the permanent objection to any systemic closure.

Nevertheless, to Schleiermacher, incommensurability between languages is limited by the existence of at least two concepts that are through and through universal, because they are present, in his opinion, in all languages: the fundamental subject and verb, i.e. "God" and "being".[11] Ortega y Gasset, however, goes beyond as he denies even this minimal

---

[9] Ivi, p. 60.

[10] F. Schleiermacher, *Über die verschiedenen Methoden des Übersetzens*, in *Das Problem des Übersetzens*, ed. by Hans Joachin Störig, Stuttgart: Wissenschaftliche Buchgesellschaft 1963, p. 42.

[11] Ivi, p. 65.

"shared measure": the Basque language did not provide any sign for that, which we intend by the word "God", so when this concept was to be translated into Basque a recourse was made to the word *Jaungoikoa*, a political term, that means "lord over the heights".[12]

Translation, far from demonstrating equivalences, is, therefore, rather an operation in which disequivalences that cannot be leveled out systematically come to light: it displays the disequivalence between one language and another, a disequivalence that, in fact, already takes place inside every language, between what is said and what is unsaid, between what is possible to express and what we think.

> Because if, in fact, we are cured of believing that speech succeeds in expressing all that we think, we will recognize what, in fact, is obviously constantly happening to us: that when speaking or writing we refrain constantly from saying many things because language doesn't allow them to be said.[13]

All language is, in other words, a system of disequivalences: disequivalences between thought and expression and between expressions in one and another language, or rather between the possible and the real, between what could be possible and what one can do or succeeds at doing, between the utopical and what can be realized.

A person incapable of quieting many things would not be capable of talking. And each language is a different equation of statements and silences. All peoples silence some things in order to be able to say others. Otherwise, everything would be unsay able.[14]

The impossible, then, has a certain relation to the totality. This idea could be conceived as a "Kantian background" of Ortega's philosophy: *totalization* is impossible, and if it is *possible* to say something, it is because one renounces on saying something else, one limits, namely, the possibility. The concept of boundary is a modal concept that articulates impossibility at an operational level, instead of drawing limits between two given realities. Incommensurability has this role: to limit the possibilities of a system, in order for this to avoid becoming a totality.

---

[12] J. Ortega y Gasset, *Misery and Splendor of Translation*, cit., p. 56.
[13] Ivi, p. 56-57.
[14] Ivi, p. 57.

This internal limitation of the language, which in its positive sense is its condition of possibility – there would be no language if there were no silence -, constitutes the motive of the ethical and political considerations that runs through Ortega y Gasset's text. What, from a certain point of view, appears as the misery of translation – its being permanently imperfect and incomplete because of the disequivalence between the possible and the real – is, from another point of view, its splendor: translation proceeds with a constant awareness of its inadequacy, i.e. of the existence of an excess, of a "more", of a disequivalence or a difference. This awareness is a principle of *liberation.*

The impetus of this process is therefore the disequivalence between the possible and the real. The author participates to this process, which is consubstantial with any artistic creation, and which the translator must be aware of, in order not to be acquiescent to a system of false equivalences that subdues this liberating drive.

To write well is to make continual incursions into grammar, into established usage, and into accepted linguistic norms. It is an act of permanent rebellion against the social environs, a subversion. To write well is to employ a certain radical courage. Fine, but the translator is usually a shy character,[15] in so far as his aim is simply to remain conform to the grammar of his own language. Not only, then, does the language already involve a constitutive disequivalence in relation to the unsaid, but any artist – and even perhaps any speaker – introduces, according to Ortega, further disequivalences, further erosions of the grammar. The artist is a rebel who gives voice to a possible not-yet-realized subverting the present rules and the "social context". Translation can live in unawareness of this inevitably subversive function of language and of "writing well", or it can become a praxis that, perfectly aware of the ulteriority dwelling within it, enables, "the voyage to the foreign" that disintegrates any totalitarian closure. Like the historical consciousness, which confronts completely different realities, distant in space and time, translation is to Ortega a kind of "voyage to the foreign, to the absolutely foreign, which another very remote time and another very different civilization comprise".[16]

---

[15] Ivi, p. 50.
[16] Ivi, p. 61.

In *On the Different Methods of Translating* Schleiermacher wrote that the translator should approach a foreign language like parents, who send their children to practice at a trapeze artists school, "because he flexes his own language after unnatural and foreign contorsions".[17] The aim of these linguistic contortionisms is to bring, not the author to the reader, but the reader to the author, in order to produce an effect, which will contribute to instill in man "a exquisitely moral feeling which allows sense to remain open also to that which is less familiar to it".[18] Translation is the place of a radical experience of alterity to which only the most unrestrained and flexible languages, the most tolerant ones in relation to innovations and deviations[19], can be open - unlike the rigid languages, whch are not able of opening themselves to the other. Against nationalism, the first germs of which his epoch was beginning to experience, Schleiermacher praises the translator "who does not follow the most aesthetic path", but is instead preoccupied with safeguarding the foreign accent and tones of voices within his own language. By assuming the risk of safeguarding alterity of the original language, he makes translation into an experience of this foreignness.[20]

This is why Ortega y Gasset praises the translation of his own writings into German, because it attempts to repeat analogically some Spanish constructions, which otherwise would be lost in a perfect German. He finds in these violations of the language an exercise of liberation: "In this way, the reader effortlessly makes mental turns that are Spanish. He relaxes a bit and for a while is amused at being another".[21] Translation is proposed as a moment of "evasion": it gives us the possibility to diverge from our condition of normality, from the effort to be ourselves; to evade and to be, at least for a moment, another person; to have the experience that "another world is possible".

The lightness and apparent disengagement of this conclusion should not deceive: the background of this affirmation is Ortega's experience of exile at the outbreak of the Spanish Civil War after Primo de Rivera's dictatorship. *Misery and Splendor of Translation* was, in fact, published

---

[17] F. Schleiermacher, *Über die verschiedenen Methoden des Übersetzens*, cit., p. 55.
[18] Ivi, p. 39.
[19] Ivi, p. 56.
[20] Ivi, p. 55.
[21] J. Ortega y Gasset, *Misery and Splendor of Translation*, cit., p. 63.

by the newspaper "La Nación" in Buenos Aires in 1937 during this war. It is a real *political manifest* against totalitarianism: its insistence on the idea that "*there is something else*" is a silver lining in any experience of oppression, because it indicates the possibility of a way out, of a beyond. An utopia, or, as Foucault would put it, a heterotopia. It is this way then, that translation can appear as an experience, on the linguistic level, of exile[22]: an open window that permits an escape from any project or pretension of totalization.

4. Ontology: The Burst of Dynamis

Ortega's text very clearly outlines the ontological background of translation tied to the experience of incommensurability. It is the ontology of the possible, of *dynamis*. Indeed, Theaetetus (one of the most important contributors to the theory of incommensurable magnitudes to whom Plato dedicated a dialogue) named the incommensurable magnitudes, like the diagonal of the square, *dynameis*[23], because they have the capacity to become rational, if raised to the square. The definition of Being as *dynamis* in the *Sophist*, the dialogue that pursues the problematic of the *Theaetetus*, is nothing but the coherent consequence of the development, which, as Henri Joly writes, brought Plato to invert the Pythagorean and Parmenidean paradigm, for which incommensurability was only a scandal and a symbol of irrationality. Now it becomes instead the keystone of a new ontology and of a new *logos.*

> This way it is possible to understand the profundity and the brilliance of the proposed change: an epistemological hindrance becomes a fundamental principle, as its referential field has moved and the scientific conditions of its use have changed: moving from the diagonal as irrational to the diagonal as the source of rationality, from the discontinuous space of the figurate

[22] It is, therefore, not by chance that exactly the condition of exile has constituted the essential and philosophical figure of one of the most famous students of Ortega y Gasset, Maria Zambrano, as attested in his writings published in *Per abitare l'esilio. Scritti italiani*, ed. by F. J. Martín, Florence: Le Lettere 2006.

[23] Plato, *Theaet.* 147c.

> numbers to the space of figures and surfaces we have passed from arithmetic to the new geometry [...].[24]

In other words, with the discovery of incommensurability a new ontological dimension - completely foreign to the static ontology of the Eleatics, the Pythagoreans, and its derivations in atomism, or rather to the arithmetic thought of antique ontology - has been opened: the dimension of the *continuum*, object of geometric rationality. The link between continuity and incommensurability consists in that the latter allows to find a middle term even where it is not arithmetically possible, like in the case of the geometrical proportion with extremes 1 and 2, the middle term of which is $\sqrt{2}$, the value of the diagonal.

The appearance of continuity (*synechés*) is in Greek thought correlative to the elaboration of a new ontology, which gradually emancipates itself from the influence of the Parmenidean and atomistic school: continuity characterizes the structure of time and movement,[25] as well as *praxis*, which is, as Aristotle writes, movement.[26] "Things are called continuous when the touching limits (*péras*) of each become one and the same and are, as the word implies, contained in each other (*synéchetai*)".[27] Continuity is the common boundary of a dichotomy, a middle term. Unlike the indivisible substantial "one", continuity is dividable *ad infinitum*. Hence, its nature is indeterminate, just like the nature of movement is indeterminate and incomplete; according to Aristotle, it is therefore "difficult to understand".[28] Thus, life, as movement, cannot be understood on the basis of an atomistic paradigm, i.e. of discontinuity, but only on the basis of continuity.

This difference can also be found at a linguistic level. The Aristotelian theory of the categories, specifically the doctrine of substance, corresponds to the Pythagorean metrical logic, which searches for an element or divisor common to more entities within the real; this element constitutes their nucleus of identity. On the contrary, Eleonor Rosch's prototype theory of categorization or Wittgenstein's family resemblances are

---

[24] H. Joly, *Le renversement platonicien. Logos, épistémè, polis*, Paris: Vrin 1974, p. 206.
[25] Aristotle, *Phys.* IV, 11 219a 11-14.
[26] Aristotle, *Eth. Eud.* II 3, 1220b 26.
[27] Aristotle, *Phys.* V, 3 227a 10-13.
[28] Ivi III, 2202a 3.

more appropriate for an ontology of continuity.[29] The recourse to the vitalistic metaphor - "family resemblence" -, as well as the notion of similitude, instead of identity, i.e. a recourse to an analogical relation (similitude is an abbreviated analogy), indicates the distance that separates this phase in Wittgenstein's theory of language from his atomistic one in the *Tractatus*: the real is no longer conceived by Wittgenstein as a series of separate and discrete entities, but as a *continuum* of analogical and flexible relations.

It is then difficult, that a theory of translation comes to justify completely a "logical-mathematical" approach to language; on the contrary, it shows its limits. This approach – as we can see in Leibniz's *characteristica universalis* and in mathematical logic – presupposes always a kind of atomism, i.e. an arithmetical idea of language. Mathematical logic is basically arithmetic, and therefore it should not be called "mathematical", if for no other reasons because mathematics is more than simple arithmetic, the science of the natural numbers. The irrational numbers fall outside the field of arithmetic, and consequently outside atomism; one could therefore ask what irrational numbers, from a logical point of view, are: what could be for logic an entity, which is neither odd nor even? Enzo Melandri has conveniently highlighted this contrast when he writes: "irrationality could be the paradigm of perpetual rebuttal of any atomism considering that, when conceiving the atom as something absolute, a dilemma inevitably occurs: either do we renounce on understanding higher mathematics or we have to relativize the concept of the atom. But, when understood as relative, the atom loses any connotation of elementary identity".[30]

As an analogical operation, translation entails therefore a passage from referential or "metric" semantics (in which each word "measures" a particular object in the world[31]) to relational or "analogical" semantics (in

---

[29] On the relation between continuity and the classification of linguistic forms, see: C. Bazzanella, *Linguistica e pragmatica del linguaggio. Un'introduzione*, Rom-Bari: Laterza 2006, cap. 3 "Discreto e continuo".

[30] E. Melandri, *La linea e il circolo. Studio logico-filosofico sull'analogia*, Macerata: Quodlibet 2004, p. 260.

[31] Regarding the relation between word and number, see: Paolo Zellini, *Numero e logos*, Milan: Adelphi 2010. This accepts the conception of every language as a metric system analogous to the system of natural numbers. The experience of translation, however,

which meaning results from internal relations between linguistic terms): what distinguishes the elementary identity "a=a" from the proportional identity "a/b = c/d" is the fact that the latter does not at all concern the identity between *things*, but the identity between relations. Quine's experiment of radical translation, with the consequent inscrutability of reference (similar to the ineffability of $\sqrt{2}$), comes to the same result: native sentences are translated into home sentences only on the basis

> of seeming analogy of roles within the languages. These relations of analogy cannot themselves be looked upon as the meanings, for they are not unique. And anyway the analogies weaken as we move out toward the theoretical sentences, farthest from observation.[32]

Translation is an analogical relation, in which the identity of the object spoken about – the meaning, or the referent – remains out of reach, inscrutable. A translation is always indeterminate, because a language can never completely determine the presumed synonymic reference of a term belonging to another language. However, far from being the condition of the impossibility of translation, this is the condition of its possibility, what, in fact, prescribes and makes it unavoidable. The indeterminacy, that is the underdetermination of any language, or of any theory by experience, does not entail, Quine writes, that translation is impossible: "Indetermination does not mean that no translation is adequate, but that there are many possible translations".[33] Thus, the text to be translated emerges as the background of possibilities that the different translations tend to realize; it opens the freedom of choice: "the hypothetical freedom and the field left free for creation are both enormous".[34] Incommensurability does not mean, then, as we have already stated, that the relation between two things is impossible: it means that this relation faces an indeterminacy or, put in another way, that the attempt to commensurate them reciprocally – to reduce one to the other in a hegemonic way – is destined to fail. This

creates serious problems to this system, i.e. to the idea that meanings in a language are universal unities of measure.

[32] W. van Orman Quine, *Meaning and Translation*, cit.. 170.

[33] W. van Orman Quine, *The Behavioral Limits of Meaning*, unpublished conference, quoted in B. Cassin (ed.), *Vocabulaire européen des philosophies. Dictionnaire des intraduisibles*, Paris: Seuil 2004, p. 1319.

[34] *Ibid.*

issue can be considered a scandal only if we assume such a reduction as the model of any possible relation.

5. Ethics: The Space of Liberty and of Contingency

The indeterminacy of translation demands a choice: a choice between alternative vocabularies and manuals that are all compatible with the text to be translated. A choice, which, as Umberto Eco writes, even has the character of a bet: "The meaning, which the translator must find and translate, is not laid down in some pure language; it is the result of an interpretative hypothesis. Meaning cannot be found in *no language's land*: it is the result of a bet".[35]

Confronted with an alternative, a semantic excess, for which there is no word in his own language, the translator must make a choice. The translator must determine – or rationalize – this relative indeterminacy, which appears in relation to the target language, certainly not in relation to the source language. Gadamer has described exactly in these terms the process of translation; a process, which, also and perhaps above all when we aspire to be as loyal as possible to the original text, always constraints us to cope with difficult choices.

> In our translation if we want to emphasize a feature of the original that is important to us, then we can do so only by playing down or entirely suppressing other features. But this is precisely tha activity that we call interpretation. Translation, like all interpretation, is a highlighting. A translator

[35] U. Eco, *Riflessioni teorico-pratiche sulla traduzione*, in S. Nergaard (ed.), *Teorie contemporanee della traduzione*, Milan: Bompiani 2002, p. 138. According to Eco, meaning is always relative to a context, and one understands it only if brings it back into a broader horizon. The reference to a relative "whole" (a context is a relative totality) is essential for understanding meaning: "The decision", Eco writes, "must be taken in context, but understanding a context is a hermeneutical act, and every hermeneutical act entails a circle (I make a hypothesis on the whole of the text that each part of it must confirm, but I cannot understand a single part if not in the light of the hypothesis of the whole). The hermeneutical circle has the same essence as a bet" (ivi, p. 139).

> must understand that highlighting is part of his task. Obviously he must not leave open whatever is not clear to him. He must show his colors.[36]

The translator cannot escape the responsibility of deciding, which meaning to prioritize in order to convey the foreign text in his own language. This proairetic moment has both an ethical and ontological meaning: ethical, because it hands over the responsibility of translation to the translator; ontological, because it constitutes a determination of the semantic potential of the original text, when this cannot be identically reproduced in the target text. The same operation marks by Heidegger the passage from understanding to interpretation, and explains why, according to Gadamer, every translation is an interpretation. Understanding, in as much as it addresses senses, expresses a possibility, and contains in itself a productive indeterminacy that can only be determined by specific interpretations articulating different meanings. Consequently, interpretation is not primarily a more or less arbitrary overlap or addition of meaning but the determination of meaning itself. To Gadamer, this determination is completed only by application, in which meaning is fully achieved .

An analogous process happens in translation: the understanding the translator has of the original text must find a determination in the translation. Hereby, it introduces something new, a new production of sense, constituting an enrichment, an "increase in being", to use Gadamer's expression. However, since it loses something of the semantical potential of the original text, it also represents a lack, an entropic loss. This happens because, as Gadamer also writes, even when the translation is perfect, "it must lack some of the overtones that vibrate in the original".[37]

The best way to respect the original then is to be aware of this lack. To say that two languages are "incommensurable" does not mean, they are condemned to incommunicability, it means, on the contrary, to understand their difference. The failure of translation, in sum, does not preclude understanding: quite the opposite, understanding in this case consists exactly in understanding the failure of translation, i.e. the perma-

---

[36] H.-G. Gadamer, *Truth and Method*, tr. by J. Weinsheimer and D. G. Marshall, London-New York: Continuum 2004, pp. 387-388.
[37] *Ibid.*

nence of a difference.[38] Here we have to do, not so much with a lack, but with a *surplus* of understanding for which there is no signifier. This surplus is precluded to the reader, who only reads the translation remaining within the meanings of his own language or world: the reader understands, in fact, less than the translator, because he cannot seize the difference between the two languages. Therefore, if the translator, on the one hand must overcome the foreignness of the original text, and "preserve the character of his own language", on the other hand, Gadamer writes, he must also recognize "the value of the alien, even antagonistic character of the text and its expression".[39]

The oblivion of these reasons, as Henri Meschonnic remarks, contributes to the consolidation of one's own identity and to the sacralization of one's own literature. Yet, it also constitutes a kind of surreptitious imperialism, the stronger the more concealed, a misrecognition of the other affirming a presumed autonomous definition of one self. What translation reveals, however, is that there is no constitution of identity if not in relation to the other, as it is displayed in Derrida's *différance*[40] and Heidegger's "ontological difference". At a linguistic level, this brings about an inversion of Aristotle's logical or even neo-positivist paradigm, to which translation presupposes the identification of synonymic and pregiven unities. Contrary to this, translation emerges as the condition of any unity of meaning, just as Eudoxus of Cnidus' theory of proportions, against the precedent Pythagorean conception of *logos*, became the gen-

---

[38] This is also the answer that both Kuhn and Feyerabend give against the objection that understanding of the untranslatable would itself be a rebuttal of incommensurability. (cfr. Kuhn "Commensurability, Comparability, Communicability", in *The Road since Structure. Philosophical Essays 1970-1993, with an Autobiographical Interview*. Chicago University Press, Chicago 1982; P. Feyerabend, *Farewell to Reason*, Verso, London 1987, p. 266;). Surprisingly, this objection appears analogous to the idealistic objection against finitude, according to which the awareness of finitude would already be a sign of overcoming it: a thesis which Gadamer contrasts in *Truth and Method* (see H.-G. Gadamer, *Truth and Method*, cit., Part II, 4, 3a): to know a limit does not means its elimination.

[39] Ivi, pp. 388-389. About the importance of the relation with the other in Gadamer, and against Waldenfels' accusation of a substantial overcoming of the foreign in philosophical hermeneutics, see: D. Di Cesare, "'Verità e metodo' – cinquant'anni dopo. La filosofia contemporanea fra il comprendere e l'altro", *Tropos. Rivista di ermeneutica e critica filosofica*, n. 2 (2009), pp. 55-73.

[40] J. Derrida, *La différance*, in *Marges de la philosophie*, Paris: Minuit 1972, pp. 1-29.

eral definition of relations, and thus of magnitudes. Synonymy – that is identity – is a consequence of translation, not its presupposition.

Henri Meschonnic interprets this inversion as a rehabilitation of the *continuum* of what he calls "poem" – the transformation of a kind of life by a kind of language and of a kind of language by a kind of life[41] –, against the discontinuous and binary system of signs and the related conception of language. Central to this new conception of language is no longer the notion of sign or of word, but the rhythm, the organization of the movement of the word, conceived as prior even to the meter, i.e. to any measurement.[42] The rhythm, I would argue, represents a diagrammatical and analogical aspect of language, which permits thinking language as a system not only of communication, but also as gestural and poetic, in the broadest sense of the term, as a system of forces and not only of meanings.[43] Translation, understood as the place of such an inversion within the traditional conception of language, is, according to Meschonnic, the place of a "true cultural revolution".[44] It is an exercise in alterity, a challenge to the logics of identity; it is the recognition that one does not arrive at its own identity if not through alterity.[45] The discovery, which translation allows for, is that the other is the condition of the self, in the sense that every individual and culture finds the full expression of its own identity only through its relation to the other. One is oneself, only departing from a difference to the other. Translation, therefore, is the activity of the primary encounter between cultures; it is "inseparable from the transformation of intercultural relations; from their logic. It is the best proof of the reciprocal implications between historicity and particularity, between the forms of language and the forms of life; of their ethics and politics".[46]

---

[41] H. Meschonnic, *Étique et politique du traduire*, Lagrasse: Verdier 2007, pp. 26-27.

[42] Ivi, p. 45; p. 94. To Meschonnic the recovery of the dimension of continuity in language, up against the discontinuity of the sign, does also mean the overcoming of the idea that there is something untranslatable (p. 108): yet, this conclusion appears to be a contradiction, because it is exactly the untranslatable, or the incommensurable, which shows the boundaries of the sign through the manifestation of that which overflows it, that is, continuity.

[43] "To think the *continuum* is to think a force into the language" (ivi, p. 94).

[44] Ivi, p. 37.

[45] Ivi, p. 95.

[46] H. Meschonnic, *Poétique du traduire*, Lagrasse: Verdier 1999, p. 62. On the socio-political implications of translation, which are particularly relevant in our epoch of globa-

It is therefore not by chance that a theory of language like Aristotle's emerges in a culture particularly resistant to translation, since it conceived the language of the other – of the barbarians – as mere babbling. In fact, Greek language did not even have a specific term to indicate what we understand by the word "translation", – to the point that the verb *hellenizein* meant "to speak Greek" and "to speak correctly".[47] This monolingualism is the *habitat,* where a metaphysics such that of the Parmenidean "well-rounded sphere" was possible; a metaphysics where Being was untouched by non-Being, identity deprived of alterity. This metaphysics collapsed after the discovery of the incommensurable magnitudes. Plato's *Sophist* is to this end exemplary: as Imre Toth has shown, *tò éteron* – the real discovery of this dialogue – is the way incommensurability is assumed in Plato's ontology.[48]

It is not possible here to follow in details the discussion, which leads to this result in the *Sophist*[49]: there is, however, one point of the argument that deserves to be emphasized, the point where Plato discusses the aporias of multiplicity, which always fall back into monism. It here becomes clear that the presence of alterity is required in order to safeguard multiplicity itself. Multiplicity and alterity are not the same; only if there is real alterity is multiplicity possible. In these passages (*Soph.* 242c-245e) Plato demonstrates that both if we assume one single principle and if we assume two (e.g. warm and cold) or more, we cannot do anything but conclude that Being is One. This means that two is one, and that all, therefore, returns to the identical, like Parmenides maintains.[50] Now, this

---

lization, see: D. Di Cesare, "Il dialogo delle lingue e la globalizzazione", *Giornale di metafisica*, n.s., XXXIII (2011), pp. 269-280.

[47] B. Cassin (a cura di), *Vocabulaire européen des philosophies*, cit., p. 1305.

[48] Cfr. I. Toth, *Vérité et liberté*, Paris-Tel Aviv: Editions de l'Eclat 2009, p. 28 ss. Non-Being, which in Plato's last dialogues appears in the shape of the incommensurable, is as difficult to capture as the essence of the sophist and, perhaps even more, as the essence of the philosopher, to whom no image or figure is adequate. Like Plato seems to say in the *incipit* of the Statesman, the philosopher cannot be compared even to a statesman, because he cannot be understood by any analogical discourse of the type used in mathematics. (Plato, *Pol.* 257b 1-4).

[49] I tried to explain these argumentations in G. Chiurazzi, "Incommensurability and Definition in Plato's Theaetetus", *Epoché. The Journal for the History of Philosophy*, vol. 8, issue 1 (Fall 2013), pp. 1-15.

[50] Plato, *Soph.* 243e-244a.

conclusion is formally the same as that, which was contrasted by the demonstration of the existence of incommensurable magnitudes; in fact, if these did not exist, one would be two, the odd would be the same as the even.[51] For that reason, it is exactly because the incommensurable magnitudes exist that this logical and ontological disaster – which surrenders the real to the indistinct and to tautology – is avoided. Incommensurability is the principle of diversity, the true *to héteron*, what impedes the reduction of everything to the same or to a system of equivalences.

6. Beyond the Economical: The Asymmetry of the Good

Today, this system of absolute equivalence finds its realization, even more than at a linguistic, cultural, or political level, at the economic level, in which, consequently, a new project of the construction of the Tower of Babel, i.e. the construction of a universal language, takes shape. This is not surprising, given that economy, in the etymological and Aristotelian sense, is the "law of the house", of the reduction to the property. It is not at all in vane to remember that the word *ousía*, by which Aristotle defines the substantial element that guarantees the synonymic identity of several entities, originally meant a small farm, a property, the goods owned, which was inheritable and thus transferred from father to son.[52] *Ousía* is the principle of equivalence that renders economy possible, because it renders exchange and trade possible.

In market economy this principle of equivalence is represented by money. In the financial world money has the same function as the name in language: to commensurate and to quantify by means of a price that renders equivalent what is heterogeneous. Luciano Gallino writes: "From a semantic perspective, money resembles language by its capacity to give a name, which in this case is a price, to anything".[53] Thus, at an economical level money permits what the theories of a universal language have sought for at a linguistic level: the absolute translation, i.e. the identification of a general equivalent capable of rendering everything commen-

---

[51] Aristotle, *An. Pr.* I, 23, 41a 23-31.

[52] See Plato, *Theaet.* 144c 7-8: Referring to Theaetetus' father, Plato says that he had bequeathed a truly considerable substance (*ousía*).

[53] L. Gallino, *Finanzcapitalismo*, Turin: Einaudi 2011, p. 172.

surable and thus translatable. The Stock Exchange is the place of this universal translatability, the "absolute dictionary", where everything – oil, gold, corn, cars, clothes – can be rendered equivalent to everything else. Marx identified in the simple commodity-form - which only superficially is a trivial thing, but to a closer look appears as "a very queer thing, abounding in metaphysical subtleties and theological niceties"[54] –, the germ of the money-form: "A born leveller and a cynic, it i always ready to exchange not only soul, but body, with any and other commodity, be the same more repulsive than Maritornes herself".[55]

The use here of the soul-body dichotomy introduces an additional element that allows for connecting the economical discussion with the discussion on translation: according to a movement of metempsychosis sustained in many theories of translation[56] – that basically reduce translation to a mere process of recodification – the soul is the sense which, due to its ideality, remains identical as it passes from one linguistic body to another; conversely, the body represents the residual element of this movement of exchange and translation. Yet, to Marx, the body is the use-value:

> The utility of a thing makes it a use value. But this utility is not a thing of air. Being limited by the physical properties of the commodity, it has no existence apart from that commodity. A commodity, such as iron, corn, or a diamond, is therefore, so far as it is a material thing, a use value, something useful.[57]

The use-value plays then, in relation to the systems of exchange and of absolute translation, the same role that semantic incommensurability plays in the common experience of translation: it represents a residue, something that cannot be assimilated, and which supposes a "poetic" conception of language profoundly alternative to the metric paradigm that dominates the theories of language and economics. This is so, because it

---

[54] K. Marx, *Capital. A Critique of Political Economy*, vol. I, Book I, tr. by E. Aveling, Chicago: Charles H. Kerr & Co. 1906, p. 46.

[55] Ivi, p. 59.

[56] This is the case in Wilamowitz-Moellendorff: "Jede rechte Übersetzung ist Travestie. Noch schärfer geschprochen es bleibt die Seele, aber sie wechselt den Leib: die wahre Übersetzung ist Metempsychose" (quoted in G. Steiner, *After Babel. Aspects of Language and Translation*, Oxford: Oxford University Press 1992, p. 281).

[57] K. Marx, *Capital*, cit., p. 26.

excludes the reducibility of meaning to ideality and value to money. Also here, then, like in the case of translation, the experience of the untranslatability of what cannot enter into the system of exchange and synonymic substitutions assumes a strong ethical meaning: it draws a strong limit up against the imperialistic invasion of the market and of the financial world.

The statement: "there is something untranslatable" or – which is the same – "there is incommensurability" constitutes the principle of an asymmetry that impedes the other from being reduced to the self. To say it with Derrida, it is not the principle of a distributive or leveling justice but of a justice, which maintains that not all is exchangeable. A justice that, like the Good in Plato, is *epekeína tès ousías*, beyond the substance.

However, it is important to emphasize, as the translation itself shows, that incommensurability is no longer inherent to a supersensible world, but is the figure of the contingent, accidental, and the other: of that which most intimately touches our daily life. Therefore, it should not be regarded as the irrational deprived of sense, but as a good that, if anything, is *on this side* of the substance.[58]

[58] Translation from Italian of Søren Tinning.

UTE HEIDMANN

« C'EST PAR LA DIFFÉRENCE QUE FONCTIONNE LA RELATION AVEC UN GRAND R ». POUR UNE APPROCHE COMPARATIVE ET DIFFÉRENTIELLE DU TRADUIRE

« On ne peut pas s'écarter de la langue. On habite radicalement sa propre langue, ses jeux linguistiques, ses théories, et l'on porte en soi les réifications, les ontologies, les formes de construction du monde »[1], observe Silvana Borutti. La reconnaissance de la singularité et de la complexité de chaque langue mène au constat de l'irréductible différence des langues que Wilhelm von Humboldt décrit en ces termes :

> Man hat schon öfter bemerkt, und die Untersuchung sowohl als die Erfahrung, bestätigen es, dass, so wie man von den Ausdrücken absieht, die bloss körperliche Gegenstände bezeichnen, kein Wort einer Sprache vollkommen einem in einer andern Sprache gleich ist.
>
> On a déjà souvent remarqué, et la recherche le confirme autant que l'expérience que, si l'on fait abstraction des expressions qui désignent des objets purement corporels, aucun mot d'une langue n'équivaut parfaitement à un mot d'une autre langue[2].

Dans ses études comparatives des langues, Humboldt étend ce diagnostique du plan lexical à la morphologie et à la syntaxe. Il montre que par leur diversité morphologique et syntaxique, les langues engendrent des différences fondamentales dans les manières de penser et de percevoir le monde. Ce constat mène Humboldt (et après lui Quine, Derrida et Borutti) à la conclusion que la traduction synonymique est impossible : il y a

[1] S. Borutti, *Théorie et interprétation. Pour une épistémologie des sciences humaines*, Lausanne, Payot, 2001, p. 80. Ce livre est la traduction française de *Teoria e interpretazione. Per un'epistemologia delle scienze umane*, Milan, Angelo Guerini e Associati, 1991.

[2] W. von Humboldt, *Sur le caractère national des langues et autres écrits sur le langage*, présentés, traduits et commentés par Denis Thouard, Seuil (Points), 2000, p. 32.

toujours et inévitablement perte de sens dans le passage d'une langue et d'un texte à un autre. Si l'on reste dans la perspective d'une seule langue, cette impossibilité fondamentale de la traduction est forcément considérée de façon négative, comme une entropie, selon le terme choisi par Silvana Borutti[3] : entropie dans la perspective de la langue de départ et du texte à traduire, car il ne parvient jamais à faire passer toute sa complexité sémantique dans une autre langue ; entropie également dans la perspective de la langue cible et du texte traduit, car celui-ci ne parvient jamais à s'approprier le texte à traduire sans perte irrémédiable de sens.

Ce problème se pose tout autrement dans la perspective du comparatiste. Installé par définition dans l'entre-deux des langues et des cultures, c'est-à-dire dans au moins deux langues et cultures à la fois, il peut au contraire considérer cette impossible synonymie comme positive, comme un espace d'investigation fécond, cette « perte » comme une transformation créatrice. Cette impossibilité ouvre en effet sur l'interaction complexe que l'irréductible différence des langues rend nécessaire. Cette interaction intervient dans l'acte de traduire à mon sens comme une réaction à l'impossible synonymie, comme une réponse à l'énoncé, texte ou livre à traduire, bien plus que comme une imitation ou une répétition. Le texte traduit ne peut pas dire la même chose que le texte à traduire, mais il dit *autre* chose, il donne à lire leurs différences, il les met en œuvre, comme le dit Maurice Blanchot : « La traduction est mise en œuvre de la différence »[4]. L'entropie de la traduction synonyme offre en effet à l'étude comparative des cultures et des langues un espace d'investigation privilégié. Avec Silvana Borutti, je considère que « la traduction est une situation exemplaire de la connaissance, où connaître est prendre en charge la différence et la distance, ou mieux, montrer la distance. C'est ainsi que l'entropie, qui est la distance des langues, est en même temps l'espace positif où l'on peut reconnaître que la connaissance est en premier lieu travail de la distance et de la différence »[5].

---

[3] S. Borutti, *Théorie et interprétation*, *op. cit.*, p. 71.

[4] Cité par Borutti, ivi, p. 68.

[5] Ivi, p. 71. Au sujet de la différence et de son importance pour la traduction voir aussi J.F. Graham (Ed.), *Difference in Translation*, London-Ithaca, Cornell Univ. Press, 1985, ainsi que Henri Meschonnic, « Les grandes traductions européennes, leur rôle, leurs limites. Problématique de la traduction », in *Précis de littérature européenne* (sous la direction de Béatrice Didier), Paris, P.U.F., p. 221-239.

Il est d'autant plus pertinent d'étudier les langues, les littératures et les cultures à partir de leurs différences que la différenciation est le principe même de leur genèse. Les langues et les cultures se sont en effet formées et évoluent « dans les échanges et dans les conflits avec les autres »[6]. L'examen de ce processus complexe de différenciation exige une méthode apte à saisir et à interpréter ces différences. La méthode comparative peut, à mon sens, relever ce défi, à condition toutefois d'en définir les présupposés et le procédé. Il s'agit de faire de la comparaison un outil heuristique permettant l'examen des différences, c'est-à-dire de l'altérité. J'ai proposé d'appeler ce type de comparaison « différentielle »[7].

Le *Dictionnaire historique de la langue française* donne une définition du verbe comparer qui présente l'intérêt de distinguer plusieurs phases de la démarche comparative. Selon cette définition, comparer signifie « rapprocher des objets de nature différente pour en dégager un rapport d'égalité et examiner les rapports de ressemblance et de dissemblance (entre des personnes et des choses) »[8]. Cette définition nous rappelle que les objets à comparer sont « de nature différente ». Il s'agit là d'un rappel utile, car, dans une comparaison spontanée, la reconnaissance et l'examen de la différence sont souvent négligés au profit d'une focalisation immédiate (et souvent exclusive) sur ce qui paraît à première vue semblable. On peut tout à fait imaginer une autre démarche qui consiste à reconnaître que, malgré la ressemblance thématique et formelle exigée du texte à traduire et du texte traduit, les deux énoncés sont par définition fondamentalement différents, de « nature différente ». Au lieu de focaliser l'attention sur leur impossible ressemblance et synonymie, on peut alors se demander en quoi et pourquoi ils diffèrent.

---

[6] F. Rastier, *Arts et sciences du texte*, Paris, PUF, 2001, p. 281

[7] J'ai élaboré cette méthode depuis 2003 dans mes travaux dont les références se trouvent dans la bibliographie ci-jointe. Mon approche se fonde sur le principe de la traduction comme « image des différences » que Silvana Borutti explore dans une perspective philosophique dans sa contribution *infra* et dans notre ouvrage commun intitulé *La Babele in cui viviamo. Traduzione e dialogo tra le letterature e le culture*, Turin, Bollati Boringhieri, 2012. François Ost commente nos propositions épistémologiques et méthodologiques de façon pertinente et intéressante dans *Traduire. Défense et illustration du multilinguisme,* Fayard, 2009, p. 249-257.

[8] *Dictionnaire historique de la langue française*, sous la direction d'Alain Rey, Paris, Dictionnaires Le Robert, 457.

Dans la perspective de l'entre-deux, propre au comparatiste, il s'agit, pour reprendre la définition lexicale citée, de « dégager un rapport d'égalité » entre les phénomènes comparés. Autrement dit, il convient de construire un axe de comparaison qui mette les textes et œuvres à comparer sur un même plan, c'est-à-dire dans un rapport non-hiérarchique[9]. Il importe donc d'élaborer des critères de comparaison qui ne privilégient ni l'un, ni l'autre des phénomènes observés. Car si nous renonçons à attribuer la même importance aux phénomènes à comparer pour privilégier d'emblée l'un ou l'autre, nous ne sommes plus dans une démarche de comparaison mais dans l'évaluation et la hiérarchisation. Une conception qui instaure d'emblée une hiérarchie entre un texte et sa traduction, en considérant la traduction littéraire comme une production de second rang, rend leur comparaison d'emblée impossible. Notons que toute conception langagière et littéraire qui instaure des hiérarchies de valeur rend une véritable comparaison interlinguistique et interculturelle impossible.

Mais est-il possible de mettre sur un même plan un énoncé à traduire et sa traduction ? Dans la perspective de leur production, ils sont placés dans un rapport de succession qui induit un ordre hiérarchique (comme l'implique la distinction entre hypertexte et hypotexte proposée par Genette). Si nous voulons réellement comparer un texte à sa traduction, nous devons donc changer d'optique, c'est-à-dire quitter l'optique hiérarchisante de la production. Nous devons focaliser notre attention sur une dimension tout aussi pertinente pour le texte à traduire que pour le texte traduit : l'énonciation est une de ces dimensions. L'énonciateur du texte traduit doit, tout comme l'énonciateur du texte à traduire, construire des effets de sens par les moyens que sa propre langue et son propre contexte d'énonciation mettent à sa disposition. L'énonciation constitue donc un plan d'analyse et de comparaison qui place les deux énoncés dans un rapport non-hiérarchique. Nous pouvons alors comparer la *façon* de créer des effets de sens du texte à traduire avec la façon de créer des effets de sens propre au texte traduit.

Tout énoncé, tout texte, toute œuvre intervient en effet dans un contexte spatio-temporel spécifique, et c'est en interaction avec lui qu'il produit

[9] Je remplace ici intentionnellement le terme « rapport d'égalité » de la définition lexicale par *rapport non-hiérarchique* car les connotations du terme *égalité* sortent du cadre épistémologique que j'aimerais désigner ici.

des effets de sens singuliers. Cela vaut également pour tout énoncé traduit. Celui-ci s'énonce dans un contexte langagier culturellement et historiquement différent, en produisant des effets de sens propres et forcément différents. Le texte traduit est donc énoncé dans l'autre langue en tant qu'*autre*. Derrida constate à juste titre : « un corps verbal ne se laisse pas traduire ou transporter dans une autre langue. Il est cela même que la traduction laisse tomber. Laisser tomber le corps, telle est même l'énergie essentielle de la traduction »[10]. Dans l'optique de cette formulation métaphorique, on peut dire que, si le traducteur laisse tomber le corps verbal de l'énoncé de l'autre, il doit constituer un autre « corps », c'est-à-dire un énoncé qui possède, lui aussi, la cohérence et la complexité d'un corps.

Si l'on veut comparer un texte *à traduire* avec le texte *traduit* dans un rapport non-hiérarchique, il importe de considérer que chacun construit ses effets de sens en se liant de façon significative à son propre contexte socioculturel et linguistique. Pour procéder à une telle comparaison, il convient de demander comment et par quels moyens l'énonciateur parvient à créer les effets de sens qui confèrent à son énoncé la cohérence d'un « corps ». L'énonciateur du texte à traduire tout comme celui du texte traduit crée des effets de sens non seulement par le choix du lexique, mais aussi par sa manière de combiner ses mots dans des phrases et dans un texte, par sa façon d'inscrire son énoncé dans une rythmicité, dans un système de genres discursifs ou poétiques, dans des configurations particulières d'intertextes validés par sa langue et sa culture et par une multitude d'autres procédés discursifs très complexes. Toutes les dimensions énonciatives et discursives (compositionnelles, stylistiques, syntaxiques, rythmiques, génériques, textuelles et intertextuelles) sont significatives dans ce processus complexe de création de sens. Toutes peuvent devenir des plans d'analyse pour une comparaison différentielle.

1. (Re)configuration générique et « généricité traductoriale »

Deux de ces dimensions me paraissent particulièrement intéressantes pour l'étude du traduire. La première relève du choix générique et plus précisément de la façon d'inscrire un énoncé dans la configuration des

---

[10] J. Derrida, *L'écriture et la différence*, Paris, Seuil, 1967, p. 312.

genres discursifs et poétiques déjà existants dans la langue et culture donnée. Dans l'optique discursive et énonciative, les genres sont considérés comme des pratiques culturelles qui diffèrent d'une langue et d'une époque à l'autre. La traduction d'un texte dans une autre langue, époque et culture entraîne par conséquent la nécessité de le ré-inscrire dans la configuration des genres en vigueur dans la langue, époque et culture en question, autrement dit, de *reconfigurer* sa *généricité*. Le concept de *généricité* permet d'appréhender le problème de l'inscription générique comme une dynamique inhérente à la production et la compréhension des textes, à la différence du terme plus usuel de *genre* qui l'appréhende comme un élément statique résultant d'une taxinomie de catégories génériques auxquelles un texte appartiendrait par certaines de ses caractéristiques. Le concept plus dynamique de *généricité* permet de penser que les énoncés s'inscrivent de façon significative dans les configurations de genres tels qu'ils sont pratiqués dans les langues et les cultures respectives. Il permet aussi de penser qu'un énoncé peut s'inscrire dans plusieurs genres à la fois. Face à la complexité du phénomène générique, il semble en effet plus judicieux de mettre à jour les dynamiques génériques multiples qui informent un texte que de statuer sur son appartenance à une catégorie générique préétablie[11].

Le concept de généricité permet aussi de voir que le processus d'inscription générique ne s'effectue pas seulement sur le plan de la production (que l'on peut désigner comme sa *généricité auctoriale*), mais aussi sur celui de la lecture et de la réception d'un texte ou d'un livre (qui correspond dans l'optique proposée à une *généricité lectoriale*), ainsi que sur celui, très important mais souvent négligé, de son édition que l'on peut désigner comme sa *généricité éditoriale*. J'aimerais proposer ici de prendre en compte un quatrième type de généricité désignée par le terme de *généricité traductoriale*. Le transfert d'un texte dans une autre langue par le biais de la traduction implique également le transfert dans un autre type de généricité et dans une autre « configuration de genres ». Ce transfert correspond à ce que je propose d'appeler une *(re)configuration générique*. Le graphisme *(re)configuration* avec le préfixe entre parenthèses

---

[11] Pour une définition plus détaillée du concept de *généricité* et de son rapport aux théories existantes sur les genres discursifs et poétiques, voir J.-M. Adam et U. Heidmann, *Le texte littéraire. Pour une approche interdisciplinaire,* Louvain-La-Neuve, Bruylant Academia, 2009, p.11-23.

souligne le fait que toute configuration d'un genre est toujours une reconfiguration de genres préexistants. Le concept de (re)configuration permet de comprendre plus généralement l'inscription d'énoncés dans des systèmes de genres existants comme une tentative d'infléchir les conventions génériques en vigueur, de créer de nouvelles conventions génériques, mieux adaptées aux contextes socioculturels et discursifs, qui changent d'une époque et d'une sphère culturelle et linguistique à l'autre. Par rapport au concept de généricité qui désigne plus généralement la dynamique et les fluctuations dont relève toute inscription (auctoriale, éditoriale, lectoriale, traductoriale) d'un énoncé dans un système de genres, le concept de (re)configuration permet de distinguer, dans ces fluctuations générales, des phases et des contours plus précis.

Une telle (re)configuration générique s'opère selon moi par différents procédés. Un des procédés relève de la transformation de ce que l'on peut appeler une *scène d'énonciation* ou une *scénographie*[12]. Une œuvre reconfigure une scène d'énonciation qui s'est imposée comme caractéristique d'un genre par l'invention d'un nouveau dispositif scénographique qui s'en démarque pour mieux imposer une autre et nouvelle façon de dire. Pour ne donner qu'un exemple que j'ai analysé ailleurs[13] : l'analyse comparative des dispositifs énonciatifs des contes et nouvelles latins, italiens et français montre que Perrault reconfigure les formes génériques du conte déjà existantes dans les littératures en langue latine et italienne, très présentes en France au XVIIe siècle, pour créer une nouvelle variation générique adaptée aux préoccupations esthétiques et socioculturelles de la société française de la fin du XVIIe siècle. Il la crée à partir de la *fabella* de Psyché insérée dans les *Métamorphoses* d'Apulée, parangon du *conte ancien* que *Le Piacevoli notti* de Straparola et *Lo cunto de li cunti* de Basile avaient déjà reconfigurée de façon inventive par l'intermédiaire du *Decameron* de Boccace. En inventant un nouveau dispositif scénographique, à la fois semblable et significativement différent de celui inventé par Apulée et reconfiguré par les auteurs italiens, Perrault parvient à supplanter le modèle ancien aussi bien que le modèle italien. Il crée ainsi une nouvelle variation générique, à laquelle il attribue des fonctions significativement différentes.

---

[12] J'emprunte le concept de « scène de parole » ou « scène d'énonciation » à D. Maingueneau, *Le discours littéraire. Paratopie et scène d'énonciation*, Paris, A. Colin, 2004.

[13] Voir *Textualité et intertextualité des contes*, p. 33-152.

Dominique Maingueneau définit la scène d'énonciation de la façon suivante :

> L'œuvre, à travers le monde qu'elle configure dans son texte, réfléchit en les légitimant les conditions de sa propre activité énonciative. De là le rôle crucial que doit jouer la « scène de l'énonciation », qui n'est réductible ni au texte ni à une situation de communication qu'on pourrait décrire de l'extérieur. L'institution discursive est le mouvement par lequel passent l'un dans l'autre, pour s'étayer, l'œuvre et ses conditions d'énonciation. Étayage réciproque qui constitue le moteur de l'activité littéraire[14].

L'analyse comparative et différentielle de la scène d'énonciation des contes en prose de Perrault (telle qu'il l'a constituée dans la première édition) avec celles que constituent leurs traducteurs dans préfaces, postfaces et commentaires et dans leur façon particulière de traduire permet de comprendre que les traducteurs reconfigurent à leur tour la scène de parole créée par Perrault. Ils la reconfigurent pour réfléchir, en les légitimant, les conditions de leur propre activité énonciative qui est celle du traducteur. Sur cette scène de parole, les traducteurs instaurent la voix et l'éthos qu'ils adoptent face à l'œuvre à traduire et face aux impératifs qui sous-tendent, comme on le sait, les pratiques du traduire dans leurs époques et cultures respectives.

2. Reconfiguration ou « réponse » intertextuelle et interdiscursive

Les résultats de l'analyse comparative et différentielle des généricités auctoriales, éditoriales et traductoriales des contes de Perrault, qui montrent le processus subtil de (re)configuration générique que l'écrivain aussi bien que ses traducteurs opèrent, m'ont amenée à redéfinir de façon analogue une deuxième dimension discursive que je considère comme particulièrement importante pour le traduire, à savoir l'intertextualité et plus généralement l'interdiscursivité. Si nous partons de l'idée que l'intertextualité correspond à une inscription de l'énoncé dans une configuration d'intertextes « en vigueur », c'est-à-dire validés par les communautés discursives auxquelles appartiennent respectivement l'auteur et le traducteur, nous pouvons considérer que le processus dialogique que

---

[14] Voir Maingueneau, *Le discours littéraire*, op. cit., p. 42.

Todorov décrit en référence à Bakhtine caractérise autant l'énoncé à traduire que l'énoncé traduit :

> Le caractère le plus important de l'énoncé, ou en tous les cas le plus ignoré, est son dialogisme, c'est-à-dire sa dimension intertextuelle. Il n'existe plus, depuis Adam, d'objets innommés, ni de mots qui n'auraient pas déjà servi. Intentionnellement ou non chaque discours entre en dialogue avec les discours antérieurs tenus sur le même objet, ainsi qu'avec les discours à venir, dont il pressent et prévient les réactions. La voix individuelle ne peut se faire entendre qu'en s'intégrant au chœur complexe des autres voix déjà présentes. Cela est vrai non seulement de la littérature, mais aussi bien de tout discours, et Bakhtine se trouve ainsi amené à esquisser une nouvelle interprétation de la culture : la culture est composée de discours que retient la mémoire collective (les lieux communs et les stéréotypes comme les paroles exceptionnelles), discours par rapport auxquels chaque sujet est obligé de se situer[15].

En écrivant ses contes en prose, Perrault recourt à des intertextes latins (dont les œuvres de Virgile et Apulée) italiens (dont les recueils de Straparola et Basile) et français (dont les contes galants et frivoles de son contemporain Jean de La Fontaine)[16], qui font partie de la configuration de textes et genres pratiqués dans la communauté discursive de la société de cour de la fin du XVIIe siècle français à laquelle il appartient. Les traducteurs des contes de Perrault doivent à leur tour inscrire leurs énoncés dans la configuration des intertextes et de l'interdiscours en circulation et « en vigueur » dans leur propre communauté discursive. Leurs cultures sont également faites de discours, de lieux communs et de paroles exceptionnelles, auxquels le traducteur renvoie, intentionnellement ou non. Car lui aussi doit s'intégrer, à l'instar de l'auteur, dans le « chœur complexe des voix déjà présentes ». La comparaison précise des dialogues intertextuels et interdiscursifs « auctoriaux » instaurés par Perrault avec les dialogues intertextuels « traductoriaux » instaurés par ses traducteurs permet en effet de découvrir des différences significatives et révélatrices des langues, époques et cultures impliquées. En analysant la première traduction anglaise des contes de Perrault et de leurs *Moralités*, qui date de 1729, on découvre ainsi nombre d'intertextes de Shakespeare, et, dans les traductions italiennes des renvois à la *Divina Comedia* de Dante et à

[15] T. Todorov, *Mikhaïl Bakhtine. Le principe dialogique*, Paris, Seuil, 1981, p. 8.

[16] Comme je l'ai montré dans *Textualité et intertextualité des contes*, *op.cit.*, p. 33-152.

d'autres œuvres canoniques. Dans *I racconti delle fate, voltati in italiano da C. Collodi*, on découvre en revanche des façons de parler (*modi di dire)* caractéristiques de l'interdiscours toscan, nouvelle langue « standard » de l'Italie réunie, dans laquelle Carlo Collodi a le mandat de traduire, en 1875, les célèbres contes français pour les petits écoliers italiens[17]. On peut ainsi parler, en analogie à la (re)configuration générique opérée par le traducteur, d'une (re)configuration intertextuelle et interdiscursive du texte ou de l'œuvre à traduire.

Ce ne sont là que deux plans d'analyse et de comparaison possibles d'une approche comparative et différentielle du traduire. Toutes les dimensions énonciatives, textuelles et plus largement discursives du texte à traduire et du texte traduit se prêtent à une telle comparaison différentielle. Il importe toutefois de définir ces plans d'analyse et de les expliciter au préalable, en respectant les principes épistémologiques et méthodologiques de la comparaison exposés plus haut. L'objectif d'une telle approche est de dégager le processus complexe de différenciation qui sous-tend toutes les langues, littératures et cultures et le dialogue incessant qu'elles mènent les unes avec les autres.

Les résultats obtenus par de telles analyses comparatives et différentielles montrent que le souci d'explorer ce qui est « différentiel » ne mène pas au constat d'irréductibles différences, mais permet de comprendre que les œuvres et leurs traductions évoluent *en réponse* les unes aux autres, dans un processus continu de relance, d'adaptation et de variation, de proposition de sens et de contre-proposition. La comparaison différentielle montre que ce processus dialogique et différentiel est créateur d'effets de sens toujours nouveaux et qu'il constitue de ce fait un potentiel sémantique inépuisable pour la création culturelle. La comparaison différentielle texte(s) à texte(s) des œuvres et de leurs traductions se destine à mettre à jour ce travail subtil de différenciation que le traductuer accomplit *en réponse* aux propositions de sens « des voix déjà existantes ». Elle montre que le dialogisme intertextuel et interdiscursif qui sous-tend l'activité du

---

[17] Dans une étude intitulée « "New Wine in Old Bottles" : Angela Carter's Translation of Charles Perrault's *La Barbe bleue* », *Marvels & Tales*, Vol. 23-1, 2009c, p. 40 -58, on trouvera les amorces de mes analyses des traductions anglaises de Robert Samber et d'Angela Carter.

traduire est « doublé » par un dialogue constitutif avec les genres discursifs et poétiques déjà existants dans les langues et cultures respectives, dialogue dont naissent sans cesse de nouvelles formes et pratiques génériques aptes à dire ce qui est différent et ce qui a changé. L'étude comparative et différentielle du traduire peut ainsi nous apprendre quelque chose de fondamental et de vital pour notre avenir. Edouard Glissant le résume dans cette formule : « La différence, ce n'est pas ce qui nous sépare. C'est la particule élémentaire de toute relation. C'est par la différence que fonctionne ce que j'appelle la Relation avec un grand R »[18].

Bibliographie

Adam Jean-Michel & Heidmann Ute, *Le texte littéraire. Pour une approche interdisciplinaire.* Academia Bruylant, Louvain-La-Neuve, 2009.

Borutti Silvana, *Teoria e interpretazione. Per un'epistemologia delle scienze umane*, Milano, Angelo Guerini e Associati, 1991. *Théorie et interprétation. Pour une épistémologie des sciences humaines,* Lausanne, Payot, 2001.

Borutti Silvana et Ute Heidmann, Ute, *La Babele in cui viviamo. Traduzione e dialogo tra le letterature e le culture,*en préparation, à paraître en 2012 aux Editions Bollati Boringhieri Editore.

Carter Angela, *Sleeping Beauty & Other Favourite Fairy Tales*, chosen and translated by Angela Carter, illustrated by Michael Forman, London, Gollancz Children's Paperbacks, 1982.

Collodi Carlo, *I racconti delle fate*, voltati in italiano da C. COLLODI, Felice Paggi Libraio Editore, 1887 (2éd.) [1875]

Derrida Jacques, *L'écriture et la différence*, Paris, Seuil, 1967.

Dictionnaire Historique de la langue française, sous la direction d'Alain Rey, Paris, Dictionnaires Le Robert.

[18] E. Glissant, *L'imaginaire des langues*, 2010, p.91.

Eco Umberto, *Dire quasi la stessa cosa. Esperienze di traduzione*, Bompiani, Milano, 2003.

Heidmann Ute, « Traduire l'érotique : la nouvelle retenue de Pygmalion », in *Die Sprachen der Liebe – Langages de l'amour*, Bern, P. Lang, 2000, p. 212-218.

- *Poétiques comparées des mythes*, Lausanne, Payot, 2003

- « Comparaison et analyse de discours. La comparaison différentielle comme méthode », in *Sciences du texte et analyse de discours*, J.-M. Adam et U. Heidmann éds., Lausanne, Genève, 2005, Slaktine, p. 99-118,

- « Epistémologie et pratique de la comparaison différentielle. L'exemple des (ré)écritures du mythe de Médée », in *Comparer les comparatismes*, M. Burger & C. Calame éds., Paris & Milan, Edidit & Archè, 2006, p. 141-159.

- « Comment comparer les (r)écritures anciennes et modernes des mythes grecs ? Propositions pour une méthode d'analyse (inter)textuelle et différentielle », *Mythe et Littérature*. Sylvie Parizet (dir.). Collection *Poétiques comparatistes*, volume 3, Société Française de Littérature générale et comparée, Paris, 2008, p. 143-160.

- « Mettre les différences en dialogue ». (Au sujet de la traduction du préambule du projet de la Constitution européenne), *Carrefour Europe. Une approche interdisciplinaire dédiée à Philippe Braillard,* éd. S. Guindani et J. Talens, Academia Bruylant, Louvain-La Neuve, 2010, p. 77-84.

- « "New Wine in Old Bottles" : Angela Carter's Translation of Charles Perrault's *La Barbe bleue* », *Marvels & Tales*, Vol. 23-1, 2009, p. 40 -58. (avec Martine Hennard Dutheil de la Rochère)

- *Textualité et intertextualité des contes. Perrault, Apulée, La Fontaine, Lhéritier...* Editions Classiques Garnier, 2010. (avec Jean-Michel Adam)

- « Text linguistics and comparative literature : towards an interdisciplinary approach to written tales. Angela Carter's translations of Perrault », *in Language and Verbal Art Revisited. Linguistic Approaches to the study of Literature,* Donna R. Miller & Monica Turci éds., London, Equinox, 2007, p.181-196. (avec Jean-Michel Adam).

Humboldt Wilhelm von, *Sur le caractère national des langues et autres écrits sur le langage*, présentés, traduits et commentés par Denis Thouard. Seuil (Points), 2000.

Maingueneau Dominique, *Le discours littéraire. Paratopie et scène d'énonciation*, Paris, A. Colin, 2004.

Meschonnic Henri *Poétique du traduire*, Paris, Verdier, 1999.

- « Les grandes traductions européennes, leur rôle, leurs limites. Problématique de la traduction », in *Précis de littérature européenne* (sous la direction de Béatrice Didier), Paris, P.U.F., p. 221-239.

Ost François, *Traduire. Défense et illustration du multilinguisme,* Fayard, 2009.

Perrault Charles, *Histoires ou contes du temps passé. Avec des Moralitez.* Fac-similé du second tirage de l'édition Barbin 1697.

Rastier François, *Arts et sciences du texte*, Paris, P.U.F., 2001.

Todorov Tzvetan, *Mikhaïl Bakhtine. Le principe dialogique*, Paris Seuil, 1981.

CHIARA SANDRIN

„SIEBZEHN ARTEN VON FEIGEN". NAME, ERFAHRUNG, ÜBERSETZUNG BEI WALTER BENJAMIN

In den Jahren 1932 bis 1934, vor der Zeit des Exils und unter den Bedingungen desselben, kommt Walter Benjamin in verschiedenen Schriften auf seine frühe Beschäftigung mit sprachtheoretischen Fragen zurück. Zu diesen Schriften gehören die *Lehre vom Ähnlichen*, Anfang 1933 geschrieben, und *Über das mimetische Vermögen*, im Sommer desselben Jahres auf Ibiza, als zweite, verkürzte Fassung der vorherigen Arbeit, verfasst. In einem dritten Text, dem Sammelreferat *Probleme der Sprachsoziologie*, das 1934 geschrieben und 1935 in der »Zeitschrift für Sozialforschung« veröffentlicht wurde, werden dann die für Benjamin entscheidenden Fragen an seine Sprachphilosophie wieder aufgegriffen.

Die *Lehre vom Ähnlichen* entstand im Rahmen der ersten Studien zur *Berliner Kindheit.* Benjamin stellt eine literarisch reflektierte Erfahrung der Wirklichkeit dar, wie sie das Kind in seinen ersten Jahren wahrnimmt. Diese „magische" Welt des Kindes, wo Worte und Namen und die durch sie bezeichneten Gegenstände in einem unmittelbaren Zusammenhang miteinander stehen, ist dann auch dieselbe Welt, welche in der *Lehre vom Ähnlichen* als Objekt einer erkenntnistheoretischen Reflexion vorgestellt wird. Die sprachtheoretische Reflexion im Allgemeinen verknüpft sich also mit einer Theorie des individuellen Gedächtnisses. Was sich hier als konstitutiver Nexus zwischen Gedächtnis und Sprache zeigt, war schon von Benjamin in seinem Proust-Essay beobachtet worden, wo zum ersten Mal die Bedeutung des Begriffs der *„entstellten Ähnlichkeit"*[1]

---

[1] Vgl. A. Lemke, *Gedächtnisräume des Selbst. Walter Benjamins „Berliner Kindheit um neunzehnhundert"*, Königshausen & Neumann, Würzburg 2008, p. 73. Siehe dazu auch S. Weigel, *Entstellte Ähnlichkeit. Walter Benjamins theoretisches Schreiben*, Fischer, Frankfurt am Main 1997, und H. Kaffenberger, *Denkfiguren des Dritten Raums? Walter Ben-*

auftaucht - als Zustand, der die Fülle des Traumbildes oder der Erinnerung in die Form der Analogie übersetzt. Indem Benjamin Prousts „frenetisches Studium“, dessen „passionierten Kultus der Ähnlichkeit“ betrachtet, stellt er, Benjamin, fest, die Ähnlichkeit lasse die wahren Zeichen ihrer Herrschaft nicht dort erkennen, wo Proust

> sie in den Werken, Physiognomien oder Redeweisen, immer bestürzend, unvermutet aufdeckt [...]. Die Ähnlichkeit des Einen mit dem Andern, mit dem wir rechnen, die im Wachen uns beschäftigt, umspielt nur die tiefere der Traumwelt, in der, was vorgeht, nie identisch, sondern ähnlich: sich selber undurchschaubar ähnlich, auftaucht. [...] Und wie [die Kinder] sich selbst nicht ersättigen können, [...] die Tasche und was drin liegt, mit *einem* Griff in etwas Drittes zu verwandeln [...], so war Proust unersättlich, [...] das Ich mit einem Griffe zu entleeren, und immer wieder jenes Dritte: das Bild, das seine Neugier, nein, sein Heimweh stillte, einzubringen. Zerfetzt von Heimweh lag er auf dem Bett, Heimweh nach der im Stand der Ähnlichkeit entstellten Welt, in der das Wahre surrealistische Gesicht des Daseins zum Durchbruch kommt.[2]

Neben den schon zitierten Texten ist, hinsichtlich der Wiederaufnahme der sprachphilosophischen Überlegungen Benjamins in diesem krisenhaften Zeitraum, noch die kurze Schrift *In der Sonne* besonders wichtig, die während des ersten Aufenthalts auf Ibiza, am 15. Juli 1932, zwei Tage vor Benjamins Abreise von der Insel, verfasst wurde. In einem Brief an Scholem vom 22. April schreibt Benjamin (er ist seit drei Tagen auf der Insel): Die Reise nach Ibiza «kam überraschend wie – nach einer alten und zutreffenden Erkenntnis von Dir – das meiste von mir betrifft und ist in erster Linie das Ergebnis meiner aus unerwarteten Einkünften und längeren Perioden der Dürre so merkwürdig genährten Wirtschaftslage». Die Reise war abenteuerlich, eine elftägige, anfangs stürmische Fahrt auf dem Frachtdampfer „Catania“ von Hamburg bis Barcelona. Die plötzliche Entscheidung zur Reise ist getroffen worden, „um die spärlichen Mittel nicht zu vermindern. Du wirst dies verstehen, wenn ich dir sage, dass ich hier in einem Hause für mich allein lebe, drei Mahlzeiten zwar

---

jamins Theorie des Ähnlichen, in C. Berger / T. Döring, *Figuren der/des Dritten.: Erkundungen kultureller Zwischenräume*, Rodopi, Amsterdam 1998, S. 39 ff., hier S. 52 f.

[2] W. Benjamin, *Zum Bilde Prousts*, in *Gesammelte Schriften,* Bd. II,1, Suhrkamp, Frankfurt am Main 1991, S. 313-314.

sehr provinzieller Art und mit jedwedem goût du Terroir [...] einnehme und für all dies täglich 1,80 Mark zahle“.

> Danach begreift es sich von selbst, daß die Insel wirklich seitab des Weltverkehrs und auch der Zivilisation liegt, so daß man auf jede Art von Komfort verzichten muß. Man kann es mit Leichtigkeit, nicht nur der inneren Ruhe wegen, die die ökonomische Unabhängigkeit sondern auch der Verfassung wegen, die diese Landschaft einem mit gibt, die unberührteste, die ich jemals gefunden habe. Wie Ackerbau und Viehzucht hier noch archaisch betrieben werden, nicht mehr als vier Kühe auf der Insel sich finden, weil die Bauern an der überkommenen Wirtschaft mit Ziegen festhalten, keinerlei landwirtschaftliche Maschinen zu sehen sind und die Bewässerung der Felder wie vor Jahrhunderten durch Schöpfräder geschieht, die von Maultieren in Betrieb gesetzt werden, so sind auch die Interieurs archaisch: drei Stühle an der Zimmerwand gegenüber dem Einwand treten dem Fremden sicher und gewichtig entgegen als seien es drei Cranachs oder Gauguins an der Wand [...]. Endlich die Gelassenheit und Schönheit der Menschen – nicht nur der Kinder [...]. [3]

Die Grenzen des Anderen werden in diesem Brief als existentielle Grenze, als – historischer und geographischer, biographischer und epochaler – Übergang gezeichnet. Das Eigene wird zum Fremden, das Heim wird verlassen, die Zeit bricht ab, und die Landschaft, die jetzt erscheint, wirkt neu und ganz anders. Die Fremdheit des Wanderers, die durch seinen neugierigen und erstaunten Blick auf die Landschaft und auf das Leben der Insel ausgedrückt wird, wird zum – örtlichen und zeitlichen – Gesichtspunkt, von dem her man über die Erfahrung und das Gedächtnis der Orte, über die Wörter und die Namen der Dinge wieder nachdenken kann.

Aufgrund seiner Stellung zwischen dem Zyklus *Nordische See*, der im Sommer 1930 verfasst wurde, und der *Lehre vom Ähnlichen*, konnte das Denkbild *In der Sonne* „als Kristallisationspunkt für die theoretisch-begriffliche Orientierung des Spätwerks“ verstanden werden.[4]

Der Titel *In der Sonne* gilt als Motto, als *inscriptio*[5]; er bezieht sich als Denkbild auf das barocke Emblem, wie Benjamin es in der *Einbahnstra-*

---

[3] W. Benjamin, *Briefe*, Suhrkamp, Frankfurt am Main 1966, S. 548-549.

[4] Vgl. M. Bröcker, *Sprache*, in M. Opitz, E. Wizisla (Hgg.), *Benjamins Begriffe*, Suhrkamp, Frankfurt am Main 2000, Bd., S. 763.

[5] Vgl. D. Sdun, *Benjamins Käfer. Untersuchungen zur bildlichen Sprache Walter Benjamins im Umkreis der „Einbahnstraße“*, Lang, Frankfurt am Main 1994, S. 104-115.

ße bereits gehandhabt hat. Das Bild, das unter diesem Titel gezeichnet wird, verweist auf die Mittagsstunde. Dass der Hinweis auf diese Tagesstunde an Zarathustras großen Mittag erinnern soll, ist, sofern überhaupt eine Bestätigung nötig sein sollte, durch das Denkbild *Kurze Schatten* bewiesen, das letzte aus jener Serie, welche unter demselben Titel im Februar 1933 in der «Kölnischen Zeitung» veröffentlicht wurde. Dort liest man – nach der Beschreibung der zum schwarzen, scharfen Rand am Fuß der Dinge gewordenen Schatten, unmittelbar vor ihrem Verschwinden in ihr Geheimnis – von dem Ankommen der Stunde Zarathustras, „des Denkers im ‚Lebensmittag', im ‚Sommergarten'. Denn die Erkenntnis umreißt wie die Sonne auf der Höhe ihrer Bahn die Dinge am strengsten"[6].

„Mit dem höchsten Stand der Sonne, dem höchsten Stand der Erkenntnis, zieht sich das Geheimnis in die Dinge zurück." [7] Wie die Sonne im Zenit, so zieht auch die Erkenntnis eine scharfe Linie am Rand der Dinge, und drängt so ihr Geheimnis in deren Inneres. Das Andere, das sich jenseits der gezeichneten Linie, jenseits der Grenze aufhält bzw. verbirgt, ist dann auch dieses im Inneren der Dinge verborgene Geheimnis, wohinein dies Andere von der Kraft der Sonne, von der Macht der Erkenntnis, gestoßen worden ist.

Der in diesem Zusammenhang auftauchende schwierige Antagonismus zwischen Erkenntnis und Ding, zwischen Denken und Bild, kommt schon, als „Dialektik im Stillstand", als schwankende Synthese, in dem Wort „Denk-Bild" vor, das Benjamin ab 1933 in seinen eigenen Texten, in einigen kurzen Schriften nach dem Muster der Aphorismen der *Einbahnstraße* in der «Frankfurter Zeitung» unter dem Pseudonym Detlev Holz veröffentlicht, anwendet. [8]

Den literarischen Topos des Spaziergangs befolgend, wird beim Gehen des Wanderers eine Erfahrung der Fremde erzählt: die Landschaft wird zuerst beobachtet mit der Absicht, eine tiefere Kenntnis des Ortes zu

---

[6] W. Benjamin, *Gesammelte Schriften*, zit., Bd. IV/1, S. 428.

[7] Vgl. D. Sdun, *Benjamins Käfer. Untersuchungen zur bildlichen Sprache Walter Benjamins im Umkreis der „Einbahnstraße"*, S. 92. Sdun, wie andere Interpreten, bringt dieses Denkbild mit der Benjaminschen Fassung der auratischen Erkenntnis in Zusammenhang, gleichwie mit deren Beziehung zu dem Mittags- bzw. Nachmittagslicht und der Wahrnehmung der Nähe und der Ferne.

[8] Vgl. D. Sdun, *Benjamins Käfer*, zit., S. 105.

erreichen als die, die durch die bloße Beobachtung der Dinge möglich wird. Mehr noch als das direkte Erlebnis, wird für den Reisenden die Kenntnis wichtig – von der er sich ausgeschlossen fühlt – die in den Namen enthalten wird.

> Siebzehn Arten von Feigen gibt es, wie es heißt, auf der Insel. Ihre Namen – sagt sich der Mann, der in der Sonne seinen Weg macht – müßte man kennen. Ja man müßte die Gräser und die Tiere nicht allein gesehen haben, die der Insel Gesicht, Laut und Geruch geben, die Schichtungen des Gebirges und die Arten des Bodens, der vom staubigen Gelb bis zum violetten Braun geht, mit den breiten Zinnoberflächen dazwischen – sondern vor allem ihren Namen müßte man wissen.[9]

Jede Bezeichnung eines Ortes – liest man in den nächsten Zeilen – ist Zeichen eines Gesetzes, welches das einzigartige und unwiederholbare Zusammentreffen der in einer für den Fremden unverstehbaren Ziffersprache gesammelten Elemente von jener Landschaft regelt.

Es gibt aber jemanden, der diese Sprache versteht, der jedoch, wie die ganze landschaftliche Konstellation, still bleibt:

> Aber der Bauer hat ja den Schlüssel der Chiffreschrift. Er kennt die Namen. Dennoch ist es ihm nicht gegeben, über seinen Sitz etwas auszusagen. Sollten die Namen ihn wortkarg machen? Dann fällt die Fülle des Wortes nur dem zu, der das Wissen ohne die Namen hat, die Fülle des Schweigens aber dem, der nichts hat als sie?[10]

Der Text schließt vor dem Hintergrund einer „namenlosen Ferne“, in der jede Bewegung sich in einem Bild verdichtet: „In der Ferne zieht auf den Feldern zwischen Oliven- und Mandelbäume ein Wagen vorüber, aber geräuschlos, und wenn die Räder hinterm Laub verschwinden, so scheinen überlebensgroße Frauen, mit dem Gesicht ihm zugewandt, reglos durch das reglose Land zu wallen.“[11]

Diese Unbeweglichkeit ist aber keine Träumerei des Reisenden, sondern in ihr ist eher die im Denkbild beschriebene, zur Sprache gewordene Erfahrung eingeschlossen.

---

[9] W. Benjamin, *Gesammelte Schriften*, zit., Bd. IV/1, S. 417.

[10] *Ebd.*

[11] *Ebd.*

> [...] er ist schon zu müde [...] und während er die Gewalt über seine Füße verliert, [...] gewahrt er, wie sich seine Phantasie von ihm gelöst hat und [...] nach eigenem Sinn auf ihm zu schalten anfängt. [...] Es ist ein Wechsel und Vertauschen; nichts bleibt und nichts verschwindet. Aus diesem Weben aber lösen mit einmal sich Namen, wortlos treten sie in den Schreitenden ein, und während seine Lippen sie formen, erkennt er sie. Sie tauchen auf, und was bedarf es länger dieser Landschaft? Auf jeder namenlosen Ferne drüben ziehen sie vorüber, ohne eine Spur zu hinterlassen. Namen der Inseln, die dem ersten Anblick wie Marmorgruppen aus dem Meer sich hoben, der Schroffen, die den Horizont schartig machten, der Sterne, die im Boot ihn überraschten, wenn sie im frühen Dunkel auf Posten treten[12].

Wenn man einerseits noch die Voraussetzungen des 1916 geschriebenen Essays *Über Sprache überhaupt und über die Sprache des Menschen* wiedererkennen würde, wäre andererseits auch die zugleich statische wie dynamische Prägung des Bildes, in welchem sich die Erfahrung des Reisenden verdichtet, als Beispiel jener „Entstellung" verständlich, die, zusammen mit dem Begriff der „unsinnlichen Ähnlichkeit", als zentral für die späteren Überlegungen Benjamins über die Sprache zu gelten hat.

In der *Lehre vom Ähnlichen* bzw. *Über das mimetische Vermögen*, an die vormodernen Überlegungen über die Deutung der Welt anknüpfend – vor der Trennung von Subjekt und Objekt, Bezeichnendem und Bezeichnetem, Wesen und Erscheinung – stellt Benjamin fest, dass ein solcher Erkenntnisprozess sich nicht auf Objektivität gründet, d.h. nicht auf der Unabhängigkeit der Beobachtung der Welt, sondern auf der Verwicklung des Subjekts im Netz der die Welt bestimmenden Übereinstimmungen und Wiederspiegelungen. Indem er die Analogien zwischen Mensch und Natur betrachtet, unterstreicht dann Benjamin vor allem ihre aktive Herstellung durch das mimetische Vermögen des Menschen, wie zum Beispiel bei den Tänzen, die mit Sternkonstellationen in Verbindung gebracht werden können. [13] Und wenn Benjamin weiter feststellt, dass die alte Verbindung zwischen Mensch und Ding nur noch als Spur im Archiv der unsinnlichen Ähnlichkeiten, das von der Schrift und der Sprache eingerichtet wird, Bestand habe, dann kann auch bemerkt werden, wie diese

[12] *Ebd.*

[13] W. Bock, *Walter Benjamin. De Rettung der Nacht. Sterne, Melancholie und Messianismus*, Aisthesis, Bielefeld 2000; M. Schuller, *Bilder. Schriften zur Gedächtnis. Freud, Warburg, Benjamin. Eine Konstellation*, in »Internationale Zeitschrift für Philosophie«, Themenheft Walter Benjamin, 1993, 2/1, S. 73-95.

Spur des fundamentalen mimetischen Vermögens in der Festigkeit, in der Materialität der Sprache sich zu erkennen gibt.

Die Benjaminsche Theorie des mimetischen Vermögens wird verflochten mit einer Theorie des Lesens, die vor allem dessen aktiven Charakter preist. Gegenüber dem ihm mitgeteilten Sinn verfügt der Leser über die Fähigkeit, ihn in einer Umarbeitung zu verstehen, die keine bloße, wenn auch anamnestische, Wiedererkennung eines ursprünglichen Gehalts ist, sondern eher aktive Herstellung einer Analogie, und in diesem Sinn Akt der Übersetzung des in der Natur verborgenen Bildes. Auch das Lesen, wie die Übersetzung, sucht Ergänzung, sucht gegenseitige Erfüllung in der Begegnung subjektiver und objektiver Instanzen.

Einige Seiten der *Berliner Kindheit* können als Beispiel betrachtet werden für die Erweiterung und die Bereicherung der Sprache auch durch das Missverstehen, die Entstellung oder die Verformung der Bilder, die die Sprache selbst mitteilt. Wie es vor allem in den kindlichen Phantasien vorkommt, kann die Welt in ihrer “entstellten”, verwandelten Form betrachtet werden, und darin kann man für einen Augenblick, den flüchtigsten Augenblick, der alten Magie des Lesens teilhaftig werden, womit dann Benjamins Essay problematischer Weise schließt.

Benjamin erwähnt ein Hofmannthalsches Zitat, und fährt dann fort:

> “Was nie geschrieben wurde, lesen.” Dies Lesen ist das älteste: das Lesen vor aller Sprache aus den Eingeweiden, den Sternen oder Tänzen. Später kamen Vermittlungsglieder eines neuen Lesens, Runen und Hieroglyphen in Gebrauch. Dia Annahme liegt nahe, daß die die Stationen wurden, über welche jene mimetische Begabung, die einst das Fundament der okkulten Praxis gewesen ist, in Schrift und Sprache ihren Eingang fand. Dergestalt wäre die Sprache die höchste Stufe des mimetischen Verhaltens und das vollkommenste Archiv der unsinnlichen Ähnlichkeit: ein Medium, in welches ohne Rest die früheren Kräfte mimetischer Hervorbringung und Auffassung hingewandert sind, bis sie so weit gelangten, die der Magie zu liquidieren[14].

Es bleibt fraglich, ob Benjamin damit das Verschwinden der Magie der Sprache, oder eher die Verwandlung der Magie in die Sprache selbst meinte.

---

[14] W. Benjamin, *Gesammelte Schriften*, zit., Bd. II, S. 213.

Benjamins Interesse an der Festigkeit der Sprache, als hinterlassene Spur der Mimesis, ist auf die sehr bedeutende Präsenz Friedrich Hölderlins sowohl im Essay *Die Aufgabe des Übersetzers*, als auch überhaupt in Benjamins Gesamtüberlegungen zur Sprache, zurückzuführen.

Gerade in Bezug auf Hölderlins Sophokles-Übersetzungen kann man nämlich das Auftreten jenes zusätzlichen sprachlichen Aktes verifizieren, kann man die Erzeugung jener dritten Sprache ins Auge fassen, die der berühmte Übersetzers-Essay erwähnt, der zu Recht als Exkurs über Hölderlins letzte Übersetzungen aus dem Griechischen angesehen wird.

Die "Aufgabe" des Übersetzers, behauptet Benjamin im gleichnamigen Aufsatz, besteht darin, "diejenige Intention auf die Sprache, in die übersetzt wird, zu finden, von der aus in ihr das Echo des Originals erweckt wird"[15]. Der Übersetzer „muss zumal wenn er aus einer sehr fernen sprache überträgt auf die letzten elemente der sprache selbst wo wort bild ton in eins geht zurück dringen"[16]. In diesem Sinne eben erkennt Benjamin die Hölderlins-Übersetzungen, besonders die Sophokles-Übersetzungen, als "Urbilder ihrer Form"[17].

Hölderlin hat in der festen Überzeugung, die Sprache könne auf einmal ihre unbeherrschbare Selbstständigkeit offenbaren, eine ursprüngliche wesentliche Fremdheit, unabhängig ihres zweckmäßig menschlichen Gebrauchs, den Sophokleischen Text sich angeeignet; als Ort, wo die Sprache, die sich als alt, fremd, und als Ausdruck eines zeitlosen Widerstreits erweist, das Geheimnis ihres Ursprungs, und zwar in seiner elementarsten und schärfsten Form, in sich selbst zu enthalten scheint.

---

[15] Vgl. W. Benjamin, *Die Aufgabe des Übersetzers,* in Id., *Gesammelte Schriften,* zit., Bd. IV/1, S. 7-21. Vgl. auch G. Steiner, *Antigones*, Clarendon Press, Oxford 1984, p. 85, und *After Babel. Aspect of Language and Translation*, Oxford University Press, London 1975. Steiner erkennt in den Übersetzungen den Ort, wo Hölderlin sich seiner eigenen wahrsten dichterischen Sprache annähert. Gerade da jedoch, sieht er auch die äußerste Grenze Hölderlinscher Dichtung, vgl. S. 332, und also, wie Benjamin in dem Aufsatz *Die Aufgabe des Übersetzers* schreibt: „die ungeheure und ursprüngliche Gefahr aller Übersetzung: daß die Tore einer so erweiterten und durchwalteten Sprache zufallen und den Übersetzer ins Schweigen schließen. Die Sophokles-Übersetzungen waren Hölderlins letztes Werk. In ihnen stürzt der Sinn von Abgrund zu Abgrund, bis er droht in bodenlosen Sprachtiefen sich zu verlieren" (S. 21).

[16] *Ebd.*, S. 20.

[17] *Ebd.*, S. 21.

Die Aufgabe der Übersetzung wird dann zur wahren “Ausgrabung”[18] in noch nicht gründlich erforschten Grabstätten. Der griechische Text wird zum Boden, wo die Sprache, fast ein unbegrabener Rest, sich in ihrer archaischen Form zeigt, in der dennoch nichts Ursprüngliches bleibt, und die sich eher als Ergebnis eines ungeheuren Konflikts entpuppt. Die Sprache, und die Dichtung als deren strengster Ausdruck, sind Zeugnis dieses Konflikts, der aber, seines unerschöpflichen Charakters wegen, nie völlig ausgedrückt werden kann, sondern immer nur in latenter, andeutender Weise, und letztlich als grundsätzlich ewig, auftritt. Die Sophokleische Dichtkunst kann deswegen als Text entgegentreten, dessen Sinn und Bedeutung selbst seinem Verfasser verloren gehen kann. In diesem Sinne, nach langem „Laborieren“ über „das eigentliche Nationelle“ bzw. das Fremde in der Kunst, behauptet Hölderlin, er hoffe mit seinen Sophokles-Übersetzungen „die griechische Kunst, die uns fremd ist, durch Nationalkonvenienz und Fehler, mit denen sie sich immer herumbeholfen hat, dadurch lebendiger als gewöhnlich dem Publikum darzustellen, daß ich das Orientalische, das sie verleugnet hat, mehr heraushebe, und ihren Kunstfehler, wo er vorkommt, verbessere“[19].

In den *Anmerkungen zum Oedipus* richtet Hölderlin bekanntlich sein Hauptaugenmerk auf den Begriff der Zäsur, die er als „das reine Wort, die gegenrhythmische Unterbrechung“ bezeichnet und als notwendig versteht, „um dem reißenden Wechsel der Vorstellungen, auf seinem Summum, so zu begegnen, daß alsdann nicht mehr der Wechsel der Vorstellung, sondern die Vorstellung selber erscheint“[20].

Das Gesetz der gegenrhythmischen Inversion, die Zäsur, signalisiert die Lücke, die zeitliche und räumliche Leere, die die Vorstellung unterbricht, und somit eine radikale Umwandlung der Vorstellung selbst verursacht. Denselben entscheidenden Augenblick erfasst Walter Benjamin in seinem Essay über Goethes *Wahlverwandtschaften;* Benjamin bezeichnet besagten Augenblick als „*das Ausdruckslose*“; eines Begriffes also sich bedienend, welcher die Entsprechung zur stillen Welt, die für Benjamin die Welt des Tragischen ist, darstellt:

---

[18] Vgl. W. Schadewaldt, *Hölderlins Übersetzungen des Sophokles*, in Id., *Hellas und Hesperien,* Artemis, Zürich/Stuttgart 1970, S. 286.

[19] Vgl. den Brief an Friedrich Wilmans vom 28. 9. 1803, in: F. Hölderlin, *Sämtliche Werke*, Stuttgart, Kohlhammer, 1943-1985, Bd. 6.1, S. 434.

[20] F. Hölderlin, *Anmerkungen zum Oedipus*, in *Sämtliche Werke*, zit., Bd. 5, S. 196.

> Im Ausdruckslosen erscheint die ermabne Gewalt des Wahren, wie es nach Gesetzen der moralischen Welt die Sprache der wirklichen bestimmt. Dieses nämlich zerschlägt was in allem schönen Schein als die Erbschaft des Chaos noch überdauert: die falsche, irrende Totalität – die absolute. Dieses erst vollendet das Werk, welches es zum Stückwerk zerschlägt, zum Fragmente der wahren Welt, zum Torso eines Symbols. Eine Kategorie der Sprache und Kunst, nicht des Werkes oder Gattungen, ist das Ausdruckslose strenger nicht definierbar, als durch eine Stelle aus Hölderlins Anmerkungen zum Ödipus [...][21].

In Holderlins Zäsur, in Benjamins Ausdrucklosem, taucht – zusammen mit dem Hauptthema der deutschen poetologischen Überlegungen, in ihrer unausweichlichen Verknüpfung mit dem philosophischen Denken, d.h. mit der Wahrheitsfrage, der Möglichkeit, das Wahre zu erreichen und seinen letzten Sinn zu vermitteln – die fundamentale, materische Widrigkeit der Sprache auf.

Die wortwörtliche Übersetzung der *Antigone* des Sophokles, die Herstellung von Sprachbildern, die in der Originalsprache verlorengegangen, und die in der Sprache der Übersetzung unbekannt sind, ruft in einer dritten, fremden, neutralen Sprache das Gefühl des Unerhörten hervor und entdeckt somit die großartige Kraft eines Urwortes. Das Wort wird zum Bild, zur Beschreibung einer Geste, indem es sich als ursprünglich, fremd, unerhört anbietet. Aber innerhalb dieses Bildes wirkt dann die Gewalt eines Wortes, das drohend dinghaft wird, mit jener „tödlichen Faktizität" beladen, die Hölderlin in den *Anmerkungen zur Antigonä* ihm zuschreibt:

> [...] Deswegen die gefährliche Form, in den Auftritten,, die, nach griechischer Art, notwendig faktisch in dem Sinne ausgehet, daß ein Wort mittelbarer faktisch wird, indem es den sinnlicheren Körper ergreift; nach unserer Zeit und Vorstellungsart, unmittelbarer, indem es den geistigeren Körper ergreift. Das griechischtragische Wort ist tödlichfaktisch, weil der Leib, den es ergreifet, wirklich tötet[22].

In seiner Analyse enthüllt Benjamin die Auswirkungen der Hölderlischen Überlegungen zum Thema der Zäsur auf die zukünftige deutsche Dich-

---

[21] W. Benjamin, *Goethes Wahlverwandtschaften*, in Id., *Gesammelte Schriften*, zit., Bd. I, S. 181.

[22] F. Hölderlin, *Anmerkungen zum Ödipus*, in Id., *Sämtliche Werke*, zit., Bd. 5, S. 270.

tung in ihrer Verknüpfung mit der tragischen Kunst und mit der Neigung zum Schweigen, die von jener Verknüpfung herzurühren scheint:

> Die “abendländische junonische Nüchternheit”, die Hölderlin [...] als fast unerreichbares Ziel aller deutschen Kunstübung vorstellte, ist nur eine andere Bezeichnung jener Cäsur, in der mit der Harmonie zugleich jeder Ausdruck sich legt, um einer innerhalb aller Kunstmittel ausdruckslosen Gewalt Raum zu geben. Solche Gewalt ist kaum je deutlicher geworden als in der griechischen Tragödie einer-, der Hölderlinschen Hymnik anderseits. In der Tragödie als Verstummen des Helden, in der Hymne als Einspruch im Rhythmus vernehmbar[23].

Auf die Gefahr des Schweigens, die in Hölderlins Frage über den Sinn der Dichter in dürftiger Zeit schon mit enthalten ist, kann dann die radikale Frage über den Grund selbst des dichterischen Wortes zurückgeführt werden, wenn dieses Wort sich als trotziges Behaupten des eigenen Vorhandenseins zeigt, als Aufgabe des Geistes, streng und unschuldig zugleich. Auf dieser Frage beharrt Paul Celan stets, indem er, als Leser von Hölderlin und von Benjamin, als Übersetzer von Shakespeare, von Mandelstam, von Ungaretti und der bedeutendsten französischen Dichter, in der Sprache schreibt, die er in einem Brief an Petre Solomon als Sprache bezeichnet, „qui reste, douloureusement, la mienne“[24]. Diese Sprache zu bewahren, stimmt für Celan mit dem überein, was in der Ödipus-Tragödie als die „Erinnerung der Übel“, die *mneme kakon*, vorkommt, die „dem tragischen Selbstverlust respondiert, den Hölderlin zweifach, als ein Selbst- und Gottesvergessen, charakterisiert“[25] und die, indem sie „die Leiden des tragischen Helden auf ihren Höhepunkt führt“[26], als identitätsstiftende Kraft agiert. Das Gedicht, eine Stimme der „unbeschreiblich[en], unaussprechlich[en], unausdrüklich[en] Leiden“[27], Form der

---

[23] W. Benjamin, *Goethes Wahlverwandtschaften*, zit., S. 182.

[24] In P. Solomon, *Briefwechsel mit Paul Celan 1957-1962*, in »Neue Literatur«, 32, 11, 1981, S. 60-80, hier S. 65. Vgl. U. Wergin, M. J. Schäfer (Hgg.), *Die Zeitlichkeit des Ethos. Poetologische Aspekte im Schreiben Paul Celans*, Würzburg, Königshausen & Neumann, 2003, S. 105.

[25] Vgl. H. Hühn, *Mnemosyne. Zeit und Erinnerung in Hölderlins Denken*, Stuttgart, Metzler, 1997, S. 235.

[26] *Ebd.*, S. 238.

[27] F. Hölderlin, *Sämtliche Werke*, zit., Bd. 2, S. 373, 21f.

Zäsur, utopische Flaschenpost, wird dann zum Translator, zum Übersetzer dieser Erinnerung an die Grenzen des Anderen.

PART II

ETHICS AND POLITICS OF TRANSLATION

Caterina Resta

JACQUES DERRIDA: POETICA E POLITICA DELLA TRADUZIONE

1. Migrazioni

Innanzitutto vorrei ringraziare Gaetano Chiurazzi per il suo invito; grazie ad esso, ancora una volta, ho attraversato il mare e lasciato la mia Isola, percorrendo per intero lo Stivale per venire fin qui, trasportata, tradotta, in trasferta o in traduzione, se preferite, sino a voi. Per quanto solo pochi chilometri separino una costa dall'altra, un mare mi divide da quello che noi isolani chiamiamo il "Continente", c'è di mezzo il mare e una traversata, una tra-duzione dall'una all'altra sponda, tra due mondi. Una migrazione, per me, migrante come le lingue che parlo, come l'Isola nella quale dimoro, non tanto e non solo perché storicamente terra di emigranti – e ricordarlo qui, a Torino, mi riempie di infinita commozione – stipati in una "tradotta" ferroviaria come quella che mi ha condotta fin qui. No, non solo per questo: la terra dalla quale provengo è migrante perché Isola, se ascoltiamo questa parola in un'altra lingua, il greco, una delle molte lingue del Mediterraneo: in questa lingua "isola" si dice *nésos*, parola che deriverebbe dal verbo *nécho*, nuotare, galleggiare sull'acqua, navigare[1]. Per quel popolo marittimo l'Isola, a differenza della terraferma, è fluttuante, scivola sul pelo dell'acqua, nuota, naviga, migra, come la lingua. «Es wandert überallhin, wie die Sprache»[2], dice in un'altra lingua, il tedesco, un verso di Celan.

Migrazione e traduzione della lingua già nella lingua stessa che stiamo parlando.

---

[1] «Gli etimologi mettono in relazione il termine greco indicante isola (*nesos*) con una radice indoeuropea che si riferisce a "ciò che naviga"» (P. Matvejević, *Il Mediterraneo. Un nuovo breviario*, tr. it. di S. Ferrari, Milano, Garzanti, 1993, p. 233).

[2] Si tratta di un verso tratto da *Die Niemandsrose* (P. Celan, *La rosa di nessuno*, in *Poesie*, tr. it. e cura di G. Bevilacqua, Milano, Mondadori, 1998, p. 493: «trasmigra ovunque, come la lingua»). Derrida si sofferma a commentare questi versi in J. Derrida, *Schibboleth per Paul Celan*, tr. it. di G. Scibilia, Ferrara, Gallio, 1999, pp. 43-45.

Non dimenticatelo mai: questo mare che ci separa fa la differenza, segna il taglio, l'interruzione, il distacco, la solitudine dell'Isola, persino il suo isolamento, ma su questo mare l'Isola non sta ferma, è in perenne transito, migra, come le lingue, in cerca di altre sponde, di altri approdi, di porti ospitali. Portata, trans-portata dal mare. Isola mediterranea[3]. Ma ci torneremo, torneremo a parlare di mare e di isole, alla fine di quella traversata che adesso mi accingo a compiere, senza altro indugio, lungo la rotta di un pensiero della traduzione – come quello di Derrida – che si annuncia, fin dall'inizio, senza punto d'arrivo previsto o prefissato, senza certezza o garanzia di approdo, senza porto sicuro, come il tentativo – forse il più audace o il più "folle" – di un altro pensiero della traduzione. Non dirò di un'altra *teoria* della traduzione, perché, come vedremo, non si tratterà di sostituire una certa visione ad un'altra, di un vedere-sapere che possa definire il proprio *orizzonte*. Si tratterà, piuttosto – e non potrebbe essere altrimenti – di fare innanzitutto una certa esperienza, *nella lingua*, della traduzione; non di teorizzarla o di enunciarne un "metodo", ma, semmai, di "inventarla", di lasciarla venire, se viene, e di accoglierla come un evento, una grazia e un dono ricevuto inaspettatamente, come una promessa tradita già in partenza, come un dovere e un debito che abbiamo l'obbligo di assolvere, benché ciò sia sempre, in ultima istanza, *impossibile*. Compito del traduttore al contempo *necessario e impossibile*, di una doppia impossibilità: è impossibile tradurre senza resto / è impossibile non tradurre. In questo obbligo, che al tempo stesso interdice, si condensa la Legge "folle" della traduzione, la *chance* poetica e politica di ogni traduzione possibile *come* impossibile.

2. Traduzione e decostruzione

Che la traduzione stia a cuore alla decostruzione, che essa non si possa ridurre a uno dei suoi tanti oggetti di indagine[4], ma rappresenti, in un

---

[3] Ho tentato di riflettere sul Mediterraneo, come mare "ricco di isole", e ovunque circondato da terre, polarmente opposto alla distesa liscia e senza orizzonte dell'Oceano, in C. Resta, *Geofilosofia del Mediterraneo*, Mesogea, Messina 2012. Per questi aspetti si veda anche F. Saffioti, *Geofilosofia del mare. Tra oceano e mediterraneo*, Reggio Emilia, Diabasis, 2007.

[4] Come ha opportunamente notato Di Martino: «Per Derrida la traduzione non è mai stata un problema fra gli altri e non vi è forse nessuno, tra i filosofi contemporanei, che abbia

certo senso, la parola che più di altre è in grado di nominarla e praticarne il gesto, è lo stesso Derrida ad affermarlo in numerose occasioni. Per un verso, infatti, «la traduzione *dovrebbe* essere in se stessa una decostruzione»[5], per l'altro, la decostruzione, se ce n'è, dovrebbe sempre dirsi al plurale, perché «ce n'è più di una, e parla più di una lingua. Per vocazione. Fin dall'inizio, era chiaro che "decostruzioni" si doveva dire al plurale»[6].

Il plurilinguismo giocato dalle pratiche decostruttive mette dunque in campo in modo *programmatico*, se così si può dire, la questione della traduzione, la quale, perciò, diventa non solo la modalità attraverso la quale le decostruzioni si praticano, ma anche la "cosa stessa" della decostruzione. Ciò spiega perché la scrittura di Derrida consapevolmente sfida il lettore e ancor più il traduttore, ingaggiandolo in un corpo a corpo con un testo di difficile leggibilità, che rasenta sovente l'intraducibile. Come lo stesso Derrida ha affermato: «cerco di scrivere in francese in modo intraducibile. Ho l'impressione di *scrivere*, quando veramente sfrutto l'idioma francese al punto che la traduzione diventa impossibile; ma talvolta la traduzione è impossibile perfino in francese!»[7].

---

tributato ad essa una attenzione così continua, profonda, insistente, quasi ossessiva» (C. Di Martino, *Tradurre è necessario, cioè (im)possibile*, in *Figure dell'evento. A partire da Jacques Derrida*, Milano, Guerini e Associati, 2009, p. 109). Di Martino ha anche segnalato come la questione della traduzione si annunci, nel pensiero e nella "pratica" di Derrida, fin dall'inizio, a partire dall'*Introduzione* alla sua traduzione del testo di E. Husserl, *L'origine della geometria* (J. Derrida, *Introduzione a Husserl, L'origine della geometria*, tr. it. e cura di C. Di Martino, Milano, Jaca Book, 1987). Anche ad altri interpreti non è sfuggita la rilevanza cruciale della traduzione nella riflessione di Derrida, come, ad esempio, ha sottolineato Chiurazzi: «la decostruzione è un pensiero della traduzione» (G. Chiurazzi, *Miseria e splendore della decostruzione. La traduzione, lo scambio, la moneta falsa*, in *Su Jacques Derrida. Scrittura filosofica e pratica di decostruzione*, a cura di P. D'Alessandro e A. Potestio, Milano, LED, 2008, p. 96). Anche Crépon ha messo in evidenza, riferendosi alla decostruzione, come «la questione – e la prova simultanea – della traduzione l'abbia accompagnata da parte a parte» (M. Crépon, *Déconstruction et traduction. Le passage à la philosophie*, in *Derrida, la tradition de la philosophie*, sous la direction de M. Crépon et F. Worms, Paris, Galilée, 2008, p. 30).

[5] J. Derrida, Fidélité à plus d'un. Mériter d'hériter où la généalogie fait défaut, «Cahiers Intersignes», 13 (1998): Idiomes nationalités déconstructions. Rencontre de Rabat avec Jacques Derrida, p. 262.

[6] Ivi, p. 221.

[7] M. Telmon, *Colloquio con Derrida*, «Paradosso», 2 (1992), p. 192. Sulla strenua resistenza alla traduzione offerta dai testi di Derrida si veda anche quanto asserisce Di Marti-

Lungi dall'essere un gesto provocatorio fine a se stesso o estetizzante, che si compiace delle sue arditezze linguistiche spesso incomprensibili e impenetrabili, oltre che intraducibili, e che utilizza a profusione idiomatismi, cosa che spesso ha attirato su Derrida e sui suoi testi l'accusa di esoterismo e voluta oscurità, la decostruzione è «legata alla questione dell'intraducibile»[8] proprio perché è impegnata, nel modo più rigoroso possibile, con la molteplicità delle lingue che parla e con l'impossibile compito della traduzione che si è assunto.

La questione, come vedremo, si lega a doppio filo con quella dell'idioma, con il desiderio irrinunciabile, per una scrittura degna di questo nome, di una singolarità, di una firma ogni volta unica. Un idioma che – ci torneremo – Derrida tuttavia non intende «come una singolarità intatta»[9], pensando piuttosto a un «idioma in corso di traduzione, operante l'alterità in se stesso, in un ineluttabile movimento di ex-appropriazione»[10]. La voluta ricerca dell'idiomaticità, con la conseguente quasi-intraducibilità dei testi derridiani, non ha dunque lo scopo di un narcisistico *divertissement*, né può essere intesa come un esercizio meramente letterario – come pure spesso è stato rimproverato – ma testimonia, già nella pratica della scrittura, una *responsabilità*, nei confronti della lingua, al tempo stesso *poetica* e *politica*, oltre che etica.

Se Derrida ha in diverse occasioni riaffermato il suo desiderio di idioma[11], fino a rasentare l'intraducibile, non si tratterebbe di un rifiuto e di una chiusura autoreferenziale in una lingua presupposta a tal punto "propria" da essere inaccessibile, ma, al contrario, di lanciare una sfida, un appello, una richiesta ineludibile che *obbliga* alla traduzione, che reclama l'impegno dell'altro a una parola che, proprio là dove sembra venir meno, non *deve* mancare. Come se il desiderio più intransigente di una parola singolare, ogni volta la più singolare possibile, fosse già abitato al suo

no: «Tutti i testi di Derrida sono costruiti per rendere "*im*-possibile" il compito del traduttore» (C. Di Martino, *Tradurre è necessario, cioè (im)possibile*, cit., p. 115).

[8] J. Derrida, *Fidélité à plus d'un*, cit., p. 253.

[9] *Ibid.*

[10] *Ibid.*

[11] «Io vigilo gelosamente sull'idiomaticità singolare di ciò che scrivo. È per questo che alcuni [...] considerano i miei testi troppo "letterari" e filosoficamente impuri» (J. Derrida, *«Qu'est-ce que cela veut dire d'être un philosophe français aujourd'hui?»*, in *Papier Machine. Le ruban de machine à écrire et autres réponses*, Paris, Galilée, 2001, p. 338).

interno da un desiderio altrettanto imperioso di interpellare l'altro, di reclamarlo, di pregarlo e scongiurarlo, persino, di fare tutto il possibile, anzi, di fare l'impossibile perché questa parola *singolare* possa essere con-divisa: rivolta già da sempre all'altro di cui e a cui è chiamata a rispondere, *la lingua è sempre in traduzione*, abitata già da sempre dalla parola dell'altro che la rende estranea e straniera a se stessa.

3. Babele: più di una lingua

Il testo derridiano che probabilmente più di ogni altro si misura con la questione della traduzione è *Des tours de Babel*[12]. scritto che già nel titolo – rimasto in francese nell'edizione italiana – sfida la traduzione. Si tratta – com'è noto ai numerosi studiosi che se ne sono occupati – di un paziente, minuzioso confronto con un altro testo davvero ineludibile per chiunque voglia occuparsi, da un punto di vista filosofico, della traduzione: *Die Aufgabe des Übersetzers*[13] di Walter Benjamin. Nonostante la sua decisiva importanza, non mi dilungherò troppo su questo testo, sia perché già in passato ne ho tentato una lettura[14], sia perché altri studiosi ne hanno già sapientemente messo a fuoco gli snodi decisivi[15]. Non intendiamo dunque seguire analiticamente il complesso gioco di estrema prossimità, ma anche di decise prese di distanza o di sottili distinguo, che caratterizza i termini di questo confronto tra Derrida e Benjamin – strategia di lettura che caratterizza anche il confronto con tutti i maggiori interlocutori di Derrida: da Nietzsche a Heidegger, da Nancy a Levinas e a Blanchot –; riteniamo tuttavia necessario estrapolare da questo fondamentale testo

---

[12] J. Derrida, *Des tours de Babel*, in *Psyché. Invenzioni dell'altro I*, tr. it. di R. Balzarotti, Milano, Jaca Book, 2008.

[13] W. Benjamin, *Il compito del traduttore*, in *Opere complete. I. Scritti 1906-1922*, ed. it. a cura di E. Ganni, Torino, Einaudi, 2008. Per una rilettura di questo importante saggio, anche alla luce del precedente *Sulla lingua in generale e sulla lingua dell'uomo* (1916) rinviamo a B. Moroncini, *'Parlare è tradurre'*, in *Walter Benjamin e la moralità del moderno*, Napoli, Guida, 1984 e D. Di Cesare, *Utopia del comprendere*, Genova, il melangolo, 2003, pp. 116-139.

[14] C. Resta, *Necessità della traduzione*, in *La misura della differenza. Saggi su Heidegger*, Milano, Guerini e Associati, 1988.

[15] Si veda, in partic., C. Di Martino, *Tradurre è necessario, cioè (im)possibile*, cit. e G. Chiurazzi, *Miseria e splendore della decostruzione*, cit.

alcuni passaggi, indispensabili per meglio comprendere i passi successivi che abbiamo intenzione di intraprendere.

Il racconto di Babele, osserva Derrida, «potrebbe fare da introduzione a tutti i cosiddetti problemi teorici della traduzione»[16], senza, tuttavia, poter pervenire ad alcuna *teorizzazione*, ad alcuna formalizzazione vera e propria, ad alcun sistema o *constructum*, né tantomeno a un metodo, dal momento che proprio il racconto della distruzione della Torre ne interdice già da sempre l'aspirazione. Ma, innanzitutto: di che cosa è segno Babele? Oltre a mostrare, nel suo nome, l'indecidibilità tra nome proprio e nome comune, e dunque, anche, la sua quasi-intraducibilità[17], la "torre di Babele" non figura solo la molteplicità irriducibile delle lingue, ma mette in luce un'incompiutezza, l'impossibilità di completare, di totalizzare, di suturare, di finire qualcosa che rinvia all'ordine dell'edificazione, della costruzione dell'architetto, del sistema e dell'architettonica. Questa molteplicità degli idiomi pone un limite non solo alla traduzione "vera", una inter-espressione trasparente e adeguata, ma anche a un ordine strutturale, a una coerenza del *constructum*. [...] Sarebbe facile, e fino a un certo punto giustificato, vedervi la traduzione di un sistema in decostruzione[18].

Dunque la distruzione della torre di Babele narrata nella *Genesi* non rinvia soltanto alla condanna divina che decreta la moltiplicazione e dispersione delle lingue, un plurilinguismo irriducibile che costringe alla traduzione; nel crollo della Torre, nel suo cadere in frantumi, secondo Derrida, si darebbe a vedere il limite strutturale di ogni costruzione, la fragilità della sua tenuta, di più: l'impossibilità stessa della sua compiutezza, il necessario decostruirsi di ogni *constructum*. Decostruzione e traduzione trovano dunque in Babele la loro comune origine, un'origine che si annuncia, però, nella molteplicità irriducibile delle lingue, come *impura*, in se stessa già differente, non *una*. Babele è il luogo *unico* in cui il desiderio di *una* lingua, di un idioma *assolutamente puro* si erge come un fantasma destinato a crollare, distrutto e negato dall'interdetto divino che «impone e proibisce, *insieme*, la traduzione. La impone e la proibisce, vi

[16] J. Derrida, *Des tours de Babel*, tr. it. cit., p. 234.

[17] «Il nome proprio Babele, in quanto nome proprio, dovrebbe rimanere intraducibile, ma, per una sorta di confusione associativa resa possibile da un'unica lingua, si pensò di poterlo tradurre, in questa stessa lingua, con un nome comune che significava ciò che *noi* traduciamo con il termine confusione» (ivi, p. 226).

[18] Ivi, pp. 225-226.

costringe, ma come a uno scacco»[19]. Da questo momento – cioè già da sempre – «le lingue si disperdono, si confondono o si moltiplicano»[20], *richiedono* una traduzione per poter comunicare l'una con l'altra, ma questa traduzione sarà sempre inadeguata, sempre votata allo scacco e al tradimento, dal momento che non è data *una* lingua nella quale tutte le altre potrebbero comprendersi: «Sogno di una traduzione senza resto, di un metalinguaggio che assicuri la circolazione sorvegliata tra quanto viene definito "lingua d'ingresso" e "lingua di uscita"»[21], proprio perché «sempre *una* lingua sarà chiamata a parlare del*la* lingua»[22]. Un *resto* di intraducibilità rimarrà sempre, irriducibile, a segnare il limite di ogni traduzione, la sua incompletezza, sicché «qualcosa sarebbe destinato a resistere alla traduzione»[23], che perciò si annuncia sempre, al tempo stesso, come *necessaria e impossibile*: a partire dalla «molteplicità irriducibile degli idiomi»[24] scaturisce «il compito necessario e impossibile della traduzione, la sua necessità *come* impossibilità»[25].

Che sia necessaria *e* impossibile: questo impone la legge inflessibile della traduzione, una legge che proibisce la trasparenza assoluta, la perfetta traducibilità di una lingua nell'altra e, *allo stesso tempo*, obbliga, costringe alla traduzione, a saldare un debito insolvibile, un debito che nessuna traduzione potrà mai essere in grado di *restituire*. Questo debito insolvibile è nominato da Benjamin fin dal titolo del suo testo dedicato alla traduzione: *Aufgabe* dice insieme il compito, «l'impegno, il dovere, il debito, la responsabilità»[26] di cui ogni traduttore dovrebbe rispondere, cioè quello di «*rendere*, rendere ciò che deve essere stato dato»[27]. Un compito che è *obbligato* ad assumersi, ben sapendo che è impossibile assolverlo fino in fondo, dal momento che tale restituzione non avrà mai fine; un compi-

---

[19] Ivi, p. 229.
[20] *Ibid.*
[21] J. Derrida, *Sopra-vivere*, in *Paraggi*, tr. it. di S. Facioni, Milano, Jaca Book, 2000, p. 221.
[22] J. Derrida, *Il monolinguismo dell'altro o la protesi d'origine*, tr. it. e cura di G. Berto, Milano, Cortina, 2004, p. 92.
[23] J. Derrida, *«Ho il gusto del segreto»*, in J. Derrida e M. Ferraris, *«Il gusto del segreto»*, tr. it. di M. Ferraris, Roma-Bari, Laterza, 1997, p. 11.
[24] J. Derrida, *Des tours de Babel*, tr. it. cit., p. 231.
[25] *Ibid.*
[26] Ivi, p. 235.
[27] *Ibid.*

to dunque *infinito*, che rende il debito insolvibile. Sempre in debito nei confronti di un dono di lingua il cui resto o la cui eccedenza costitutivamente resistono ad ogni traduzione, *intraducibili*. Scacco che però diviene risorsa se è vero che solo l'incessante movimento di traduzione, solo questo atto, in ultima istanza, mancato è ciò che tiene in vita la lingua, la fa sopra-vivere. *Übersetzen* e *Überleben*, tradurre e sopra-vivere sono strettamente intrecciati: se dall'intraducibilità proviene l'ingiunzione a tradurre, se ogni lingua *richiede* la traduzione ed è *da tradurre*, la missione del traduttore sarà quella di consentire all'opera di sopra-vivere, di andare al di là della morte del suo autore come di quella che sempre può minacciarla, esposta al rischio di richiudersi in una illeggibilità assoluta o di cadere nell'oblio, permettendole così di continuare a vivere, a sopra-vivere. Questa *esigenza* di traduzione è inscritta in ogni opera e «in tal senso la dimensione di *sopra-vivenza* è un *a priori*»[28] che impegna il traduttore non con l'autore, ma con la lingua, con la lingua dell'altro. Due debiti, due creditori: il traduttore è in debito, deve *restituire* la lingua che gli è stata donata dall'altro; ma anche l'originale è in debito, è congenitamente in difetto di traduzione, la implora, è già da sempre da-tradurre: *deve all'altro* la sua stessa sopra-vivenza. Qui tocchiamo uno dei punti di massima distanza nella convergenza tra il discorso di Benjamin e quello di Derrida, poiché mentre Benjamin mantiene ferma la distinzione tra originale e traduzione, per Derrida, invece, «se l'originale invoca un complemento, ciò deriva dal fatto che all'origine non era lì senza difetto, pieno, completo, totale, identico a se stesso. C'è caduta ed esilio dall'origine dell'originale da tradurre»[29]. L'esilio della lingua, la sua migrazione comincia dunque fin dall'inizio, cattura nel suo movimento – e fin dall'origine – l'originale stesso. Ciò impedisce ogni possibilità di stabilire una netta demarcazione tra l'originale e la traduzione e, cosa ancor più decisiva, incrina in modo irrimediabile ogni pretesa «dell'identità a sé e dell'integrità dell'originale»[30].

L'esilio, la migrazione delle lingue è già da sempre in corso e, ancor prima del compito di tradurre da una lingua all'altra, il debito iscritto in ogni lingua denuncia che, sin dall'inizio, essa è non solo da-tradurre, ma innanzitutto in-traduzione in se stessa, in permanente decostruzione di sé,

---

[28] Ivi, p. 241.
[29] Ivi, p. 247.
[30] Ivi, p. 254.

della sua presunta identità originaria, fin dalla sua origine in difetto, in differenza, in differimento di sé, mancante a se stessa, non identica a sé. Non vi sono altro, allora, che lingue in corso di traduzione, la cui appropriazione di sé è già da sempre stata interdetta. E mentre Benjamin si lascia irretire nel concetto – certo il più metafisico – di origine e insegue la "pura lingua", attraverso la quale soltanto la babele delle lingue potrà essere redenta e ritrovare la sua perduta unità in quel compimento messianico che annuncia la *restituzione* della loro perfetta traducibilità, Derrida preferisce piuttosto pensare al da-tradure come una *promessa* sempre contratta dalla e nella lingua, ma anche sempre mancata e tradita, spergiurata in ogni traduzione, come in ogni parola che pronunciamo, perché non vi sono, all'origine, che *lingue in traduzione*, lingue non solo in debito di traduzione l'una con l'altra, ma anche, e ancor prima, con se stesse.

Perciò la legge della traduzione, per sempre legata al nome di Babele, non solo ordina e al tempo stesso interdice la traduzione, affermando che essa è, al contempo, necessaria e impossibile, ma comporta qualcosa di ancor più paradossale: ciò che a Babele è stato distrutto, o meglio, decostruito, è la possibilità, per la lingua, di essere *una*, di essere identica a sé, di poter essere se stessa. Se ha bisogno della traduzione dell'altro per sopravvivere, il primo debito della lingua è però il suo stesso mancare a se stessa: il non essere altro che da-tradurre ne rivela il costitutivo essere-in-traduzione. Babele è il nome, per Derrida, della molteplicità delle lingue in costante traduzione di sé a partire dall'altro.

4. La lingua dell'altro

La traduzione e l'intraducibile, dunque, non riguardano solo il passaggio da una lingua all'altra; se le lingue sono in traduzione, è perché non vi è *una* lingua, che possa dirsi identica a sé: «Molteplicità e migrazione delle lingue, certo, e nella lingua stessa, Babele in *una sola* lingua. [...] Molteplicità nella lingua, eterogeneità piuttosto»[31]. Ciò significa che «c'è sempre più di una lingua in una lingua, in ciò che si chiama una lingua»[32] ed è proprio questa molteplicità eterogenea all'interno di una stessa lingua che sfida la traduzione, che resta, in ultima istanza, intraducibile. Dunque

[31] J. Derrida, *Schibboleth per Paul Celan*, tr. it. cit., p. 44.

[32] Id., *Fidélité à plus d'un*, cit., p. 252.

il «confine della traduzione non passa tra diverse lingue, ma separa la traduzione da se stessa, e la traducibilità, all'interno di una sola e medesima lingua»[33]. Attraverso la singolare formula: «più di una lingua nella stessa lingua», Derrida avverte che si tratterà «di un'*altra traduzione*, un altro pensiero della traduzione»[34], a partire dal quale si può affermare che «la babelizzazione non ha dunque bisogno della molteplicità delle lingue. L'identità di una lingua può affermarsi come identità a sé solo aprendosi all'ospitalità di una differenza da sé o di una differenza con sé»[35].

Traduzione è dunque il nome di un'*accoglienza dell'altro*, dell'estraneo, dello straniero che abita *dentro* ogni lingua – che ogni lingua *ospita* in sé senza ridurre a sé –, che "dimora" in essa, dividendola, moltiplicandola al suo stesso interno e che impedisce all'idioma, anche il più singolare, la totale chiusura su di sé; è la scoperta della «lingua dell'altro nella "propria" lingua»[36]. È quanto Derrida ha condensato nell'espressione «monolinguismo dell'altro», che dà il titolo ad un testo auto-etero-bio-grafico di straordinaria intensità, in cui rievoca la propria infanzia di «piccolo ebreo francese d'Algeria»[37], prendendo le mosse da quello che è stato il suo *singolare* rapporto con la "propria" lingua e mostrando come esso possa essere considerato *esemplare*, dal momento che rivela la legge che governa ogni lingua. Come anche altrove Derrida ha avuto modo di dichiarare: «La mia sola madrelingua, se ne ho una, è il francese, ma ho avuto la sensazione, prestissimo e in modo oscuro, che quella lingua non fosse mia»[38]. Questa spaesante esperienza viene annunciata fin dalle prime pagine de *Il monolinguismo dell'altro* e, come un ritornello, ne scandisce i passaggi, precisandosi sempre meglio: «"Non ho che una lingua, e non è la mia"»[39]. Abbiamo qui l'attestato di una fedeltà esclusiva, assoluta, gelosa nei confronti dell'unica, della sola lingua nella quale ci si stente a casa, *chez soi*, e che si "abita" come la propria dimora, ma, al tempo stes-

[33] Id., *Aporie. Attendersi ai "limiti de la verità"*, tr. it. di G. Berto, Milano, Bompiani, 1999, p. 10.

[34] Id., *Addio a Emmanuel Lévinas*, tr. it. di S. Petrosino e M. Odorici, Milano, Jaca Book, 1998, p. 189.

[35] Id., *Aporie*, tr. it. cit., p. 10.

[36] Id., *Sopra-vivere*, tr. it. cit., p. 250. «La lingua è dell'altro, venuta dall'altro, *la* venuta dell'altro» (Id., *Il monolinguismo dell'altro o la protesi d'origine*, tr. it. cit., p. 90).

[37] Id., *Il monolinguismo dell'altro o la protesi d'origine*, tr. it. cit., p. 59.

[38] Id., *«Ho il gusto del segreto»*, tr. it. cit., pp. 34-35.

[39] Id., *Il monolinguismo dell'altro o la protesi d'origine*, tr. it. cit., p. 5.

so, anche l'ammissione quasi desolata che questa lingua non è la propria, viene dall'altro, da un'alterità inappropriabile: «mai si abiterà la lingua dell'altro, l'altra lingua, mentre è la sola lingua che si parla, e che si parla nell'ostinazione monolingue, in modo gelosamente e severamente idiomatico, senza tuttavia essere mai in essa presso di sé»[40]. Questa sola e unica lingua, quella che si potrebbe chiamare "madre lingua", appresa sul bordo del Mediterraneo, viene da un'altra riva, come da un altro labbro, già da sempre e per sempre estranea e straniera. Esperienza di una *Unheimlichkeit*[41] che solo nella lingua tedesca lascia pensare l'inquietante estraneità di ciò che è più familiare.

Ma, come dicevamo, al di là del dato biografico, la paradossale affermazione da cui Derrida prende le mosse assume i tratti di un'antinomia che riguarda ogni parlante: «1. *non si parla mai che una sola lingua – o piuttosto un solo idioma.* 2. *Non si parla mai una sola lingua – o piuttosto non c'è idioma puro*»[42]. Questa legge contraddittoria che governa la lingua enuncerebbe anche «la legge stessa come traduzione»[43], una legge che Derrida non esita a definire "folle". Infatti, se la "propria" lingua viene dall'altro, ciò significa che essa è, all'origine, espropriata, non propria e inappropiabile, già da sempre abitata da un'alterità irriducibile che *obbliga* alla traduzione. Ne va, com'è evidente, dello stesso concetto di identità e di ipseità, in primo luogo linguistica, spesso assunto acriticamente in molte discussioni sul multiculturalismo. Si tratta, invece, di riconoscere come presupposto quella che Derrida chiama, in questo testo, «*turba dell'identità*»[44], un'identità turbata e perturbante, perché in se stessa eterogenea e divisa, intaccata da un'alterità irriducibile ed espropriante.

Ma cerchiamo di spiegare meglio i tratti di questa antinomia che fa perdere la testa, che rende folli, dal momento che costringe a pensare la propria

---

[40] Ivi, p. 75. È la condizione che Di Cesare, ripercorrendo le pagine de *Il monolinguismo dell'altro*, ha opportunamente definito come «*l'esilio di ogni parlante nella lingua*» (D. Di Cesare, *Utopia del comprendere*, cit., p. 174).

[41] Sulla *Unheimlichkeit*, tra Freud, Heidegger e Derrida, mi permetto di rinviare a C. Resta, *L'Estraneo. Ostilità e ospitalità nel pensiero del Novecento*, Genova, il Melangolo, 2008.

[42] J. Derrida, *Il monolinguismo dell'altro o la protesi d'origine*, tr. it. cit., p. 12.

[43] Ivi, p. 14.

[44] Ivi, p. 20.

e unica lingua come un dono venuto dall'altro, del quale nessuno può rivendicare il possesso, inappropriabile. Non si può mai possedere una lingua, né la si può mai davvero dire propria. Il rapporto con la lingua, con l'unica e sola lingua che parliamo, «non è mai di appartenenza, di proprietà, di potere, di padronanza»[45]; ogni fantasma o pulsione di potere[46] e di appropriazione linguistici, ogni lingua che pretenda la padronanza assoluta di sé, attraverso la quale imporsi, anche, all'altro, dimentica che l'appartenenza ad una specifica lingua non è mai un dato *naturale* o ontologico di cui si possa vantare il possesso: «la lingua detta materna non è mai puramente naturale, né propria né abitabile. [...] Non c'è habitat possibile senza la differenza di questo esilio e di questa nostalgia»[47]. Un movimento di ex-appropriazione[48] inarrestabile e inarginabile impedisce alla lingua, come a ogni ipseità, la compiuta appropriazione di sé e ciò avrà, come vedremo, importanti conseguenze per quel che concerne una "politica della traduzione". E tuttavia, il fatto che mai ci si possa appropriare della lingua che si parla perché è sempre dell'altro, questa sorta di «alienazione senza alienazione»[49] costitutiva e permanente della lingua, che ne interdice sin dall'inizio il proprio e l'appropriazione, decretandola sempre in (corso di) traduzione, è all'origine della responsabilità etica, poetica e politica che nella lingua stringe il suo patto e pronuncia il suo giuramento.

Ma è necessario scrutare ancora più a fondo il carattere antinomico di questa doppia ingiunzione, «di quella legge che, del resto, è la lingua stessa, che è folle. Folle di per sé. Matta da legare»[50].

---

[45] Ivi, p. 29.

[46] Cfr. J. Derrida, *Speculare su "Freud"*, tr. it. di L. Gazziero, a cura di G. Berto, Milano, Cortina, 2000; Idem, *«Essere giusti con Freud». La storia della follia nell'età della psicoanalisi*, tr. it. di G. Scibilia, Milano, Cortina, 1994 e Idem, *État d'âme de la psychanalyse. L'impossible au-delà d'une souveraine cruauté*, Paris, Galilée, 2000.

[47] Id., *Il monolinguismo dell'altro o la protesi d'origine*, tr. it. cit., p. 79.

[48] Per il significato di questa espressione si veda soprattutto J. Derrida, *Stati canaglia. Due saggi sulla ragione*, tr. it. e cura di L. Odello, Milano, Cortina, 2003, pp. 123-124 e Id., *Donare il tempo*, tr. it. di G. Berto, Milano, Cortina, 1996, nota 1, p. 171.

[49] Id., *Il monolinguismo dell'altro o la protesi d'origine*, tr. it. cit., p. 34.

[50] Ivi, p. 30.

5. La singolarità poetica dell'idioma

Questa legge innanzitutto afferma un monolinguismo assoluto: non ho che *una* lingua, una lingua soltanto, una *unica* lingua, ma «questo monolinguismo non fa *uno* con se stesso»[51]. Non si parla mai che *una sola* lingua, benché questa lingua, non potendo essere propria, essendo dell'altro, è già più d'una, già in se stessa differente, una «lingua innumerabile»[52]. Impossibile contarle, calcolarle, le lingue che parlano in questa unica lingua: è necessario dunque pensare l'«*unicità senza unità*»[53] della «monolingua *dell*'altro»[54] al di là dell'uno aritmetico, poiché essa sfugge a ogni calcolo possibile, così come ad una traduzione senza resto. «Nell'unicità o nella singolarità di un tenere insieme la propria differenza a sé: nella differenza *con sé* piuttosto che *da sé*»[55], l'unicità della lingua è piuttosto il tratto singolare dell'idioma, l'unicità dell'iscrizione poetica, del "poema"[56] che è all'opera in ogni lingua, quando essa mira a non cancellare il corpo della parola, la singolarità di una firma e di un indirizzo. L'idioma è ciò che rimane intraducibile, che resiste tenacemente alla traduzione, ma, anche, ciò che la provoca e la richiede. D'altra parte l'idioma, unicità singolare che marca il darsi dell'una, sola volta dell'evento poetico della lingua, «non è mai il proprio o l'identità a sé del proprio: esso è già differente da se stesso, non è che in differenza. Esso

---

[51] Ivi, p. 87.

[52] Ivi, p. 37.

[53] Ivi, p. 90.

[54] *Ibid.*

[55] *Ibid.*

[56] Come, in diverse occasioni, Derrida ha precisato: «chiamiamo qui "poema" l'unicità della firma, l'occorrenza, l'evento di questa performance discorsiva là dove il senso non si lascia più separare da una frase, da un lessico e da una grammatica» (J. Derrida, *Fidélité à plus d'un*, cit., p. 224). In questo senso, «ogni poema ha la sua lingua, è una sola volta la sua lingua» (J. Derrida, *Schibboleth per Paul Celan*, tr. it. cit., p. 45). Esemplare, a tale proposito, è il riferimento costante, nei testi di Derrida, al "poema" di Celan (J. Derrida, *Schibboleth per Paul Celan*, tr. it. cit.; Idem, *Poétique et politique du temoignage*, in *Cahiers de l'Herne: Derrida*, sous la dir. de M.-L. Mallet et G. Michaud, Paris, L'Herne 2004; Idem, *Béliers. Le dialogue ininterrompu: entre deux infinis, le poème*, Paris, Galilée, 2003). Su quella che si potrebbe definire la "poetica dell'idioma" di Derrida, che è, al tempo stesso, una "poetica della traduzione", si veda M. Crépon, *Langues sans demeure*, Paris, Galilée, 2005 e Id., *Déconstruction et traduction*, cit.

inscrive uno scarto in se stesso»[57]. E questo scarto è la crepa attraverso la quale l'altro si è già da sempre insediato in quella che sembrava essere la mia esclusiva dimora. Se accade nell'evento poetico di una lingua, ogni volta che essa è capace di accoglierne la singolarità, «l'idioma, se ce n'è, non è mai puro [...]. L'idioma è sempre e soltanto per l'altro, fin dall'inizio espropriato (ex-appropriato)»[58]. Eppure questo desiderio di una lingua assolutamente idiomatica, questa monomania monolingue così tenace e inconfessabile nella sua aspirazione all'intraducibile, così inaccettabile quando, dimentica del suo inevitabile scacco, alimenta il fantasma delle peggiori «politiche nazionalistiche dell'idioma»[59], questo insano desiderio non solo è inestirpabile, ma senza questo "sogno", *che deve sapersi irrealizzabile*, non vi sarebbe letteratura, se con questa espressione intendiamo, più in generale, l'intrinseca poeticità dell'idioma, di una lingua ogni volta singolare e unica. Si parla solo a partire da questo folle desiderio, da questa ossessione di unicità e singolarità, da questa insana passione: un amore folle per una lingua che mai potrò possedere, di cui mai potrò appropriarmi e dirmi "padrone" e alla quale, tuttavia, prometto esclusiva e gelosa fedeltà. Di questo "sogno" si nutre la stessa scrittura di Derrida – come lui stesso ha, in diverse occasioni, confessato – al di là della facile partizione tra filosofia e letteratura, sfidando ad ogni istante la traduzione, fino all'intraducibile, per troppo amore di una lingua che si dona sottraendosi ad ogni possibile cattura. L'idiomaticità è «una proprietà di cui non ci si può appropriare [...]. Voi sognate, è fatale, l'invenzione di una lingua o di un canto che siano vostri, [...] la vostra storia più illeggibile»[60].

Per quanto, in ultima istanza, si debba riconoscere lo scacco – e il rilancio – di questo irrefrenabile desiderio, l'impossibile che esso promette talvolta accade: il poetico, inteso come un evento di linguaggio senza precedenti, ogni volta singolare e unico, si lascia cogliere proprio là dove

57 J. Derrida, *Fidélité à plus d'un*, cit., p. 224; proprio per il fatto che viene dall'altro, «l'idioma, se ce n'è, ciò a cui si riconosce una firma, non si riappropria, per quanto paradossale ciò possa sembrare. Esso non può essere appreso che attraverso l'altro» (J. Derrida, *«Une "folie" doit veiller sur la pensée»*, in *Points de suspension. Entretiens*, choisis et présentés par E. Weber, Paris, Galilée, 1992, p. 365).

58 Id., *Y a-t-il une langue philosophique?*, in *Points de suspension*, cit., p. 240.

59 Id., *Il monolinguismo dell'altro o la protesi d'origine*, tr. it. cit., p. 75.

60 Id., *Desceller («la vieille neuve langue»)*, in *Points de suspension*, cit., p. 127.

l'idioma *resiste* ad ogni possibile traduzione. A proposito di Celan, con i cui versi si è costantemente misurato, Derrida ha scritto: «Babele è anche questo *passo impossibile* [...] che riguarda la molteplicità delle lingue nell'unicità dell'iscrizione poetica: più volte in una sola volta, più lingue in un solo atto poetico. [...] Ciò che resterà sempre intraducibile in una qualsiasi *altra* lingua è la differenza marcata dalle lingue nel poema. [...] Tutto sembra traducibile, salvo la marca della differenza tra le lingue all'interno dello stesso evento poetico»[61]. Ma qui, sulla soglia di questa intraducibilità *assoluta*, si situa anche la richiesta, l'ingiunzione – come abbiamo detto – della traduzione, di una traduzione che si faccia carico dell'impossibile[62], della possibilità dell'impossibile, dell'evento di una parola singolare, quando, nel segno, il corpo si mostra indissociabile dal senso e dall'unicità di una firma. Per questo «la traduzione è un altro nome dell'impossibile»[63]. È come se, da questa lingua straniera che parla *in* ogni lingua e che si lascia udire soprattutto nella sua forma poetico-idiomatica, giungesse al traduttore questa supplica: «inventa dunque nella *tua* lingua se puoi o vuoi comprendere la mia, inventa se puoi o vuoi farla comprendere, la mia lingua, come la tua»[64]. Inventa senza calcolo possibile, senza possibile assicurazione di una buona riuscita, ogni volta come se fosse la prima volta, inventa, lascia venire la parola[65] che risponde senza corrispondere, inventa per restare fedele[66], anche quando il tradimento sembra la scelta migliore. Lascia che la traduzione ti sorprenda come un evento inatteso e imprevedibile in ogni parola, che avvenga, nell'invenzione, che venga senza neppure essere invitata, perché non ci sono «che lingue d'arrivo, se vuoi, ma lingue che, singolare avventura,

---

[61] Id., *Schibboleth per Paul Celan*, tr. it. cit., p. 44.

[62] «Il poema situa senza dubbio il solo luogo propizio all'esperienza della lingua, cioè di un idioma che al tempo stesso sfida per sempre la traduzione e dunque richiede una traduzione che ingiunga di fare l'impossibile, di rendere l'impossibile possibile nel momento di un evento inaudito» (J. Derrida, *Béliers*, cit., p. 16).

[63] Id., *Il monolinguismo dell'altro o la protesi d'origine*, tr. it. cit., p. 74.

[64] Ivi, p. 76.

[65] Per il nesso evento-invenzione si veda soprattutto J. Derrida, *Psyché. Invenzione dell'altro*, in *Psyché. Invenzioni dell'altro I*, tr. it. cit. Su tale rapporto mi permetto di rinviare a C. Resta, *L'evento dell'altro. Etica e politica in Jacques Derrida*, Torino, Bollati Boringhieri, 2003, cap. I.

[66] «Bisogna ogni volta *inventare* per tradire il meno possibile e l'una e l'altro – senza alcuna assicurazione preventiva del successo» (J. Derrida, *«Une "folie" doit veiller sur la pensée»*, cit., p. 371).

non arrivano a un punto d'arrivo, dal momento che non sanno più da dove partono, *a partire* da che cosa esse parlano, e qual è il senso del loro tragitto. Lingue senza itinerario [...]. Come se non ci fossero che arrivi, e quindi eventi, senza arrivo»[67].

È da questo desiderio di arrivare a un *punto* d'arrivo, a un punto fermo, in cui la migrazione delle lingue possa arrestarsi, che sorge il desiderio insopprimibile di "restituire", di saldare una volta per tutte il debito, la promessa di ricostituire e "restaurare" quella "pura lingua" dell'origine di cui parlava Benjamin come orizzonte messianico di redenzione della traduzione. Ma per Derrida questa ante-prima-lingua [*avant-première langue*][68] non c'è mai stata, è solo il *fantasma* di questo tenace desiderio, necessariamente votato allo scacco: «questa anteprima lingua *non esiste*»[69], non è mai stata presente (né mai potrà esserlo) e dunque, neppure è andata perduta; non arriva mai, nel suo arrivo, ad arrivare al punto di partenza, a chiudere il cerchio economico di un risarcimento o di una *restitutio in integrum*. Essa è solo una *promessa*, senza la quale nessuna parola potrebbe essere pronunciata. Non vi può essere altro che una lingua «d'avvenire, una frase promessa, una lingua dell'altro, ancora, ma tutt'altro che una lingua dell'altro come lingua del padrone o del colono»[70], anche se può sempre correre il rischio di diventarlo, quando si dimentica che a questo fantasma non si deve dare corpo né tantomeno parola. È per questo che una poetica della traduzione, della lingua come traduzione, comporta sempre anche una «politica della lingua»[71] e della traduzione.

6. Politiche della traduzione

«Tutte le nostre inquietudini – ha scritto Derrida – convergono oggi verso questa grande questione, quella di una politica della traduzione»[72]. Come evitare, infatti, che l'esigenza dell'idioma, lungi dalla consapevolezza del

[67] Id., *Il monolinguismo dell'altro o la protesi d'origine*, tr. it. cit., p. 83.
[68] *Ibid.*
[69] Ivi, p. 84.
[70] *Ibid.*
[71] Ivi, p. 47.
[72] Id., *Fidélité à plus d'un*, cit., p. 254.

suo carattere sempre impuro e improprio, non si allei piuttosto ad un monolinguismo della padronanza assoluta e del padrone, del monopolio coloniale e dell'imperialismo della lingua, come sta accadendo per l'anglo-americano, fomentando egemonie monoculturaliste o ideologie multiculturaliste differenzialiste fortemente identitarie e appropriatrici? Come evitare che il desiderio di idioma, che alimenta il tratto poetico della lingua, non sia piegato a servire da pretesto per simboliche del 'proprio' o aggressioni nazionalistiche, com'è già accaduto e come accade ogni momento, anche nel cuore d'Europa? Come impedire che il monolinguismo dell'altro non si traduca nella lingua imposta dal Padrone? Tale rischio, sempre incombente, può essere scongiurato solo a partire dalla decostruzione di ogni pretesa appropriativa della lingua: «il padrone non possiede in proprio, *naturalmente*, quello che tuttavia chiama la sua lingua, [...] non può intrattenere con essa dei rapporti di proprietà o di identità naturali, nazionali, congeniti, ontologici [...]; poiché la lingua non è un suo bene naturale, proprio per questo egli può storicamente, attraverso la violazione di un'usurpazione coloniale, fingere di appropriarsene per imporla come "la propria"»[73].

Solo l'idea di una lingua in costante ex-appropriazione di sé e costitutivamente in traduzione, solo la convinzione che «non c'è mai appropriazione o riappropriazione assoluta»[74] della lingua consentono di riconoscere l'idioma *puro* e *assoluto* come fantasma e sono in grado di contrastare, ri-politicizzando altrimenti, le politiche identitarie dettate da un monolinguismo dell'altro inteso come colui che *impone* la Legge della *propria* lingua, di una lingua "propria", di cui ha padronanza e si dice padrone, che *detta* legge «mediante una sovranità la cui essenza è sempre coloniale e che tende, in modo reprimibile e irreprimibile, a ridurre le lingue all'Uno, e dunque all'egemonia dell'omogeneo»[75], occultando il carattere *eteronomo* di questa Legge, il suo venire sempre da un altro inappropriabile.

Riconoscendo apertamente il carattere "politico" della sua riflessione sulla lingua in costante traduzione (decostruzione) di sé, Derrida ha affermato: «questo discorso sull'ex-appropriazione della lingua [...] apre a

---

[73] Id., *Il monolinguismo dell'altro o la protesi d'origine*, tr. it. cit., pp. 29-30.
[74] Ivi, p. 30.
[75] Ivi, p. 48.

una politica, a un diritto e a un'etica; è addirittura, osiamo dire, il solo a poterlo fare, con tutti i rischi che questo comporta»[76].

Si tratterà di prestare la massima vigilanza rispetto alla minaccia sempre incombente che

> l'affermazione dell'idioma non dia luogo a un nazionalismo, a un conservatorismo della lingua nazionale [...], poiché sappiamo bene che la cultura dell'idioma è spesso pretesto per fantasmi, per tentazioni nazionalistiche. [...] Essendo la lingua [...] in certo modo inappropriabile, il nazionalismo o il colonialismo consistono nel fantasma dell'appropriazione della lingua e dell'idioma in quanto riappropriabile, quando invece ho provato a mostrare che l'idioma, là dove esso è assolutamente singolare, non è riappropriabile. Non solo non è riappropriabile dall'altro, dal momento che è il più intraducibile, ma neppure da me stesso. Io non posso appropriarmi di ciò che vi è di più idiomatico in "me"[77].

Il desiderio dell'idioma, sempre differente in sé, in quanto attestazione di una irrinunciabile singolarità, lungi dal doversi necessariamente coniugare con le più bieche chiusure identitarie e nazionalistiche, può accompagnarsi all'esigenza dell'universale: «C'è la necessità al tempo stesso dell'universale e del radicamento singolare nel qui e ora, nell'idioma»[78]; proprio perché l'idioma più singolare è già da sempre ex-appropriato, in traduzione e da tradurre, accoglienza dell'altro, ospitalità della lingua estranea e straniera fino a estraniare la "propria", questa singolarità si lega e si collega ad un principio di universalizzazione: l'«appello all'universalizzazione è un appello alla traduzione»[79].

È questa la sfida di fronte alla quale, in particolare, si trova oggi l'Europa, luogo elettivo della traduzione, in cui la pluralità delle lingue chiama ad una responsabilità politica nei confronti del plurale e del singolare, che potrebbe essere paradigmatica nell'epoca della mondializzazione. Un'Europa per la quale, dunque, la questione della traduzione diviene decisiva[80].

---

[76] Ivi, pp. 30-31.

[77] Id., *Questions à Jacques Derrida*, in *La philosophie au risque de la promesse*, sous la direction de M. Crépon et M. de Launay, Paris, Bayard, 2004, p. 201.

[78] Ivi, p. 207.

[79] Id., *Dimora. Maurice Blanchot*, tr. it. di F. Garritano, Bari, Palomar, 2001, p. 120.

[80] Cfr. Id., *Oggi l'Europa*, tr. it. di M. Ferraris, Milano, Garzanti, 1991.

Un'altra politica della traduzione diventa dunque urgente e improrogabile, come una diversa concezione dell'idioma; lungi dal proiettare necessariamente l'immagine dell'intransitività e della chiusura, esso è infatti anche la condizione dell'apertura e dell'*ospitalità*. Abitata fin dall'inizio dall'altro, la lingua impropriamente propria che parliamo, in quanto lingua dell'altro, costituisce lo spazio di un'*accoglienza incondizionata* che, lungi dal chiuderla nell'intraducibile, richiede la costante traduzione, la reclama attraverso un'obbligazione al tempo stesso etica, poetica e politica: «ci vuole [*il faut*] la traduzione, si deve inventare un'esperienza della traduzione che renda possibile il passaggio senza livellare e cancellare la singolarità dell'idioma. È un'altra esperienza della lingua, un'altra esperienza dell'altro che si deve [*il faut*] fare nella traduzione»[81].

Il compito è *infinito* e richiede un'incessante transazione-traduzione per la quale non sussistono regole prestabilite né programmi da attuare; volta per volta, e ogni volta singolarmente, si tratta di un'invenzione originale, come abbiamo visto, non assicurata da nulla, che tratta sempre in nome dell'intrattabile e traduce in nome dell'intraducibile.

Poetica e politica della traduzione sono inscindibili e richiedono un doppio gesto, una «doppia fedeltà», come la chiama Derrida, che rasenta l'impossibile, anzi che è la traduzione stessa come impossibile *e* necessaria. Ed è per questo che Derrida espone il compito (im)possibile della sua poetica-politica della traduzione attraverso una serie di incalzanti domande, piuttosto che in un *programma*, o mediante il ricorso a qualche regola aurea:

> Come, *da una parte*, riaffermare la singolarità dell'idioma (nazionale o non), i diritti delle minoranze, la differenza linguistica e culturale, ecc.? Come resistere all'uniformizzazione, all'omogeneizzazione, al livellamento culturale o linguistico-mediatico, al suo ordine di rappresentazione e di redditività spettacolare? Ma, *dall'altra parte*, come lottare per questo senza sacrificare la comunicazione la più univoca possibile, la traduzione, l'informazione, la discussione democratica e la legge della maggioranza? Bisogna ogni volta *inventare* per tradire il meno possibile e l'una e l'altra – senza alcuna assicurazione preventiva del successo[82].

---

[81] J. Derrida - B. Stiegler, *Ecografie della televisione*, tr. it. di L. Chiesa, Milano, Cortina, 1997, p. 89.
[82] J. Derrida, *«Une "folie" doit veiller sur la pensée»*, cit., p. 371.

La politica della traduzione è dunque l'altro nome di una politica dell'ospitalità, anzi: è l'ospitalità stessa pensata a partire da quella dimora nella quale tutti abitiamo: la lingua. Nessuna ospitalità senza una politica della traduzione, senza, cioè, quella necessaria decostruzione del fantasma di una lingua "propria", appropriata ed appropriante, la lingua del Padrone e della padronanza di sé come dell'altro. Il monolinguismo dell'altro, che viene dall'altro, pur essendo la lingua dell'unico, pur custodendo gelosamente la singolarità di un idioma, parla «la lingua dell'altro, la lingua dell'ospite, la lingua dello straniero, quindi dell'immigrante, dell'emigrato o dell'esiliato»[83]. Parla sempre una lingua straniera, una lingua venuta da altrove che chiede di essere accolta, di essere ascoltata, di non essere cancellata. Chiede un'ospitalità senza condizioni cui non ci si può sottrarre, se non si vuol restare muti. Ospitare la lingua dell'altro, lasciarla risuonare nella propria lingua, questa legge della traduzione è la legge stessa dell'ospitalità, che dovrebbe ispirare un'altra poetica ed un'altra politica, in primo luogo della lingua.

Lo ricordavo all'inizio, giungo anch'io, come la lingua che parlo, da una lunga traversata per mare e per terra. Dall'Isola dalla quale provengo, posso persino pensare, come ha suggerito Derrida nelle ultime pagine del suo ultimo seminario *La bête et le souverain*, che non c'è nulla di più incerto di un mondo comune, che, persino nell'epoca della mondializzazione e del villaggio globale, nulla di fatto ci assicura che esista qualcosa come *un* mondo, un solo mondo e non piuttosto una molteplicità di isole che il mare impedisce di collegare con stabili ponti o unificare. Per questo «nulla è meno certo del mondo»[84]. Infatti «tra il mio mondo e tutti gli altri mondi, ci sono innanzitutto lo spazio e il tempo di una differenza infinita, di una interruzione incommensurabile a ogni tentativo di passaggio, di ponte, d'istmo, di comunicazione, di traduzione, di tropo e di transfert che il desiderio di mondo o la mancanza di mondo, la nostalgia di mondo tenterà di porre, di imporre, di proporre, di stabilizzare. Non c'è mondo, ci sono solo isole»[85].

[83] Id., *Il sogno di Benjamin*, tr. it. di G. Berto, Milano, Bompiani, 2003, p. 6.
[84] Id., *La Bestia il Sovrano II (2002-2003)*, tr. it. di G. Carbonelli, Milano, Jaca Book, 2010, p. 340.
[85] Ivi, p. 32.

Tra il mio mondo e quello di ciascun altro «c'è un abisso insuperabile. C'è un'infinita molteplicità di mondi intraducibili»[86]. Eppure, si tratta di una «im-possibilità del mondo che non è negativa»[87], poiché solo essa può offrire la *chance* «di tutti i mondi possibili»[88]. Mondi, isole, lingue eterogenei, intraducibili, «assolutamente incommensurabili»[89], senza terreno comune, separati da un'infinita distanza, a causa della quale tra loro vi è «un'irriducibilità propriamente infinita, un'infinita eterogeneità»[90] che impedisce ogni possibile traduzione senza resto.

Eppure queste isole, irriducibili all'unità di uno solo e stesso mondo, refrattarie ad ogni *reductio in unum*, sono tuttavia un arcipelago[91]: eterogenee, irriducibili l'una all'altra, sole, isolate, separate, *uniche* e quasi intraducibili, non sono *ab-solute*, non sono mai sciolte, slegate, pur nella separazione, l'una dall'altra. Nonostante l'isolamento e l'assoluta distanza, nonostante la differenza abissale che le separa e che impedisce loro di costituire *un solo e medesimo mondo* o una lingua che possa compiutamente tradursi in quella delle altre, ciò non impedisce che qualcuno, qualcosa *arrivi*, da una riva all'all'altra, che giunga da una sponda all'altra una parola inattesa, inaspettata, intraducibile e, *proprio per questo*, che chiede ospitalità, che domanda di essere tradotta. Proprio l'alterità delle isole è la condizione di (im)possibilità perché si dia l'evento di una traduzione che resti sempre da tradurre, che non possa esaurire una volta per tutte il suo compito impossibile, se vuole lasciare all'altro la parola, accoglierla, ospitarla e rispettarla nella sua irriducibile

---

86 Id., *Comment ne pas trembler?*, «Annali Fondazione europea del disegno (Fondation Adami)», II (2006), p. 108.

87 Id., *Fidélité à plus d'un*, cit., p. 246.

88 *Ibid.*

89 Ivi, p. 247.

90 *Ibid.*

91 Per la figura *mediterranea* dell'arcipelago e le sue risorse geofilosofiche e politiche si veda: M. Cacciari, *L'Arcipelago*, Milano, Adelphi, 1997 e F. Saffioti, *La misura dell'Arcipelago. Asimmetria e connessione*, in *Geofilosofia del mare*, cit. Un accenno all'arcipelago quale figura paradigmatica del pluriverso mediterraneo e della incessante traduzione tra le sue molte lingue e culture conclude C. Resta, *Un mare che unisce e divide*, in *Geofilosofia del Mediterraneo*, cit., pp. 107-111. A questo testo mi permetto di rinviare per proseguire la "tra-duzione" da una riva all'altra di questo mare, sull'altra sponda del quale Jackie Derrida ha cominciato il suo viaggio e intrapreso la sua prima, burrascosa, traversata sul *Ville d'Alger*.

alterità. Forse non c'è *un* mondo che possiamo dire "comune", ma l'Arcipelago nomina almeno la possibilità – impossibile e necessaria – della traduzione come invenzione poetica e politica, l'evento inaspettato e imprevedibile di un mondo e di una democrazia a-venire.

Donatella Di Cesare

PER UNA POLITICA DEL TRADURRE

1. Che cosa vuol dire "politica del tradurre"? Quale nesso sussiste tra i due termini? Il genitivo va inteso in senso oggettivo o soggettivo? "Politica del tradurre" indica un progetto filosofico-politico che appare indispensabile nel contesto della globalizzazione. Ma rinvia anche alla possibilità di una politica, non scritta, che nel tradurre trovi un modello.

In filosofia è almeno da Aristotele che viene messa in luce la dimensione politica del linguaggio[1]. D'altronde, se si deve essere almeno in due, affinché si dia linguaggio, se dunque è richiesto sempre l'altro e, con l'altro, la comunità, appare chiaro che è un nesso reciproco quello che lega il linguaggio alla *pólis* o, meglio, alle forme politiche assunte dalla convivenza umana. La storia del linguaggio accompagna la storia dell'organizzazione politica e della spartizione del mondo. Le lingue ne sono una testimonianza.

Gli odierni Stati-nazione, che sono andati costituendosi a partire dall'età moderna, hanno tratto la loro identità anche dalla lingua nazionale. Ma i confini statali non coincidono con quelli linguistici – a riprova della costitutiva alterità del linguaggio che ha inevitabili ripercussioni politiche. In uno stesso luogo sono presenti più lingue e le comunità linguistiche si intersecano. Fino a qualche anno fa il fenomeno era circoscritto a quegli idiomi minoritari che, rimasti tra i confini politici, non avevano avuto un riconoscimento nazionale (ad es. in Europa il basco, il catalano, le lingue caucasiche, ecc.). Ma nell'attuale realtà politica la copresenza di lingue e idiomi diversi è un fenomeno esteso e radicalizzato, sia per via dei grandi flussi di migrazioni, sia a causa dell'accelerata globalizzazione[2]. Il grande problema che si pone, però, non è tanto quello dell'incontro tra lingue e parlanti diversi, quanto piuttosto quello di una brutale unificazione in vista di una lingua planetaria, strumento politico di un centralismo del

---

[1] Cfr. Aristotele, *Politica*, 1253a.

[2] Per questo rinvio a D. Di Cesare, *Il dialogo delle lingue e la globalizzazione*, in «Giornale di Metafisica», XXXIII (2011) n.1-2, pp. 17-26.

potere e di un futuro Stato mondiale. Questa è la sfida a cui una politica del tradurre è chiamata a rispondere.

2. L'unificazione non è di per sé un processo condannabile. Tutt'altro. A meno che non si imponga eliminando le differenze. In tal caso si tratterebbe di un'impresa totalitaria, simile a quella narrata nel mito della Torre di Babele[3].

Se si leggono in ebraico i versetti di *Bereshit*, attraversando gli strati di un'esegesi sclerotizzata, che ha voluto vedere nel crollo della Torre una punizione, emerge con chiarezza che Dio interviene solo per confondere (*balal*), «affinché l'uno non comprenda più il labbro dell'altro»[4]. *Safah 'echat u-devarim 'achadim*: un unico labbro e le stesse parole. Stava in quella lingua unica la condizione e insieme il fine ultimo del centralismo totalitario sotteso all'impresa babelica: un'unica metropoli, segnalata da una torre che avrebbe toccato il cielo e avrebbe assicurato ai costruttori un nome per l'eternità. Il loro nome: una sfida lanciata contro il Nome di Dio.

Nell'ermeneutica ebraica il cantiere di Babele viene descritto quasi come un universo concentrazionario dove la caduta dell'umanità è abissale quanto l'altezza della Torre. Dio interviene per evitare quell'opera violenta; impedisce la concentrazione totalitaria indicando il cammino inevitabile della dispersione. Non punisce; bensì ripara. Si potrebbe anzi dire con Derrida che Dio «decostruisce» mandando in frantumi il pilastro di quell'unica lingua[5].

L'umanità, precipitata dalla Torre, si disperde nella diversità delle lingue e dei modi individuali di parlare, frammenti dell'edificio sgretolato. Incompiutezza e incomprensione segnano da allora la storia umana che pure, nonostante le fratture, i solchi e le scissioni, cercherà l'unità per un altro cammino, ben più lungo e complesso.

---

[3] Per una ricostruzione cfr. D. Di Cesare, *Grammatica dei tempi messianici*, Giuntina, Firenze 2011; cfr. anche Id., *Das Rätsel von Babel. Sprache und Sprachen in der jüdischen Tradition*, in *Philosophische Aktualität der jüdischen Tradition*, a cura di W. Stegmaier, Suhrkamp, Frankfurt am Main 2000, pp. 62-77.

[4] *Genesi* 11, 7.

[5] J. Derrida, *De Tours de Babel*, in *Teorie contemporanee della traduzione*, a cura di S. Nergaard, tr. it. di A. Zinna, Bompiani, Milano 1995, pp. 367-418, p. 374.

3. Se si abbandona per un istante questa prospettiva teologico-politica – che resta tuttavia indispensabile per delineare una politica del tradurre – l'incipit della storia umana è costituito dall'estrema dispersione. È come se, da quell'estremo, la storia si dispiegasse congiungendo e fosse dunque il racconto di una riunificazione. Il linguaggio è allora il filo conduttore.

Per secoli, però, le lingue, nella loro eclatante diversità, si ergono a ostacolo. Non sono d'altronde l'esito di una catastrofe, l'eco di un dramma destinato a ripetersi? Sorge di qui l'idea che la confusione delle lingue sia la punizione inflitta all'umanità. Si tenta allora di aggirare il problema. Non c'è dubbio che la tradizione occidentale è rimasta estranea al linguaggio, perché intendeva prima ancora restare estranea alla diversità delle lingue, un fenomeno legato ad un'esperienza troppo dolorosa, quella dell'incomprensione, per non divenire un grande rimosso.

Questo spiega perché le lingue si siano fronteggiate ai confini, lì dove sembra netta la linea del comprendere o del non-comprendere. È stato ed è questo un modo per trattenere l'inquietudine suscitata dall'altro e dalla lingua altrui. *Noi* ci comprendiamo; sono *gli altri* a non comprendere. L'incontro con l'altro, con l'estraneo, con lo straniero, avviene anzitutto nel segno del linguaggio e lascia traccia nella lingua. L'altro è quello che non capisce, perché parla altrimenti, parla un'altra lingua che, non potendo essere riconosciuta come tale, è tacciata di essere una non-lingua. L'etnocentrismo trova conforto in una prassi che nega la lingua altrui. Così per i greci gli altri sono i *bárbaroi*, cioè i balbuzienti. E per i russi la lingua russa è – come si dice tuttora – *nemetzkij*, cioè muta. Gli altri, dunque, non sanno neppure parlare. E la lingua propria è l'unica lingua, è anzi il linguaggio tout court[6].

Ci vorrà molto tempo prima che gli incontri ripetuti e frequenti con l'altro impongano di riconoscerne il modo di parlare. Alla luce della lingua straniera la propria non può più conservare lo statuto di lingua per eccellenza. Piuttosto è una fra le tante. La diversità delle lingue appare allora uno scoglio non più aggirabile. Ma dato che porta con sé un dramma abissale, viene ridotta e attutita. In che cosa divergerebbero le lingue? Solo nei suoni. Per il resto designano invece oggetti e concetti uguali per tutti. Diffusa a lungo nel senso comune, questa concezione è ben radicata nella filosofia dove la diversità delle lingue è avvertita come una pietra dello

---

[6] Cfr. D. Di Cesare, *Utopia del comprendere*, il Melangolo, Genova 2003, pp. 149 ss.

scandalo che la ragione pura, smaterializzata e totalizzante, deve eliminare e superare. A parte rare eccezioni – tra le quali ovviamente Humboldt – non si può dire ancora oggi che la diversità delle lingue sia un tema preso in seria considerazione dai filosofi[7]. La svolta linguistica non ha prodotto in tal senso molti effetti. Sia Heidegger sia, in fondo, lo stesso Wittgenstein, restano fermi ad una riflessione sul linguaggio, o passano ad una descrizione fenomenologica del parlare, senza però inoltrarsi in quell'ambito in cui il linguaggio si realizza storicamente, nel dominio delle lingue.

4. Nella diaspora delle lingue la traduzione è il filo che lega parlanti vicini e lontani di idiomi diversi. Oltre ad essere la prassi immemoriale, attraverso cui si cerca di gettare un ponte sull'abisso dell'incomprensione, rappresenta il riconoscimento della lingua altrui – almeno nell'esigenza di tradurla. Così la traduzione attesta la frantumazione del linguaggio. Per passare sotto silenzio l'una, si passa sotto silenzio l'altra. Non stupisce allora che la riflessione sul tradurre sia indissolubilmente legata alla riflessione sulla diversità delle lingue e ne condivida le sorti restando a lungo esclusa dall'ambito teorico, soprattutto da quello filosofico. Se le lingue sono diverse solo per i suoni, la traduzione non è che una sostituzione. Non deborda dunque, nella sua complessità, dagli argini dei "testi sacri". E anche dove viene diffondendosi, fino a diventare – come nel Settecento – genere letterario, appare un problema di ordine pratico, non certo una questione filosofica.

Solo quando il tradurre viene delineandosi come un passaggio in un mondo altro, o meglio, in un'altra visione o articolazione del mondo, la questione del tradurre si pone in tutta la sua profonda drammaticità. Non si esagera, però, dicendo che, a parte la parentesi dell'umanesimo e dell'ermeneutica romantica, solo di recente, nell'ultimo secolo, la traduzione ha assunto rilievo nel dibattito filosofico. Alcuni hanno parlato a questo proposito di «tournant philosophique»[8].

---

[7] Cfr. W. von Humboldt, *La diversità delle lingue*, tr. it. di D. Di Cesare, Laterza, Roma-Bari 2005.

[8] Cfr. J.-R. Ladmiral, *Traduire: théorèmes pour la traduction*, Gallimard, Paris 1994.

5. Vale la pena allora riassumerne rapidamente la storia che ha per protagonisti il *proprio* e l'*estraneo*. L'esperienza della traduzione è l'esperienza dell'estraneità dell'altro che segna il limite proprio, ed è in tal senso anche l'esperienza del proprio limite. Rispetto alla traccia dell'estraneo, che resta nella propria lingua, si ripetono i tentativi di proscrivere l'estraneo. Questo primo percorso si potrebbe chiamare l'*estraniazione dell'estraneo*. Lo scopo è quello di preservare la propria lingua, la proprietà della lingua. Ma nella diaspora postbabelica sono inevitabili incursioni e scorribande di lingue straniere, ai confini e oltre. D'un tratto la lingua propria non può più essere vista come *la* lingua per eccellenza. È questo un primo salvifico effetto della traduzione: la lingua propria appare una tra le altre. All'estraniazione dell'estraneo subentra allora una nuova strategia: l'*appropriazione dell'estraneo*. Si cerca di assimilare e incorporare l'estraneo nel corpo della propria lingua. È un altro modo per cancellarne la traccia, per salvaguardare la proprietà della propria lingua materna.

Quando la traduzione comincia ad essere percepita come ponte tra lingue diverse, come apertura alla lingua altra, l'*estraniazione del proprio* viene considerata come possibilità di elevare il genio della propria lingua a quello della lingua straniera, e dunque di renderla più colta, di sprovincializzarla. È quel che auspicano i romantici, che Schleiermacher e Humboldt propongono[9].

Ed è ciò che Heidegger teme. La tappa che Heidegger segna è quella dell'*appropriazione del proprio*. Tradurre è passare di là, nella lingua straniera e tornare di qua, nella propria. Un'altra parola per *Übersetzen* è *Heimischwerden*, «trovare dimora». Si trova dimora e si fa ritorno a casa transitando per l'estraneo. La traduzione – dice Heidegger – è «il confronto con la lingua straniera *per appropriarsi della propria*»[10]. E il proprio «è ciò che è patrio [*Vaterländisch*] del tedesco. A sua volta, ciò che è patrio è di casa nella terra madre»[11]. Qui la lingua madre richiede di tornare monologicamente a sé e alla propria origine.

[9] Per questo rinvio a D. Di Cesare, *Utopia del comprendere*, cit. pp. 70-83.

[10] M. Heidegger, *Hölderlins Hymne "Der Ister"*, in *Gesamtausgabe*, vol. 53, Klostermann, Frankfurt 1984, p. 81.

[11] *Ivi*, p. 60.

6. Lungo i sentieri di un abitare, che si rivela sempre più un migrare, Heidegger indica nel parlare l'esito di un «tradurre originario». Di più: il tradurre emerge dalla sua profondità, viene alla luce come il movimento fondamentale del linguaggio. Attraversa ogni lingua che deve allora esibire l'alterità che la costituisce. Giunto sin qui Heidegger, però, si arresta. E nella spaesatezza del mondo minacciato dalla tecnica, con un movimento che dall'originale porta all'originario, non può fare a meno di cercare l'estremo riparo nella fonte segreta della *Mundart*, quel modo di atteggiare la bocca che contraddistingue il dialetto, dove la patria stessa affonda le radici[12].

Se si lascia da parte la poetica di Paul Celan, è forse solo Jacques Derrida che nel saggio del 1996 *Il monolinguismo dell'altro* tenta di pensare l'alterità della lingua nella nuova situazione del mondo globalizzato dove l'esilio diviene planetario[13]. Nessuno è più a casa, né nella propria nazione, né nella propria comunità linguistica, e tanto meno nella lingua madre. La spaesatezza non risparmia neppure la lingua dove non ci sono proprietari, ma solo ma solo migranti, profughi, apolidi. Ogni parlante è in esilio nella lingua. L'esilio ebraico, nella misura in cui non è solo territoriale, ma anche linguistico, prefigura la nuova condizione umana.

7. Ebraismo e traduzione è un tema complesso che ruota, com'è facile intuire, intorno alla Torà, il testo più tradotto, ma anche più cancellato. A cominciare dalla prima versione in greco, compiuta tra il II e il III secolo prima dell'era volgare da settanta maestri ebrei che, come raccontò Filone, «profetizzarono» nella speranza che la Legge avrebbe costituito per tutti la guida di una retta condotta di vita[14]. Ma l'entusiasmo lasciò ben presto posto al rammarico quando fu chiaro che la Torà era divenuta la Bibbia della Chiesa che ne interpretava le profezie in senso cristologico. Così, in un'opera risalente all'VIII secolo *Massekhet Soferim*, si legge: «cinque anziani scrissero la Torà in greco e quel giorno fu triste per Israele, come il giorno in cui fu fabbricato il vitello d'oro»[15]. La teologia della

---

[12] M. Heidegger, *Linguaggio e terra natia*, tr. it. di Cristin, in «aut aut», 235, 1990, pp. 3-24.

[13] J. Derrida, *Il monolinguismo dell'altro o la protesi dell'origine*, tr. it. di G. Berto, Cortina, Milano 2004.

[14] Filone, *Mosè*, tr. it. di P. Graffigna, Rusconi, Milano 1999, II, 25-44, pp. 163-169.

[15] *Massekhet Soferim* I, 6-10.

sostituzione è anzitutto una teologia della traduzione intesa sistematicamente come «cancellazione», per riprendere un termine di Henri Meschonnic[16].

La novità che Franz Rosenzweig ha introdotto nei primi decenni del Novecento sta non solo nell'aver indicato un nuovo compito del traduttore – un tema ripreso in effetti da Benjamin con cui su questo vi erano profonde affinità – ma anche nell'aver sollevato nel mondo dell'ebraismo tedesco, fortemente assimilato, il tema di una traduzione che è stata appropriazione, al punto da cancellare perfino la memoria dell'originale, per prenderne il posto. La Bibbia di Lutero, un capolavoro della lingua tedesca, ha occultato l'ebraico, recidendo la radice ebraica del cristianesimo. Per Rosenzweig quel rifacimento, nella sua bellezza, diviene il paradigma di una sopraffazione. Non si tratta di difendere il testo della Torà dalla traduzione. Non è forse anzi quello il testo con cui sono andate dialogando le diverse lingue, radicandosi e sradicandosi in quel corpo, nel loro sviluppo storico o – come scrive Benjamin – nella loro «sacra crescita»[17]? Piuttosto si tratta di denunciare un tradurre, un *Übersetzen*, che ha preteso di essere mero *Ersetzen*, sostituire.

La versione tedesca di Buber e Rosenzweig, ancora oggi molto discussa, non mirava a soppiantare la Bibbia di Lutero. Intendeva piuttosto cancellare la cancellazione, disseppellendo l'ebraico. Più che un portare di qua, era un portare di là, un cammino a ritroso che, per un verso avrebbe dovuto suscitare la nostalgia per l'ebraico, per l'altro avrebbe dovuto dischiudere nuove prospettive sul tradurre. E non si esagera dicendo che questo, malgrado tutto, è avvenuto. Perché proprio nella teologia della traduzione, delineata da Rosenzweig e Benjamin, va scorto quel punto di svolta che fa del tradurre una questione filosofica.

Ma in che modo la traduzione tedesca della Torà, che è in effetti un ritorno all'ebraico, può costituire un nuovo modello del tradurre? La questione riguarda anzitutto il ruolo della traduzione, che non può spacciarsi né per mediazione né tanto meno per rifacimento, se deve rispettare

[16] H. Meschonnic, *Le traduzioni della Bibbia, variazioni su un pensiero unico*, in Id., *Un colpo di Bibbia nella filosofia*, tr. it. di R. Campi, Medusa, Milano 2005, pp. 109-123, p. 109.

[17] W. Benjamin, *Il compito del traduttore*, in Id., *Angelus Novus*, tr. it. di R. Solmi, Einaudi, Torino 1962, p. 45.

l'originale nella sua estraneità e nella sua irriducibile estraneità. Tradurre vuol dire allora portare il lettore verso l'originale, in attesa che ne studi la lingua e che sia dunque in grado di leggerlo. Era una direzione già indicata da Schleiermacher da cui Rosenzweig riprende anche un altro suggerimento: lasciare che la traduzione, affinché sia tale, abbia un colorito di estraneità. È questo il modo per rinviare alla irriducibile inappropriabilità dell'originale. Ma Rosenzweig radicalizza: il traduttore deve farsi «portavoce della voce straniera che rende percepibile oltre l'abisso dello spazio e del tempo»[18]. Quel che la versione della Torà fa valere è una esigenza inedita di fedeltà, fino alla lettera. Il che non vuol dire esattezza, equivalenza, conformità, bensì dedizione e rispetto per la scrittura, a cominciare dalle lettere. Perché sono d'altronde le lettere dell'*alef beth* che reggono il mondo.

Traduzione non vuol dire appropriazione dell'estraneo, per secoli incorporato e assimilato. «Il compito del traduttore – scrive Rosenzweig – è totalmente frainteso se viene visto nel rendere tedesco [*verdeutschen*] ciò che è straniero». Piuttosto occorre «*rendere straniero ciò che è tedesco*»[19]. La traduzione mira a trasformare la lingua propria, a fenderla nella sua proprietà, a estraniarla, a mandarla in esilio. Che il tedesco possa dunque «cambiar volto» grazie all'ebraico? Sull'orlo della catastrofe Rosenzweig ne è ancora convinto.

8. Agli ultimi mesi del 1923, trascorsi in gran parte a Heidelberg, risalgono le riflessioni di Benjamin sulla traduzione. È il periodo in cui incontra brevemente Rosenzweig a Francoforte. La loro impostazione è analoga, sebbene non manchino attriti. Tuttavia è certo che Rosenzweig abbia attinto alle pagine di Benjamin.

Quel che li lega è il modo di intendere il tradurre che si approfondisce e si amplia sino a diventare il movimento stesso del linguaggio. Entrambi si richiamano apertamente a Hamann che avevo scritto: «parlare è tradurre»[20]. Perciò il tradurre non può più essere confinato al passaggio tra una

---

[18] F. Rosenzweig, *Postfazione agli inni e poemi di Yehudah HaLevy*, in Id., *La Scrittura. Saggi dal 1914 al 1929*, tr. it. di G. Bonola, Città Nuova, Roma 1991, pp. 145-63, p. 147.
[19] *Ibidem*.
[20] J.G. Hamann, *Aesthetica in nuce*, in Id., *Sämtliche Werke*, 5 voll., Herder, Wien 1950, vol. II, p. 199.

lingua e l'altra. Non è solo interlinguistico, ma anche intralinguistico. Che cosa vuol dire? E perché sta qui un punto teorico decisivo?

La traduzione non è solo la trasposizione da una lingua all'altra, dalla lingua straniera alla lingua materna. A ben guardare si traduce già nella lingua materna. Perché non soltanto il comprendere, ma anche il parlare, sono modalità del tradurre. Parlare è tradur*si* nella lingua materna. *Chi parla, traduce sé nella lingua dell'altro.* Riarticola i suoni articolati, riarticolando così anche il pensiero. Questo vuol dire anzitutto che il tradurre è un movimento ineludibile del linguaggio. «Tutti devono tradurre – scrive Rosenzweig – e ognuno lo fa»[21]. Ma vuol dire anche che il sé si costituisce nell'articolazione della lingua materna che, lungi dall'essere propria, è sempre già lingua dell'altro. L'estraneità, che si era arrestata ai confini, entra di diritto all'interno della lingua, dove i parlanti scoprono di essere ben più estranei di quanto non credessero. Come già aveva intuito Humboldt, fra il dentro e il fuori della lingua è solo «un più e un meno»[22]. È qui, peraltro, che la questione ermeneutica si fa più acuta. Solo dunque quando il tradurre attraversa la lingua materna, quando si riconosce che il *tra*, il *dia-* dell'alterità la fende, la traduzione acquista un valore diverso, assume i contorni di un dialogo.

E per Benjamin la traduzione è proprio questo: un *dialogo tra le lingue*. Come tale non si limita ad una estraniazione del proprio. Se così fosse, resterebbe concentrata sul proprio, senza interrogarsi sull'estraneo. Proprio ed estraneo seguiterebbero a fronteggiarsi lungo i confini delle lingue. La traduzione dovrebbe invece lavorare aprendo varchi e passaggi, forzando le frontiere, esercitando un'azione sovversiva che prelude già a una liberazione. È in questo senso che per Benjamin diventa incontro fra le lingue che ha ripercussioni su entrambe.

9. Qual è dunque la nuova prospettiva che Benjamin dischiude? E in che modo, muovendo di qui, è possibile sviluppare una politica del tradurre nel mondo globalizzato?

---

[21] F. Rosenzweig, *La Scrittura e Lutero*, in ID., *La Scrittura. Saggi dal 1914 al 1929*, tr. it a cura di G. Bonola, Città Nuova, Roma 1991, pp. 115-141, p. 115.

[22] W. von Humboldt, *Über die Verschiedenheiten des menschlichen Sprachbaues*, in Id., *Gesammelte Schriften*, a cura di A. Leitzmann, Behr, Berlin 1903-1936, vol. VI, 1907, pp. 111-303, p. 183.

Per Benjamin la traduzione non è solo il passaggio da una lingua all'altra. Se si riducesse a questo, anche la migliore traduzione finirebbe per essere strumentale. Neppure può essere considerata solo come un gesto etico di ospitalità dell'altro, sebbene Benjamin, evocando l'immagine della tangente che tocca la circonferenza, non esiti a indicare nella traduzione quasi una carezza, un gesto d'amore estremo e cauto. Piuttosto il compito del traduttore si inscrive in una teologia politica che intravede già la minaccia di un potere esercitato da una uniformazione planetaria. Il dialogo tra le lingue è la chance per contrastarlo.

Fra il testo da tradurre e la traduzione sussiste un legame vitale. Tradurre vuol dire portare il testo oltre il margine della sua vita, farlo sopravvivere. Ma sopravvivenza è anche trasformazione. Se il testo sopravvive nella traduzione, è perché, grazie alla sua traducibilità, può modificarsi. Come il passato della storia, anche il passato della lingua non è fisso e statico. Altrimenti non sarebbe redimibile. È così che le parole di un testo, anche lontano nel tempo, possono risvegliarsi a una «maturazione postuma» (*Nachreife*)[23]. La traduzione fa saltare gli argini del testo, spingendolo a dire quello che non aveva ancora detto. Questo significa che l'originale sopravvive nella traduzione crescendo e sviluppandosi.

Se è così, si può ancora parlare di "originale"? Evidentemente no, se con ciò si intende qualcosa di iniziale, primigenio, autentico, quasi si trattasse di un archetipo e, dunque, di una *arché*. L'originale comincia mancando. Perché richiede di dispiegarsi nella traduzione, rivelando a sua volta di essere l'esito di una traduzione. Parlare, d'altronde, è tradurre; ogni parola non è mai originaria, ma è sempre tradotta. L'esilio è in ogni testo che dunque porta con sé la traccia dell'estraneità. Dopo Babele la diaspora delle lingue fa sì che ciascuna si presenti come una traduzione. Scrive Benjamin: «tante traduzioni, tante lingue»[24].

Questo spiega il paradosso per cui in un certo senso tutto è intraducibile e, in un altro senso, nulla è intraducibile. È la differenza incommensurabile tra lingua e lingua che assegna il compito al traduttore. Benjamin si riferisce al «modo di intendere» e di significare, allo spessore semantico

---

[23] W. Benjamin, *Il compito del traduttore*, cit. p. 43.

[24] Id., *Sulla lingua in generale e sulla lingua dell'uomo*, in Id., *Angelus Novus*, cit. pp. 53-70, p. 65.

delle lingue[25]. Tuttavia non guarda solo orizzontalmente alla diversità delle lingue. Ne scorge anche la «affinità» che non è riducibile solo alla «parentela» storica, ma rinvia alla loro «convergenza» soprastorica[26]. Pur estranee, le lingue sono affini «in ciò che vogliono dire»[27]. Per raggiungere questa meta seguono vie diverse, rivelandosi reciprocamente complementari. Ogni lingua integra l'altra dicendo quello che l'altra lingua non ha detto, avrebbe voluto dire, non dice ancora, a cui accenna soltanto. La traduzione, resa possibile dall'affinità, interviene per stringere il legame tra le lingue, per favorirne la cospirazione. Non che possa istituire questo «rapporto segreto»; ma può «*rappresentarlo*». Lasciando che le lingue cospirino, la traduzione esibisce la loro affinità. Sta qui forse il suo compito più alto: nell'anticipare la affinità nascosta tra le lingue che Benjamin chiama «lingua pura», *reine Sprache*[28].

Già il passaggio orizzontale da una lingua all'altra non è senza effetti. Entrambe ne risultano trasformate. La lingua straniera si rinnova con un dispiegamento ulteriore. La lingua materna viene scossa dall'estraneo che ne infrange i limiti portando alla luce le sue potenzialità ancora inoperanti. La trasformazione si dà perché ciascuna lingua contiene le possibilità dell'altra – solo non ancora realizzate. Il compito del tradurre non si arresta, però, a questa orizzontalità. A mutare non sono soltanto le potenzialità semantiche o sintattiche di ciascuna lingua. Piuttosto nel dialogo, grazie a cui vengono trasposte a un ambito più elevato, le lingue mutano la loro autocomprensione, scoprono di essere differenti, come lo sono i frammenti di una Torre, e mentre esperiscono la reciproca estraneità, non possono non scorgere quella affinità a cui sono rinviate. Ciascuna si dispone perciò a tradurre e a farsi tradurre in nome di quella loro più ampia unità.

La lingua pura scaturisce dal dialogo tra le lingue, da quell'infinito che possono dirsi solo cospirando e che nessuna sarebbe in grado di articolare da sola. È anche «lingua vera», perché dirà tutto il dicibile in tutti i modi in cui si può dirlo. La lingua pura è per le lingue lo stadio ultimo, che irrompe alla fine messianica della loro storia, perché salva e compie in sé

---

[25] Id., *Il compito del traduttore*, cit. p. 44.

[26] Ivi, p. 42.

[27] *Ibid.*

[28] Ivi, p. 45.

tutte le lingue[29]. La sua profondità è quella della storia. Di più: la storia si raccoglie nella lingua pura, dove è condensata la traduzione integrale di tutti i testi prodotti dall'umanità. Così la lingua pura serba la molteplicità di voci che attraversano in lungo e in largo le lingue, trattiene i secoli racchiusi nelle loro grammatiche, i racconti compendiati nelle loro parole. Coincide dunque la storia del linguaggio, anzi è il linguaggio che contiene la sua storia e la esibisce nella sua integrale attualità. Ma è una storia alternativa, più ampia e elevata di quella ufficiale, perché nella sua festosa polifonia procede all'unisono con la liberazione dell'umanità. Nella sua tendenza verso l'indicibile, nello sforzo di ridire ciò che è stato detto o che è stato interdetto, tenta di leggere quello che non è mai stato scritto, restituendo la parola ai vinti della storia. Il modello ermeneutico è il testo sacro nella sua traduzione interlineare che negli spazi bianchi fra le righe contiene la parola da redimere, quella che redimerà[30].

10. Quale ruolo può svolgere la «lingua pura» di Benjamin nel mondo globalizzato? Quale politica suggerisce? Certo sembra indicare il cammino opposto a quello della uniformazione planetaria.

Unificare non vuol dire uniformare. Eppure il processo di accelerata interconnessione avviene oggi nel segno di una sola lingua per cui si dovrebbe parlare di globanglizzazione. Ben installato nel fulcro del linguaggio tecnico-scientifico il globanglese sembra rispondere al sogno dell'illimitato che contraddistingue la nostra epoca. Cadono così anche i limiti costituiti dalle diverse lingue storiche, vissute come un ostacolo doloroso, mentre rispunta il fantasma della Torre di Babele. L'uniformazione monologica, che imponendo una lingua impone l'egemonia dell'omogeneo, è una cattiva unificazione perché tende a eliminare le differenze. Così non è un caso che uno dei fenomeni eclatanti di questi anni sia l'estinzione di tante lingue. Il che potrebbe lasciare indifferenti; tanto più che ogni lingua pone in effetti limiti alla comprensione. Ma non si può dimenticare tutta la ricchezza che le lingue rappresentano. Anche la perdita di una lingua parlata da pochi individui nella fore-

---

[29] *Ibid.*

[30] Cfr. W. Benjamin, *Der Erzähler*, in Id., *Gesammelte Schriften*, a cura di R. Tiedemann e H. Schweppenhäuser, Suhrkamp, Frankfurt 1999, vol. II.2, p. 451. Cfr. D. Di Cesare, *Memory, Language, Feast. Benjamin's Revolutionary Judaism*, in «Naharaim» 2012 (6/2), pp. 208-246, in particolare pp. 244-245.

sta dell'Amazzonia è la perdita di una visione del mondo che ne arricchisce la conoscenza complessiva, e dunque è una perdita del patrimonio umano.

Ma la connessione del globo in una meccanica unità può avvenire grazie allo svuotamento della parola, ridotta nel suo spessore semantico, abbassata a semplice mezzo di scambio. Il profluvio di termini tecnici, scorie abbandonate nelle lingue storiche, è solo il sintomo più vistoso del problema. La minaccia non è la contaminazione del linguaggio quotidiano, bensì l'ammutolire del parlare che non sia strumentale, il venir meno dello spazio dialogico nelle lingue. La quotidianità del linguaggio non è più compensata dal linguaggio in festa.

Il dominio totale di un mondo trasparente è affidato al globanglese che ha il compito di eliminare ogni traccia di indeterminatezza, incomprensibilità e, alla fin fine, di alterità. La marcia inarrestabile del *newspeak* è l'uniformazione nel segno del vuoto, è la costruzione di una unità monologica che non lascia spazio alle differenze. In tal senso quel che accade oggi al linguaggio non è indifferente.

Se però l'imposizione di una lingua è sempre anche l'imposizione di un mondo – il che vale anche per il mondo trasparente del *newspeak* – la lingua unica resta una chimera, perché l'alterità attraversa la lingua che perciò non cessa di differenziarsi.

Come ha sottolineato Derrida, la lingua non è mai possesso e proprietà di chi la parla. Il rapporto con la lingua è anzi una «irriducibile *exappropriazione*»[31]. Il luogo più intimo che mi venga concesso, la mia lingua, mi è già stato espropriato. La lingua che parlo non è mai la mia; è sempre la lingua dell'altro. A partire dall'altro della madre. Ma la lingua è dell'altro non nel senso della proprietà, bensì nel senso della provenienza. Perché, dunque, proviene dall'altro. La fondamentale eteronomia della lingua, che è la legge della traduzione, la legge come traduzione, spiega perché anche l'altro, che nella lingua mi ospita, apparentemente padrone, possessore, sovrano, non abbia la proprietà della lingua. Solo con la violenza di una usurpazione potrebbe imporla come propria. Ma la lingua si sottrae a ogni appropriazione e resta inappropriabile. Di più: la lingua

[31] J. Derrida, *Passo d'ospitalità*, in J. Derrida e A. Dufourmantelle, *Sull'ospitalità*, tr. it. di I. Landolfi, Baldini & Castoldi, Milano 2000, pp. 83-132, p. 91.

interdice la proprietà[32]. Così l'imperialismo della monolingua – più insidioso ed efficace di molte altre imprese imperialistiche – viene tuttavia arrestato alla frontiera dei parlanti che, mentre la parlano, lasciano già la traccia della loro alterità. Presa in parola la lingua apre dunque a un'etica, a una politica, a un diritto non ancora scritti, prescrivendo un nuovo diritto di ipseità, di proprietà, di ospitalità.

Sebbene la lingua per così dire si rivalga, è una politica del tradurre che, proponendo un modello alternativo e, anzi, opposto di unificazione, potrebbe arginare la devastazione del *newspeak*. La lingua pura di Benjamin scaturisce già dalla premonizione di questo compito, indispensabile per contrastare un incombente potere planetario. Ma solo – è ovvio – se la traduzione è dialogo tra le lingue. Nel dialogo, in cui l'una trasforma l'altra, si delinea quel movimento di liberazione che per Benjamin caratterizza il tradurre. Perché tradurre è liberare ed è dunque redimere – in tedesco *Erlösen*. La traduzione è un *tikkun*, una riparazione e una ricomposizione[33].

Il compito del traduttore è messianico. Perché la dispersione dell'umanità è avvenuta dopo Babele con la frantumazione delle lingue e del parlare. A partire da qui l'ermeneutica ebraica ha sempre proiettato l'unità non verso l'origine, bensì verso il futuro. Il traduttore, che in questo si distingue dal poeta, traducendo se stesso traduce l'altro; la sua intenzione è «derivata, ultima, ideale»[34]. Nell'apertura della propria lingua consente l'ingresso delle altre.

La figura del traduttore appare la nuova figura sovversiva. A patto, però, che si faccia carico anche della poeticità della lingua. Il traduttore apre varchi, fa saltare i confini, crea scompiglio, anche fra i coabitanti e i concittadini. Spinge alla rivolta contro ogni patriottismo, facendo cospirare le lingue. Che la chance effettiva contro un potere monolingue non sia una nuova internazionale dei traduttori.

---

[32] Cfr. J. Derrida, *Il monolinguismo dell'altro o la protesi d'origine*, cit. pp. 43 sgg.

[33] Per questo tema rinvio a D. Di Cesare, *Übersetzen als Erlösen. Über Walter Benjamins Theorie der Sprache*, in *Theologie und Politik. Walter Benjamin und ein Paradigma der Moderne*, ed. by B. Witte e M. Ponzi, E. Schmidt Verlag, Berlin 2005, pp. 223-240.

[34] W. Benjamin, *Il compito del traduttore*, cit. p. 47.

FRANCISCO JOSÉ MARTÍN CABRERO

EXILE AND TRANSLATION. A POLITICAL READING OF JOSÉ ORTEGA Y GASSET *MISERIA Y ESPLENDOR DE LA TRADUCCIÓN*[*]

Perhaps today our focusing on the act of translating is not so worthless after all, maybe this is the most suitable time to do it, trying to sum up decades' worth of discourses on and about translation. Indeed we have been talking a lot about translation, perhaps too much, and in doing so our discourses have taken dangerous turns, lethal maybe, beginning to consider translation studies as a self-standing discipline. In the end, this autonomy has led to isolation and has deprived translation of its inner philosophical drive. Because translation is ontological and epistemological, this is true, but it is also ethical and political, as this conference reminds us, and I would add aesthetical, the acknowledged core of cultural and comparative studies. The will to go beyond becomes evident reading the conference program, the will to think boundaries not as a limit but as *limes*, habitable space, a place where contemporary people are supposed to build their homes. This means to dwell in dangerous places and build during precarious time, this is our destiny, we like it or not.

Today I will talk about a now well-known text in translation studies and in translation related studies that marked last decades of the past century: José Ortega y Gasset's *Miseria y esplendor de la traducción*. To be honest, however, this work is less famous as an autonomous text and more for being considered a cornerstone of translation studies. It is so because it belongs to the corpus of texts the founders of newborn translation studies were rummaging through in search for foundations. So, in a way, one can pick out a founding moment of translation studies. It becomes then easy to distinguish a textual past that nothing or little had in common with the new scientific outlook of translation. Ortega y Gasset's text was

[*] This article is part of the research project "El pensamiento del exilio español de 1939 y la construcción de una racionalidad política" (FFI2012-30822), supported by the Spanish Ministerio de Economía y Competitividad.

pointing in a completely different direction, but – we have seen it happen in the past – this aspect was overlooked, and the text was lumped with "pre-scientific" studies on translation. The real problem is that this operation has damaged the potential meaning of the text. I will not go as far as to say that the text is misrepresented, but I can say that it is diminished, it has lost its main meaning, what the writer and his Spanish speaking readers of the time could appreciate: its inner political dimension.

What I am trying to say is that this way of appreciating the text has blurred the true meaning of it. I would say that it does not only blurred the meaning, but it also worked as a screen on the text, preventing today's readers from grasping the inner meaning of it, that political meaning that was a strong drive for Ortega y Gasset. It is as if something is missing, as if this meaning has lost its route to the reader, and the reader cannot retrieve it because of the way in which the text has been appreciated. I am not saying here that we must confuse the text with the way it is appreciated: "bad readings" of a text, that is to say readings that shift the axis of interpretation, are positive anyway, because can strengthen creative aspects of the text, namely its artistic, theoretic, critical and philosophical side. What I am claiming here – and if it is not clear I would like to stress it and make it the backbone of this talk – is the legitimate right of who wants to retrace the route that leads the reader to the lost meaning of a text, challenging established perspectives.

I will start deconstructing the Italian success of the text, this will show that if we do not appreciate the context of Ortega y Gasset's work and his commitment – his "political" commitment in this specific occasion – we will bar the way to the reader, as I said before, preventing him from understanding the "full significance" of the text[1]. In 1984 we have the first Italian publication of *Miseria y esplendor de la traducción* in a book titled *La missione del bibliotecario e Miseria e splendore della traduzione*[2]. This volume contained both essays and was part of the continuous publishing interest in Ortega y Gasset's work (during the 80's) of

---

[1] This was the hermeneutic perspective of Ortega y Gasset's "meditations": "given a fact – a man, a picture, a landscape, an error, a sorrow – to carry it by the shortest route to its fullest significance". J. Ortega y Gasset, *Meditations on Quixote*, translated by Evelyn Ruggard and Diego Marìn, Champaign IL, University of Illinois Press, 2000, p. 31.

[2] J. Ortega y Gasset, *La missione del bibliotecario e Miseria e splendore della traduzione*, translated by Amparo Lozano Maniero and Claudio Rocco, Milan, SugarCo, 1984.

the SugarCo publishing house. This interest was not matched by the adoption of a philological standard, and SugarCo published books that are difficult to classify having in mind Ortega y Gasset's corpus. Even the aforementioned book has not a justification if we think in philological terms, and I do not mean to say it out loud, I only want to underline the way Ortega y Gasset's work was appreciated in Italy: not a model of adherence to his corpus.

Ortega y Gasset's essay on translation became popular, separated from other essays, when it was included in Siri Nergaard's anthology *La teoria della traduzione nella storia*[3]. In this work Ortega y Gasset belongs to a group of distinguished forefathers of scientific translation studies that comprises Cicero, Saint Jerome, Luther, Goethe, Humboldt, Schleiermacher, Croce and Benjamin. This volume is matched with another Nergaard's book titled *Teorie contemporanee della traduzione*,[4] in which we find texts of the following authors: Jakobson, Lotman, Eco, Nida, Meschonnic, Paz, Quine, Gadamer and Derrida. These last authors are somehow acknowledged to be the founders of the new discipline; while on the other hand, the first ones are thought to be the forefathers. Their uncoordinated efforts in the past would have permitted authors of the second volume to sum up this knowledge, and give rise to scientific translation studies. Ortega y Gasset and other authors were seen as the textual past of the discipline, a past that came before awareness. A mark in history of a way of thinking that led translation studies to scientific awareness.

We should now go one step further. Here we find *Miseria e splendore della traduzione*[5] published as an autonomous text in a single volume edited by Claudia Razza. We would like to underline that you cannot find such a single publication of the essay in Spanish, this shows an Italian publishing bravery that is not respectful of Ortega y Gasset's corpus, or saying it in another way, a publishing attitude more worried of the receiving context than of accuracy. Nevertheless, Claudia Razza's edition is valuable because the essay comes with other texts useful to contextualize Ortega y Gasset's thought on translation inside a broader thinking about

---

[3] J. Ortega y Gasset, "Miseria e splendore della traduzione", in S. Nergaard, *La teoria della traduzione nella storia*, Milan, Bompiani, 1993, pp. 182-206.

[4] S. Nergaard, *Teorie contemporanee della traduzione*, Milan, Bompiani, 1995.

[5] J. Ortega y Gasset, *Miseria e splendore della traduzione*, edited by Claudia Razza, Genoa, Il Melangolo, 2001.

language.[6] Razza's foreword tries to imagine a hypothetical dialogue about language between Ortega y Gasset and Heidegger, a fascinating dialogue that thoroughly overlooks the political overtones encoded in the work of Ortega y Gasset, and that for him and for his Spanish readers of the time had prior meaning.

The Italian case is just an example. We could extend this discourse to the English and French translations of the essay.[7] These translations were done inside the translation studies field, and the same could be said of German translations. But there is a little difference when we talk of the first German translation, it was published when Ortega y Gasset was still alive and it was part of a cultural post-war effort aimed at reconstructing Europe after the Second World War.[8] The German context does not com-

---

[6] "German, Latin and Greek" (1911), "Cultural problems" (1911), "Grace and disgrace of the French language" (1937), "Origins of the Spanish Language" (1926), "Babel, babble, barbarian" (1922), "What is reading" (1946) e "Letter to Ernst Robert Curtius" (1938). The choice of this texts is thought to show the development of Ortega y Gasset's linguistic thinking but sometimes it does not seem accurate as an appropriate "accompaniment" of "Miseria e splendore della traduzione". It is so because these texts neglects important changes in Ortega y Gasset's thought, mainly when he shifts from a static concept of language to a dynamic one, that is to say language as *érgon* vs. language as *enérgeia* – *cf.* cap. XV "Meditaciones del lenguaje" of my essay about *La tradición velada (Ortega y el pensamiento humanista)*, Madrid, Biblioteca Nueva, 1999, pp. 293-352.

[7] "The Misery and Splendor of Translation", in *Translation Review* (Dallas), The University of Texas and Dallas, num. 13, 1983 (translated by Carl R. Shirley); "The Misery and the Splendor of Translation", in *Theories of Translations: An Antology of Essays from Dryden to Derrida*, edited by R. Schulte e J. Biguenet, Chicago, University of Chicago Press, 1992 (translated by Elizabeth Gamble Miller); "The Misery and the Splendor of Translation", in *The Translation Studies Reader*, edited by L. Venuti, London, Routledge, 2000 (translation by Elizabeth Gamble Miller); "Misère et splendeur de la traduction", in *TTR* (Montreal), Association Canadienne de Traductologie, vol. 17, num. 1, 2004 (translation by Clara Foz).

[8] "Glanz und Elend der Übersetzung", in *Merkur* (Baden-Baden), anno IV, 1950; "Glanz und Elend der Übersetzung", in J. Ortega y Gasset, *Vom Menschen alt Utopischen Wesen*, Zurich, Europa Verlag, 1951 (translated by Gustav Kilpper); "Glanz und Elend der Übersetzung", in J. Ortega y Gasset, *Gesammelte Werke*, Stuttgard, Deutsche Verlags-Anstalt, vol. IV, 1954 (translated by Gustav Kilpper); *Elend und Glanz der Übersetzung*, Munich, Langewiesche-Brandt, 1956 (parallel text translation by Gustav Kilpper); "Glanz und Elend der Übersetzung", in *Problem des Übersetzens*, a cura di H. J. Störig, Darmstadt, Wissenschaftliche Buchgesellschaft, 1963 (translation by Gustav Kilpper); *Elend und Glanz der Übersetzung*, Munich, dtv zeisprachng, 1976 (translation by Katharina Reiss).

promise the political value of the essay, not only concerning the past, but as a future proposal, complementing Ortega y Gasset's new Europeanism born on the ruins of war.[9] But this reading of Ortega y Gasset's essay was short-lived; this was mainly due to the decline of Ortega y Gasset during the philosophical renewal occurring in the second half of the 20th century. Even if this reading had survived, it would still had to confront with widespread translation studies, claiming to be scientific and so in stark contrast with the political dimension that Ortega y Gasset's attached to translation. We can find evidence of this contrast in the book of Pilar Ordóñez López, *Miseria y esplendor de la traducción. La influencia de Ortega en la traductología.*[10] The major fault of this monograph – the evolution of a PhD thesis – is its tunnel vision, limited to mere translation studies and not able to consider other areas of knowledge. Such an approach prevents the author from finding political overtones in the text, even if they were there and even if the readers of Ortega y Gasset's time could detect them easily.

We have lost the political meaning of the essay and the meaning eludes us because of the cosy forgetfulness of our lives and, what is more important, because of translation studies that interpose a filter between the reader and the text, hiding from us the real context of the text. It is the context – implicit and never made explicit, if we do not consider unclear allusions – that allows the reader to grasp the political meaning of the essay. We will see why Ortega y Gasset's writes in such a – surely unusual – way, why he is forced to encode the political meaning of the text, masking it behind linguistic significance, or if we want to say it in another way, why you have to know the implicit context of the text to fully understand it. It is better to define again the concept of context as a textual category before we answer these questions. We cannot think context as something incidental, not necessary to read a text. Context is what comes with the text, a companion, and if we do not take it into account we will hinder the understanding of the text. So if we want to come back to a "good reading" of the text we must retrieve the implicit aspects that will

[9] Cf. the seminal Ortega y Gasset's conference held in Berlin at the Freie University on September 5th 1949, *De Europa meditatio quaedam*, in *Obras completas*, vol. X, Madrid, Taurus, 2010, pp. 73-135.

[10] P. Ordóñez López, *Miseria y esplendor de la tradución. La influencia de Ortega en la traductología*, Castellón de la Plana, Publicacions de la Universitat Jaume I, 2009.

bring back its political meaning.[11] We are now ready to unveil the context of the text.

Miseria y esplendor de la traducción was first published in *La Nación* – an Argentinean newspaper printed in Buenos Aires – during June/July 1937. The essay was split into five articles published on the 13th, 20th, 27th of June, and on the 4th and 11th of July. Ortega y Gasset choose to publish the essay again in 1940 in a book titled *El libro de las misiones*, printed in Argentina.[12] He also included it in the 1942 second edition of *Ideas y creencias*[13] (we still found the essay there in Ortega y Gasset's *Obras completas*). We should not forget this essay belonged to a book *El libro de las misiones* that Ortega y Gasset wanted to get rid of. The two works had something in common: the concept of "mission" that is a key concept to understand Ortega y Gasset's thought and his commitment as a philosopher. He believed philosophy firmly linked with human problems. The task of the translator and the translation extent gain a political value if we consider translation a mission.

The year 1937 was meaningful in itself, the fact that the essay was published in 1937 puts in a new meaning that comes from the context and permeates the text adding new and interesting nuances. Even the fact that it was published in Buenos Aires is meaningful. In that period Ortega y Gasset lived in France and he had been contributing articles to many Argentinean newspapers. What is important here are the date and place of publication. If we join them together we have a specific reference that even if disregarded or under-regarded allows a new interpretation of the essay that goes beyond its plain textual meaning. It is no coincidence that Ortega y Gasset, collecting his articles to publish a book, put a note at the beginning of it, writing down the date and place of publication: "Articles

---

[11] "Everything man does, he does it depending on circumstances. Particularly when his activity is related to speech. What man says comes from a situation to which it is linked. For this reason, to say does not tell the situation: this remains implicit, presumed. This means that every saying is incomplete, it is a fragment of itself and find most of its proper meaning in everyday life, where it is born. [...] One cannot separate our words from the vital context where they are born. Without the latter they lack their proper meaning, that is to say they lack evidence.", J. Ortega y Gasset, *Misión del bibliotecario*, in *Obras completas*, vol. V, Madrid, Taurus, 2006, p. 370.

[12] J. Ortega y Gasset, *El libro de las misiones*, Buenos Aires, Espasa Calpe, 1940.

[13] J. Ortega y Gasset, *Ideas y creencias*, 2ª ed., Buenos Aires, Espasa Calpe, 1942 (the essay on translation was not included in the 1940 edition).

published in *La Nación* (Buenos Aires) May-June 1937".[14] And it is no coincidence that the aforementioned note lost its prominence in the Italian publications: in Nergaard's anthology we can find it at the end of the text, subverting Ortega y Gasset's choice and in so doing changing the way we read the essay; Razza keeps it at the beginning of the book, but in a footnote with other information, so the note lose efficacy and water down.[15]

This note is important, but where we put it becomes essential. Ortega y Gasset would date his articles before collecting them in a book, particularly when he was publishing old ones, but usually we find the date at the end. Here we have the note at the beginning and in a prominent placement. It is not a footnote; Ortega y Gasset places it in a distinct page on the left, before the first one. It is plain that Ortega y Gasset is trying to say something to the reader even before the reader starts to read, he is trying to pass some information about the context, and we could say "the situation" at the time of publishing. Ortega y Gasset puts this piece of information at the beginning and not at the end because he thinks it necessary to guide the reader. For Ortega y Gasset this piece of information is not supplementary and one cannot overlook it or put it at the end of the text, because doing so one can hinder the meaning of it. We have to keep it at the front, if we want a good reading of the text. This note works as an incipit; we can imagine it as a door leading to another meaning, overlapping with the first. This is what Ortega y Gasset was trying to do, and he succeeded, because, as we said before, the Spanish speaking readers of his time got his meaning.

There is no doubt that for the readers of Ortega y Gasset's time it was easier to understand it, because they sadly knew the tragic situation to which he was referring. At the time the Spanish Civil War was not yet seen – as it has become after – as a closed chapter in the history of Spain, but it was considered with growing emotional involvement by many Eu-

---

[14] J. Ortega y Gasset, *Miseria y esplendor de la traducción*, in *Obras completas*, vol. V, cit., p. 706. To say the truth the articles were published in June and in July as said before, not in May and in June as stated by Ortega y Gasset. Maybe he was making a mistake remembering the dates by heart or maybe he remembered when they were written.

[15] J. Ortega y Gasset, "Miseria e splendore della traduzione", ne *La teoria della traduzione nella storia*, cit., p. 206; J. Ortega y Gasset, *Miseria e splendore della traduzione*, cit., p. 29.

ropeans, that had seen in it something of a real threat. This is the reason why Ortega y Gasset at the end of the war put the note at the beginning of the text as an incipit, so that the reading of the note would have affected the text and it would have acquired its political significance, even after the historical facts.

We are in 1937 when Ortega y Gasset publishes his articles on translation in Buenos Aires. He cannot publish them in Madrid, as usual, his native city where he was the leading figure of the Spanish culture from the Twenties to the riotous times of the Second Spanish Republic. Civil war began in July 1936 and by September Ortega y Gasset was already in France.[16] After the war his exile continued – wandering, looking for a place to stay – he lived in Argentina for a certain period of time, and then he moved to Portugal, till his comeback in Spain without fuss, at the end of the Forties. Ortega y Gasset goes abroad in a hurry, we could say he is running away, and he does so because he feels in danger. We must say this without considering the things that were happening at that time, everyone perceives things differently. This is an experience that Ortega y Gasset shares with many others. In the same way as he does others members of the Spanish culture flee Spain, a good number of the Generation of '98 and of the Generation of '14 that initiated the Spanish cultural renaissance of the early 20th century. It is important to remember that usually, when we speak of exile referred to the Spanish Civil War, we speak of the defeated, the ones who lost the war. A harsh exile, there is no doubt, let us think for example to María Zambrano's exile, she was Ortega y Gasset's assistant professor teaching metaphysics at Madrid University. But even if we can discriminate the one from the other it is true anyway that we often forget the voluntary exile because of the war: Ortega, Azorín, Marañón, Jiménez, Castro, etc. They did not operate under a common ideology and they had not been neutral, choosing to support the side of republicans or nationalists, depending on their personal political beliefs, but all of them shared a moral repudiation of war. There is a way of saying: in war there are no winners, only losers. I understand what they mean, but I do not agree. The Spanish Civil War has winners and losers. But the ones who have lost more are not the ones who

[16] Cf. J. Zamora Bonilla, *Ortega y Gasset*, Barcelona, Plaza y Janés, 2002, pp. 415ss.; J. Ortega Spottorno, *Los Ortega*, Madrid, Taurus, 2002, pp. 375ss.

lost the war having fought it, but the ones who would have lost it anyway. They, the early exiles, will be considered betrayers of both the republicans and the nationalists. Paradoxically, they will be blamed in the history written by winners and even in the history written by losers: two different versions of history, both authorized, that will struggle to become official history of nowadays Spain.[17] Reading this history we hardly find trace of the Spanish people who expatriated in 1937, and when we find them, they are always depicted as enemies, enemies of both sides; they are likened to the other enemies and despised as a whole. They represent an open problem, posing unanswered questions about war. Even to remember them hurts the standardized and crystallized feelings of winners and losers. *Miseria y esplendor de la traducción* is about this unpopular matter, but it is not easy to understand it, because it is not made explicit, we must have the patience and will to listen.

We must acknowledge that Ortega y Gasset was not neutral: it is known that his sons fought with nationalists against the Republic. It is also known that during the months preceding the war Ortega y Gasset was more in line with the ideas that led to a military uprising than with the ideas of republicans that, he thought, were betraying their principles. Ortega y Gasset thought (and it was not the first time he did that without abandoning his liberal and democratic beliefs) to choose the lesser of two evils. He was among the ones who saw a "republican drift". In his opinion republicans could not control the situation and extinguish the fire of revolution. He was wrong. Here we will not underline his choice but the way in which, from his exile, he tried to make himself be heard. And it does not matter if his voice was belied by the noise of war, or if this noise was a sound proof barrier wall, that prevented the voices of people in exile from being heard.

Ortega y Gasset had a gift for titles and *Miseria y esplendor de la traducción* is no exception, it is a good one, highly evocative, but at the same time effective in catching reader's attention. The fact is that this essay – if Ortega y Gasset could have written freely – would have been titled, *Open*

[17] For understanding the Spanish Civil War without solidified commonplaces see the articles: "Acontecimiento y categoría de la Guerra Civil", in *Revista de Occidente*, n° 302-303, July-August 2006, pp. 21-34, e "La Tercera España", in *ABCD Las Artes y las Letras*, n° 754, 15 July 2006, pp. 8-9.

letter to the Spanish people at war or something like that. This is what the essay is about even if it speaks of other things. At the time Ortega y Gasset was in France and enjoyed refugee status. He had not many problems in France because he had been awarded with the Legion of Honor, but he knew, because he had seen it happen to relatives and friends, the restrictions imposed by the French authorities. As a refugee he had some rights, but he knew he would have lost them anytime French authorities had doubts about his involvement in the conflict. Refugees could live in the host country provided that they would not involve this country in the situation from which they were fleeing. Ortega y Gasset knew that he could not speak of the Spanish Civil War; he knew that he could not do it openly, in a direct way and so, as a consequence, he kept silent and cautious. It is about this silence that many people have written, as we know, much more to blame it than to understand properly as things were. But Ortega y Gasset had to speak, no choice about it, or it would be better to say he had to write, because for the first time in his life he had no pennies to spare, and the only money he got was from *La Nación*. But even there, in Argentina, the situation was tough and Ortega y Gasset had to do a balancing act with Argentinean intellectuals on one side – his friends in the circle of Victoria Ocampo – and the newspaper's editors on the other. The first ones took republicans' side the others took nationalists' side. This makes clear that Ortega y Gasset could not afford to lose refugee status or the money coming from his collaborations.

He tried to earn some money by translating his works in other languages. He had started in the previous years by translating *El tema de nuestro tiempo* in German,[18] but now that the Spanish Civil War was drawing international attention, it was time to translate *La rebelión de las masas* and *España invertebrada.* In these years Ortega y Gasset becomes acquainted with translating and it is while he works on the French translation of *La rebelión de las masas* that he begins to meditate on the difficulty of translating a text in another language. We can find evidence of it in his article "Gracia y desgracia de la lengua francesa" published in *La Nación* (Buenos Aires) in 1937. Here Ortega y Gasset struggles with the inherent difficulties of translation, he struggles with the limitations of it,

---

[18] *Die Aufgabe unserer Zeit*, forewords by Ernst R. Curtius, translated by Helene Weyl, Zurich, Girsberger & Cie., 1928.

with what he had started to call "the misery" of translation. This is the way that leads to *Miseria y esplendor de la traducción*, there is no other way.

The first time we read *Miseria y esplendor de la traducción* we notice what we could call the "rolling pin effect" or, to say it in another way, its self-evident forced lengthening. We can provide a simple but dreadful explanation: to lengthen articles meant to have more bread to eat, and therefore lengthen his life span. It is true that Ortega y Gasset could have said what he said in one or two articles, instead of five newspaper articles. But five is more than two, without doubt, because one never writes without external pressures or constraints, in an ivory tower, but immersed in the flux of life, where these articles were paid on time in a time of need.[19] All articles had the same title "Miseria y esplendor de la traducción" to show they belonged to a set. Each had a subtitle and once published as a single volume the subtitles became the headings of the different parts.

Miseria y esplendor de la traducción is a text written in exile, seemingly he had written it "outside" Spain for general readers but, at heart, it was "dedicated to" Spain, addressed to Spanish people at war. Ortega y Gasset could not go straight to the point, he had to choose another way, an indirect and oblique one, but not too obscure for Spanish readers of the time. Translation is the way he chose.

In the text we do not find explicit references to the Spanish situation but only some information on the international context: "I see this false utopianism as the major cause of all misfortunes taking place now in our planet"[20] and just a little later, referring to the history of Europe in the last two centuries, he will speak, in a disconsolate nearly acquiescent tone of "infinite anguish, enormous catastrophes – even those yet to come".[21] But even without explicit references the text is developed in such a way that

[19] "During Ortega y Gasset's exile the money earned writing articles for *La Nación* was an important economic support to his family. Ortiz Echagüe or his secretary, the accountant Luis Ghio, paid it directly while Ortega y Gasset was in Paris", M. Campomar, *Ortega y Gasset en "La Nación"*, Buenos Aires, El Elefante Blanco, 2003, p. 318.

[20] "The Misery and the Splendor of Translation", in *Theories of Translations: An Antology of Essays from Dryden to Derrida*, edited by R. Schulte e J. Biguenet, Chicago, University of Chicago Press, 1992 (translated by Elizabeth Gamble Miller), p. 98.

[21] *Ibid*. p. 99.

the reader – the good reader – has all the clues to read beyond the lines, translation theory notwithstanding.

Ortega y Gasset's translation theory was not very new, and we cannot define it an original contribution to the field, but we must acknowledge this essay is well written and interesting. Ortega y Gasset's text does not go beyond Schleiermacher's *On the Different Methods of Translating*, quoted by him. Ortega y Gasset's essay is an attractive reworking of Schleiermacher's ideas, a fascinating and engaging reflection on translation with a touch of originality, but for him the act of translation was inscribed within a theoretical framework already drawn. It did not matter to Ortega y Gasset (he acknowledged his sources) because this was an "excuse" to speak of something else. Choosing translation as a subject matter he can do it: because translation is self-referential but is also other-referential, and this other is what matters for Ortega y Gasset. In the act of translation there is always a reference to something else, but the reference point is not lost. The act of translation always points to a founding otherness (the text to be translated) that cannot be obliterated and Ortega y Gasset examines this process as a metaphor with symbolic reference. In his essay Ortega y Gasset does not speak only of languages: the inter-linguistic and intra-linguistic relations we find in it shift their meaning thanks to the aforementioned central metaphor of the text. In this way the act of translation becomes a symbol and can be understood if one goes beyond the limits of a mere linguistic interpretation. The two levels are not confused, even if a mere linguistic interpretation of the text could mislead the reader, but is Ortega y Gasset who want them to be so, to go beyond the linguistic level of the act of translation. Therefore is clear that Ortega y Gasset has no intention to establish a new philosophy of translation. He is looking for a way in which the other could enter his writing, a writing that as we have seen must be encoded.

The text of the essay *Miseria y esplendor de la traducción* is divided in five parts, every part was an article in the original publication. These parts are titled "The Misery", "The Two Utopianisms", "About Talking and Keeping Silent", "We don't Speak Seriously" and the last one "The Splendor". The text has a clear and well defined development that starts from "The Misery" and leads to "The Splendor": starting from the misery of translating, meaning all the difficulties one encounters in the act of translation and the awareness of the inherent limits of it, and arriving at the splendor, meaning the understanding of the positive value of an activity that aims to link two different things, not an ending in itself but an ongoing process. We can read: “Translation is not a duplicate of the original text, it is not – it shouldn’t try to be – the work itself with a different vocabulary. I would say translation doesn’t even belong to the same literary genre as the text that was translated. [...] translation is a literary genre apart, different from the rest, with its own norms and own ends. The simple fact is that translation is not the work, but a path toward the work”.[22] Indeed earlier in the essay Ortega y Gasset analyses two ways of translating as shown by Schleiermacher: “either the author is brought to the language of the reader or the reader is carried to the language of the author”.[23] Ortega y Gasset is interested in the latter. For him the first method cannot be considered a good way of translating, at most it can be “an imitation or a paraphrase of the original text”.[24] He considers the second method – the one that shortens the gap between the reader and the original language of the text – more authentic because: “it is only when we force the reader from his linguistic habits and oblige him to move within those of the author that there is actually translation”.[25] Ortega y Gasset considers the act of translation as a movement that makes us go beyond, beyond the language one speaks and beyond all things related to language. Ortega y Gasset is interested in this movement as a way to open himself to new possibilities, a way to go beyond without setting outcomes or deciding where to go, because, as they say, it’s about the journey, not the destination. Here we could quote Kavafis’ Itacha but I’m sure that Ortega y Gasset, who liked quotations, would have preferred Cervantes’ words when he said Don Quixote liked better dusty roads than inns.

In Ortega y Gasset’s opinion translating is a utopian task because everything man does is utopian: “the destiny of Man – his privilege and honor – is never to achieve what he proposes and to remain merely an intention, a living utopia”.[26] This task is unachievable, but if we think of it as an ideal it has relevant significance, and Ortega y Gasset does not want to

---

[22] Ivi, p. 107.
[23] *Ibid.*
[24] *Ibid.*
[25] *Ibid.*
[26] Ivi, p. 94.

neglect it. This must be evident to all: Ortega y Gasset is interested in the ideal and symbolic significance of it.

The misery of translation is based on the asymmetry and the incongruence of languages, but it does not lead Ortega y Gasset to admit the impossibility of translation. On the contrary, he starts from this awareness, the awareness of the limits and the difficulties of translation, to consider how to achieve this task in our world. He thinks that one has to achieve this task without trying to achieve the perfect result, but trying to improve oneself, because for him this should be one of the general aims of man. Ortega y Gasset meditated on utopianism for a long time, there is no doubt about it, and anti-utopian overtones can be find in his political thought. In the essay on translation Ortega y Gasset expands this view by distinguishing between two utopianisms: a good utopianism and a bad or false one:

> both the bad and the good utopians consider it desirable to correct the natural reality that places men within the confines of diverse languages and impedes communication between them. The bad utopian thinks that *because* it is desirable it is possible. [...] The good utopian, on the other hand, thinks that *because* it would be desirable to free men from the divisions imposed by languages, there is little probability that it can be attained: therefore, it can only be achieved to an approximate measure. But this approximation can be greater or lesser, to an infinite degree, and the efforts at execution are not limited, for there always exists the possibility of bettering, refining, and perfecting: "progress" in short.[27]

Who knows that here Ortega y Gasset is speaking of something that goes beyond linguistic aspects can appreciate a veiled criticism of radicalism that had lead the Spanish Republic on the fringe of revolution and served as an excuse for the military insurrection. Whatever one's beliefs, Ortega y Gasset's analysis was biased but lucid; it brought up an embarrassing truth for republicans. Ortega y Gasset's critic to political utopianism was the critic to the self-evident gap between reality and ideology: he had written about it in 1914, in *Vieja y nueva política*, where he said quoting Fichte that politics must begin to "declare what it is"[28], then in 1922, with more awareness, he talked about it in a chapter of *España invertebrada*

[27] Ivi, p. 98.

[28] J. Ortega y Gasset, *Obras completas*, vol. I, cit., p. 711.

titled "the magic of 'must be'".[29] But to underline and describe bad utopianism in not enough for Ortega y Gasset, and now he pushes this concept forward, making new considerations in order to save his country from the brink of collapse, in order to save Spain from the disaster of war. He thinks of a way to close the gap between reality and ideology. This is the task of the good utopian as we read in his essay on translation.[30] This is the aim of the act of translation because translation means to build a bridge between two banks, an unstable bridge that must be built again and again, but still a bridge, a dialogue with the other, a communication with other people. If Ortega y Gasset chose to speak of translation in 1937 it is because it could be a symbol linked to the political dimension of the Spanish Civil War. One does not have to be skilled in strategy to understand why the first thing people do in every war is blowing up bridges, every kind of bridge. Without bridges the world is plunged into a silence where you can only hear weapons fire. And it is not a nice way of talking, to say the truth, it is not talking at all, but it is a deafening noise that covers speech.

Ortega y Gasset's essay is based on another idea – a brilliant one – related with silence. This idea is the development of Humboldt's "inner form". Humboldt and Schleiermacher are the main sources of Ortega y Gasset's essay. Following Humboldt's train of thought,[31] Ortega y Gasset shows that starting from the gap between the inner form of languages – that in Ortega y Gasset's opinion coincides with the difficulties of translation or the misery of it – one can arrive to a point where the splendor of translation can shine: silence. It means the silence of language and the need to convey the silence pertaining to a certain language or text in an-

[29] Id., *Obras completas*, vol. III, Madrid, Taurus, 2005, pp. 486-488.

[30] "The essential character of the good utopian in radically opposing Nature is to be aware of its presence and not to be deluded. The good utopian promises himself to be, primarily, an inexorable realist. Only when he is certain of not having acceded to the least illusion [...] may he, fully arrayed, turn against the reality and strive to reform it, yet acknowledging the impossibility of the task which is the only sensible approach.", *Miseria y esplendor de la traducción*, cit., p. 99.

[31] "Languages separate us and discommunicate, not simply because they are different languages, but because they proceed from different mental pictures, from disparate intellectual systems – in the last instance, from divergent philosophies. Not only do we speak, but we also think in a specific language, and intellectually slide along preestablished rails prescribed by our verbal destiny.", ivi, p. 107.

other language or in another text. This is a real challenge for the translator because he has to compare two languages that have different concepts of silence:

> the stupendous reality, which is language, will not be understood at its root if one doesn't begin by noticing that speech is composed above all of silences [...] each language is a different equation of statements and silences. All people silence some things *in order to be able* to say others. Otherwise, *everything* would be unsayable. From this we deduce the enormous difficulty of translating: in it one tries to say in a language precisely what that language tends to silence.[32]

It is there, the extreme limit where one encounters the greatest difficulties, that the way to splendor begins or unfolds itself, because, as Ortega y Gasset says, in that place "one glimpses a possible marvelous aspect of the enterprise of translating: the revelation of the mutual secrets that peoples and epochs keep to themselves and which can contribute so much to their separation and hostility".[33] Therefore, it is not a task to achieve but a never ending and open process that challenges the boundaries of language; because silence is not absence of language, but an inherent and essential condition of language. So if one wants to translate something – translating it well in the sense of a good utopianism – he has to translate silence; because silence speaks and does it using no words. This hidden and inner speech that one can find in every text and in every language must be conveyed in the act of translation.

Ortega y Gasset was a master of silence.[34] Many people, since the beginning of the war, accused him of being silent. To say the truth Ortega y Gasset had always spoken, maybe too much, starting from when he was very young and was the *leading figure* of the Spanish renaissance – the cultural and political one – of the early 20th century. He had always spoken lucidly enlightening the present and foreshadowing the future. He did it when he pronounced the famous discourse *Delenda est Monarchia!*

---

[32] Ivi, p. 104.

[33] *Ibid.*

[34] Cf. the articles "Mallarmé", in *Obras completas*, vol. V, cit., pp. 195-198, and "El silencio, gran brahmán", in *Obras completas*, vol. II, Madrid, Taurus, 2004, p. 720-727, and also the last part of *Misión del bibliotecario*, in *Obras completas*, vol. V, cit., p. 370.

That helped the coming of the Spanish Republic.[35] He did it also when – as a lively republican activist that considered himself a forefather of the Spanish Republic – he cried out, disappointed by the latest events "It isn't right! It isn't right!"[36] referring to the progress of the new republic. "Republic is one thing, radicalism is quite another thing"[37]he said. The truth is that radicalism was growing on both sides and their clash was becoming inevitable. An increasing attention was paid to this clash and Ortega y Gasset's voice grew feeble till he spoke no more. He felt an inner disappointment, but it was more what happened outside, in public life, that made Ortega y Gasset's voice impossible to hear. They did not listen to him anymore, or they listened less than before. This at least was the cause of his growing disappointment leading him to a vicious cycle he could not break, so he kept silent. After the civil war had begun the people responsible for his silence accused him to keep silent, but before the beginning of the war both sides had made his words impossible to hear. The brilliant idea of translating silence has to do with this situation. His essay deals with the act of translation, but it deals also with this situation, indeed I would say it deals mostly with it.

There is a way of saying: when weapons speak, the muses are silent. During wars not only weapons speak: words can be worse than weapons. We have also silence, silence can be deadly. Ortega y Gasset knows it. This is the reason why he centers his reflection on silence. So those who want to understand will understand. The invitation to translate the silence we find in the text wants to be also an invitation to interpret Ortega y Gasset's silence about the Spanish Civil War. But one has to interpret it in the right way, breaking free of the usual schemata where what is not faithful to an accepted ideology must be condemned. I am not looking for an apology, but for signs of a postponed discourse. Ortega y Gasset breaks his silence when he speaks about silence, it seems he is speaking of something else, but he is not. The concept of translation calls back the ideas of bridge, link, communication and dialogue. So it is not by chance

[35] J. Ortega y Gasset, "El Error Berenger" (*El Sol*, 15 November 1930), in *La redención de las provincias y la decencia nacional*, *Obras completas*, vol. IV, Madrid, Taurus, 2005, p. 764.

[36] J. Ortega y Gasset, "Un aldabonazo" (*Crisol*, 9 September 1931), in *Rectificación de la República*, *Obras completas*, vol. IV, cit., p. 827.

[37] *Ibid.*

that Ortega y Gasset wrote his essay in a dialogue form, after long reflection. The text is structured as a dialogue between many speakers and participants from a variety of backgrounds, expressing different ideas and opinions on language in general and on translation in particular. Some things are not explicit in the text but are encoded in its form, because the form of a text is not a meaningless container, it has significance and plays an important role in understanding the meaning of a text and its general sense. Ortega y Gasset choices dialogue because he wants to state his deep-rooted opinion, related with his concept of democracy, that the truth does not belong to a single participant in the dialogue, but it comes out from dialogue, from a structure of relations that composes differences. In the same way in Plato's dialogues it was not Socrates' voice to bring the truth, but it came out from dialogue, in the *agora* of the *polis*. Ortega y Gasset thought that democracy could not be imposed, that it had to come as a result of dialogue and of the search of consensus from a plurality of opinions. Democracy is like the act of translation, it is a progress, not a final end goal; a never ending progress that can always be improved or a progress that can lead to the bleakest night where everything is obliterated. Ortega y Gasset knew that the enemies of democracy use the concept itself to discard it; he knew that sometimes in dialogue there are participants who want to undermine it. This is clearly evident in two Ortega y Gasset's works *Prólogo para franceses* and *Epílogo para ingleses* written during the war for the French and English publication of *La rebelión de las masas*. These two texts are essential to account for Ortega y Gasset's state of mind. In a way they are fit to explain the complete meaning of *Miseria y esplendor de la traducción*.

What Ortega y Gasset wanted to underline, using translation as a metaphor of dialogue, and writing his essay in a dialogue form – one can read it as a strategy of reinforcement – was the absence of dialogue in Spain and the danger of hampering it in the European context. Last months of the Spanish Republic were marked by the inability to solve problems through dialogue. The Spanish Civil War could be seen as a symbol of the interruption of dialogue, that political dialogue that is crucial to the health of democracy. Ortega y Gasset sent his essay on translation to Argentina, but he was addressing it to the people responsible for this interruption, to the people that were fighting and interrupting dialogue. For him translation was a bridge, it was the metaphor of a new dialogue to be initiated instead of fighting. Now we know that it was never initiated. Or maybe it was initiated many years later, after a long dictatorship and the first shaky steps towards democracy. But this is another story – the same story

ALBERTO MARTINENGO

DAL CONFLITTO ALLA TRADUZIONE. METAFORE DELL'INTERPRETAZIONE IN PAUL RICŒUR

In apertura del saggio sul *Paradigma della traduzione* (1998), Paul Ricœur sintetizza quella che si può considerare, a giusto titolo, come la premessa comune a molte delle riflessioni contemporanee sul tema del tradurre: il termine "traduzione" – scrive Ricœur – può essere inteso in senso stretto, come il "trasferimento di un messaggio verbale da una lingua all'altra"; oppure può essere declinato in un senso più ampio, come "sinonimo di interpretazione di ogni totalità significante all'interno della stessa comunità linguistica"[1]. Almeno per l'ermeneutica filosofica novecentesca, questa impostazione preliminare è l'esito di una lunga tradizione, che fa del fenomeno del tradurre una sorta di *medium* all'interno di una costellazione concettuale più ampia – alla pari di ciò che accade nel caso di una nozione per molti versi analoga, come quella di dialogo. Tuttavia, la fortuna teorica di concetti come *traduzione* e *dialogo* ha una doppia faccia. È naturale, infatti, che l'estensione dei confini di tali nozioni implichi a un tempo la diluizione del loro significato tecnico, con esiti discutibili sul piano filosofico: così, traduzione e dialogo rischiano di diventare termini perfettamente permabili, ossia generiche disposizioni dell'umano, tanto vaghe quanto inconsistenti sotto il profilo teorico.

Dentro un contesto di questo genere, l'approccio di Paul Ricœur sembra in realtà caratterizzarsi molto diversamente – e per un'originalità che contraddistingue la stessa collocazione dell'autore nel quadro dell'ermeneutica filosofica. Sebbene esemplifichi, nei termini che abbiamo visto, le premesse di qualsiasi lettura della traduzione come dato generale dell'esistenza, il suo modello contiene infatti gli indizi per un approccio obliquo alla questione: una lettura tale da non cancellarne la specificità tecnica e, al contempo, in grado di enfatizzarne la portata teorica. A una possibilità del genere fa riferimento il titolo stesso del saggio che

[1] P. Ricœur, *Il paradigma della traduzione*, in *Tradurre l'intraducibile. Sulla traduzione*, Urbaniana University Press, Roma 2008, p. 27.

abbiamo richiamato, ossia l'idea che il tradurre costituisca, in qualche forma, un modello paradigmatico. È tuttavia lecito chiedersi nei confronti di che cosa la traduzione avanzi la pretesa di essere un paradigma. Quest'interrogativo è tutt'altro che scontato; anzi, rappresenta una buona guida per problematizzare il contributo di Ricœur al tema. E, come vedremo, anche la risposta sarà particolarmente impegnativa: a voler portare il discorso di Ricœur appena un passo oltre le sue legittime conclusioni, la traduzione potrà essere intesa propriamente come il *paradigma politico* dell'ermeneutica filosofica. Detto in altri termini, se l'ermeneutica filosofica incontra in qualche punto i problemi connessi alla costruzione di una comunità politica, alla gestione dei suoi meccanismi istitutivi e delle prassi del governo, questo luogo di intersezione pare interamente disegnato dal fenomeno del tradurre.

1. Il conflitto come struttura-base dell'ermeneutica

Prima di discutere il modo in cui una tesi del genere si sostanzia nel discorso di Ricœur, è però necessario affrontare una questione più a monte. Interrogarsi attorno all'esistenza di uno specifico paradigma politico, all'interno della prospettiva ricœuriana, significa anzitutto distinguere questo versante della sua riflessione dagli altri campi, che in momenti diversi egli attraversa. Sotto questo profilo, il punto di svolta si colloca verso la fine degli anni '80, a partire dai saggi che confluiscono in *Sé come un altro* (1990), passando per *Il giusto I-II* (1995, 2001) e *Lectures I: Autour du politique* (1999), e arrivando infine a *La memoria, la storia, l'oblio* (2000) e *I percorsi del riconoscimento* (2004). Come è noto, qui le indagini di Ricœur mutano significativamente di direzione, abbandonando l'interesse prettamente teoretico che contrassegna tutta la prima parte della sua produzione, per volgersi appunto verso questioni di natura pratica. Se dunque qualcosa come un paradigma politico dell'ermeneutica ricœuriana andrà rintracciato, l'attenzione dovrà focalizzarsi nettamente su questa fase della sua riflessione.

Ma ciò non è ancora tutto. Posto che la radicale novità degli studi degli ultimi anni '80 sia indiscutibile, una certa presenza del "politico" prima di essa non può essere misconosciuta – sebbene in una forma molto diversa da quella del paradigma a cui ci stiamo riferendo. A leggere le tappe fondamentali del percorso di Ricœur, precedenti a *Sé come un altro*, si

deviazione attraverso i simboli e i miti, veicolati dalle grandi culture"[5]. Da qui, il percorso eretico di Ricœur muove nella direzione che è nota: la centralità del simbolo per la comprensione dell'umano diventa il vero tema della filosofia, in particolare di quello che egli comincia a identificare come il proprio modello teorico e che, ancora con le parole di Aime, possiamo chiamare "filosofia riflessiva di stampo fenomenologico ed ermeneutico"[6].

Dentro questo contesto, è la stessa nozione di simbolo a trovare una definizione complessiva: "Chiamo simbolo – spiega Ricœur in un saggio del 1965 – ogni struttura di significazione in cui un senso diretto, primario, letterale, designa per sovrappiù un altro senso indiretto, secondario, figurato, che può essere appreso soltanto attraverso il primo"[7]. All'apparente ovvietà di questa determinazione, si accompagna però una precisazione, che è capitale per lo sviluppo del discorso. Ricœur aggiunge infatti che "questa delimitazione delle espressioni a senso duplice costituisce propriamente il campo ermeneutico"[8]. A tale livello, insomma, Ricœur sembra consegnarci una sovrapposizione perfetta tra il linguaggio simbolico e i compiti dell'ermeneutica filosofica – sovrapposizione che è funzionale a marcare una volta di più la distanza dal programma fenomenologico, inteso *stricto sensu*. In realtà, proprio negli anni '60 la questione subisce uno slittamento significativo, che modifica i termini del problema: ben presto, a Ricœur risulta infatti chiaro che né l'ermeneutica è l'unico approccio possibile nei confronti delle "espressioni a senso duplice", né viceversa l'ambito del simbolo esaurisce il campo di ciò che deve essere oggetto di interpretazione.

Il tema del conflitto entra in gioco qui. Si tratta insomma dell'idea che, di fronte al simbolo, si dia una molteplicità di metodologie in grado di indagare il suo funzionamento, tutte dotate di un pari grado di legittimità. Questa sorta di concorrenza è di grande interesse per Ricœur e, nella sua prospettiva, l'ermeneutica filosofica è chiamata in qualche modo a diri-

---

[5] P. Ricœur, *Riflession fatta*, cit., p. 41. All'interno della vasta letteratura sul tema della "via lunga", il riferimento principale resta senz'altro Jean Greisch, di cui cfr. in partic. *Paul Ricœur. L'itinérance du sens*, Millon, Grenoble 2001, cap. III.

[6] O. Aime, *Senso e essere. La filosofia riflessiva di Paul Ricœur*, cit., pp. 68-81.

[7] P. Ricœur, *Esistenza e ermeneutica*, in *Il conflitto delle interpretazioni*, Jaca Book, Milano 1999, p. 26.

[8] *Ibid.*

merla. A tale strutturazione del campo simbolico, egli dà via via nomi diversi, ma la sistemazione più efficace è quella che presuppone la delineazione di due classi ben definite di approcci: è la scansione che *Il conflitto delle interpretazioni* sancisce, separando le *ermeneutiche archeologiche* e le *interpretazioni teleologiche.*

A che cosa si debba un ordinamento del genere è piuttosto semplice da riassumere. In quanto si caratterizzano per la loro sovrabbondanza di significati, le rappresentazioni simboliche sono tipicamente dispositivi che nascondono un senso altro, celato sotto l'evidenza della significazione diretta. Ma tale caratterizzazione può essere declinata in due direzioni opposte, a seconda che si adotti appunto uno sguardo retrospettivo o prospettivo. Sotto la prima etichetta, si raccoglie un ampio insieme di approcci, che va dalla psicoanalisi a tutta la linguistica di matrice strutturalista: si definiscono dunque ermeneutiche archeologiche le interpretazioni del simbolo che dietro al soggetto portatore di rappresentazioni individuano le funzioni di un "sistema di segni senza ancoraggio soggettivo"[9]. Esse si propongono di *scomporre* tali rappresentazioni, sostituendole con i rispettivi elementi atomici: non a caso, con una metafora chimica, altrove Ricœur le chiama ermeneutiche riduttrici. Di contro, le ermeneutiche teleologiche sono tali per cui la riflessione è in grado di "liberare" la sovrabbondanza di significati insita nei costrutti simbolici. Anziché scomporre il simbolo, questo approccio lo fa lavorare in quanto tale, lo amplifica appunto: un allargamento in virtù del quale un dato contenuto simbolico non è mai la somma delle sue componenti elementari, ma – per così dire – è il sintomo di strutture più complesse, di cui si limita a essere la rappresentazione *contratta*[10].

Naturalmente, stanti così le cose, sono chiare le ragioni dell'enfasi con cui Ricœur ricorre alla nozione di conflitto. Tuttavia, se si vuole comprenderne a fondo la natura, non è sufficiente fermarsi alla radicalità della contrapposizione che abbiamo descritto. A giusto titolo, il ruolo che in questa fase Ricœur attribuisce all'ermeneutica filosofica è stato definito come quello di una sorta di "'enciclopedia' delle interpretazioni"[11]. Con

---

[9] P. Ricœur, *Riflessione fatta*, cit., p. 51.

[10] Cfr. ivi, p. 47.

[11] Così per esempio G. Paganini, *La filosofia della seconda metà del Novecento*, tomo I, Piccin e Vallardi, Padova 1998, p. 262.

tale espressione si deve probabilmente intendere un aspetto specifico della questione: ossia la necessità, da parte dell'ermeneutica, di pensare la portata panoramica e inclusiva del conflitto – inclusività che è lo stesso Ricœur a sottolineare, anche se non con questi termini, quando definisce il funzionamento del conflitto in chiave *lato sensu* dialettica.

La questione è piuttosto delicata e necessita di qualche parola in più. Già le ultime pagine di *Finitudine e colpa* (1960) tratteggiano questo doppio movimento dell'interpretazione. E assumendo un tono insolitamente "epocale", che sorprende il lettore abituale di Ricœur, affermano a proposito del ruolo del simbolo:

> La stessa epoca che dispone della possibilità di svuotare il linguaggio formalizzandolo in modo radicale ha anche la possibilità di riempirlo di nuovo, richiamando alla memoria i significati più pieni, più pesanti, più legati alla presenza del sacro nell'uomo. Non siamo dunque mossi dal rimpianto degli Atlantidi sprofondati nell'oceano, ma dalla speranza di ricreare il linguaggio; al di là del deserto della critica vogliamo essere di nuovo interpellati[12].

Che cosa sia in gioco in queste opposte determinazioni del linguaggio simbolico è presto detto: le discipline del linguaggio che ne hanno proposto una formalizzazione radicale non possono vantare il monopolio sul campo del simbolo; e se rappresentano una premessa inaggirabile sotto il profilo critico, esse impongono al tempo stesso un lavoro della comprensione in grado di riempire ("ricreare") il linguaggio – un lavoro che consente al linguaggio di tornare a veicolare significati "al di là del deserto della critica". Non a caso, le pagine in cui il discorso di Ricœur assume questa singolare coloritura epocale sono anche quelle che, rispetto ai contenuti simbolici veicolati dal mito, parlano della necessità di acquisire una sorta di *seconda ingenuità*. È un riferimento impegnativo, ma aiuta a fare luce sulla questione. "Se non possiamo più vivere i grandi simboli del sacro, secondo la credenza originaria, noi moderni – scrive Ricœur – possiamo almeno tendere, nella critica e per suo mezzo, ad una seconda ingenuità", cioè alla necessità di *intendere* il contenuto "promesso" dai simboli, attraverso una loro reinterpretazione *criticamente consapevole*[13]:

---

[12] P. Ricœur, *Finitudine e colpa*, Mulino, Bologna 1970, p. 625. E ancor più sintenticamente: "Noi che da ogni punto di vista siamo i figli della critica, cerchiamo di superare la critica per mezzo della critica" (*Ivi*, p. 626).

[13] Ivi, p. 627.

posto che si dia un'opposizione radicale tra metodologie, il simbolo contiene insomma la possibilità di offrirne una conciliazione, assumendo fino in fondo la radicalità dell'una e dell'altra lettura.

La dialettizzazione del conflitto sta tutta qui; ma è una soluzione che, al contempo, chiarisce retrospettivamente il significato degli stessi termini in gioco. Il primo corno dell'alternativa può essere infatti ricondotto alle cosiddette *ermeneutiche del sospetto* – un'altra categoria diventata canonica grazie a Ricœur. Leggere il simbolo in chiave archeologica equivale allora a proporsi di smascherarne l'apparente ovvietà, per rivelare la sua funzione nascosta: volendo usare il termine in un senso del tutto aspecifico, potremmo dire che fare un'archeologia del linguaggio simbolico significa *decostruirlo* mostrando, al modo della genealogia nietzscheana, i suoi moventi estrinseci. Sull'altro versante del binomio, anche l'approccio teleologico è declinabile in molti modi; ed è evidente la gradualità con cui Ricœur riesce a raggiungere una definizione stabile di esso. Ma l'intento chiaro fin da subito è quello di definirlo come una metodologia capace di riarticolare un patrimonio di senso più forte di qualsiasi demistificazione – una capacità per la quale, almeno per simmetria, possiamo proporre la categoria di *ermeneutica ricostruttiva*[14].

1.2. Semiotica vs semantica

Ecco il dato più rilevante del conflitto e della sua risoluzione dialettica: l'ermeneutica del simbolo non si pone come un'alternativa all'archeologia, ma è il passo successivo che la riflessione compie sulle ceneri di essa[15]. Ricostruire il regime di validità del simbolo significa allora accettare che il linguaggio simbolico sia *spiegabile* in termini archeologici (per esempio, attraverso gli strumenti della psicoanalisi o della

---

[14] Per una lettura più ampia del binomio di decostruzione e ricostruzione nel pensiero di Ricœur, mi permetto di rinviare al mio *Il pensiero incompiuto* (2008), in cui è possibile trovare un'articolazione più ampia di alcuni temi che richiamo in questi passaggi. Cfr. in partic. A. Martinengo, *Il pensiero incompiuto. Ermeneutica, ragione, ricostruzione in Paul Ricœur*, Aliberti, Reggio Emilia 2008, pp. 23-63.

[15] Come è evidente, si tratta di un passaggio cruciale per la tenuta dell'ermeneutica ricœuriana degli anni '60. Tra i molti riferimenti alla letteratura secondaria, cfr. per es. O. Mongin, *Paul Ricœur*, Seuil, Paris 1994, p. 133. Ma è utile anche l'ulteriore bibliografia contenuta in E. Būgaitė, *Linguaggio e azione nelle opere di Paul Ricœur dal 1961 al 1975*, Pontificia Università Gregoriana, Roma 2002, pp. 64-82.

linguistica); ma al tempo stesso affermare che la sua funzione significante ricomincia un attimo dopo che si è completata tale riduzione, cioè quando – a partire dagli elementi atomici che lo compongono – il simbolo è riattivato come dimensione essenziale per la *comprensione* dell'umano.

Fin qui, il senso di un conflitto che si svolge sul piano metodologico, di fronte al medesimo *interpretandum*, cioè il simbolo. Ma questo non è l'unico terreno di interesse per Ricœur. Vi è un secondo tipo di conflitto, che oppone invece il simbolo ad altri possibili "oggetti" di interpretazione: esso tocca la stessa centralità delle "espressioni a senso duplice", come campo elettivo a cui applicare il lavoro ermeneutico. In altri termini, il conflitto tra le ermeneutiche non si limita a portare in primo piano il problema del simbolo e della sua comprensione, ma proietta il confronto a un livello irriducibile al linguaggio simbolico.

Per comprendere la questione, è utile ripartire dal ruolo delle "espressioni a senso duplice" dentro il contesto di una specifica interpretazione, tra quelle in conflitto: la semiotica di stampo strutturalista. Nell'ottica che ci interessa qui, è chiaro che la nettezza con cui gli strutturalisti pensano il linguaggio come un sistema chiuso di segni, in cui a rilevare sono le differenze interne al sistema stesso, appare unilaterale a Ricœur. È una unilateralità che gli sembra incapace di afferrare la dimensione effettiva della lingua, cioè il livello al quale il linguaggio "è l'atto con cui il locutore supera la chiusura dell'universo dei segni, nell'intento di *dire qualcosa su qualcosa a qualcuno*"[16]. Ancora una volta, lo chiarisce bene Aime: nella prospettiva di Ricœur "il linguaggio non è un mondo a sé, anzi non è neppure un mondo; al contrario, è perché siamo nel mondo che abbiamo un'esperienza e abbiamo qualcosa da dire"[17]. Da ciò deriva l'accusa di astrazione che si può addebitare alle prospettive strutturaliste: rinunciare (almeno nei fatti) alla contestualizzazione del linguaggio nel mondo significa estrapolare la lingua dalla sua collocazione "naturale" e costruirsene un'immagine del tutto inadeguata a studiare il suo funzionamento. Nella prospettiva del *Conflitto delle interpretazioni*, sono insomma i fondamenti stessi della semiotica a dover essere ripensati: la semio-

---

[16] P. Ricœur, *Il conflitto delle interpretazioni*, cit., p. 99. Per una contestualizzazione sintetica di questa definizione di discorso, cfr. per esempio P. Ricœur, *Riflession fatta*, cit., pp. 50-54.
[17] O. Aime, *Senso e essere*, cit., p. 137.

tica diventa la premessa necessaria – una sorta di "soggiorno obbligato", scrive Ricœur – dell'ermeneutica del simbolo[18]; al tempo stesso, però, essa non basta a sé e trova solo nell'apertura al mondo il principio del suo funzionamento.

È superfluo sottolineare quanto tale ripensamento sia rivoluzionario rispetto all'impostazione strutturalista; è invece meno ovvio rilevare in che senso ciò si ripercuota sul ruolo del simbolo come *interpretandum*. Per tale via, infatti, Ricœur inizia uno spostamento del baricentro dell'interpretazione dalla parola alle unità superiori del discorso. In questo senso, è molto chiaro ciò che egli scriverà in *Riflession fatta*: un'analisi concentrata unicamente sul simbolo rischia di non vedere che "la prima unità di senso del linguaggio vivente non è il segno lessicale ma la frase", quella che Émile Benveniste chiama *istanza di discorso*[19]. Si tratta di una dislocazione che ha appunto nella semantica di Benveniste il proprio punto di riferimento: se la complessità del linguaggio simbolico dimostra l'inadeguatezza della semiotica strutturalista, di contro l'ermeneutica – che tenta di rispondere a questi limiti – non può circoscriversi al simbolo, perché la realtà del linguaggio è ben più articolata.

Che cosa ciò implichi rispetto alla tenuta dell'ermeneutica ricœuriana emerge con chiarezza lungo la via che conduce a *La metafora viva* (1975) e a *Tempo e racconto* (1983-'85), dove lo spostamento verso le unità di discorso superiori trova la sua sistemazione definitiva. Nel volume sulla metafora, l'analisi si svolge già tutta sul terreno dell'enunciato, inteso come l'unico livello al quale si rendono comprensibili i fenomeni di innovazione linguistica – e il simbolico rientra in questa classe di fenomeni, ma come mero caso di specie. Di contro all'impostazione che ha nella tradizione retorica il proprio suggello, la metafora non è insomma un fenomeno che consiste nello scambio di un termine con un altro (per esempio, nella sostituzione del predicato "uomo coraggioso" con il predicato "leone"); al contrario, metaforizzare significa articolare un soggetto con un predicato apparentemente improprio. La metafora diventa perciò una sorta di errore categoriale calcolato, che insiste sul cuore stesso della

---

[18] P. Ricœur, *Riflession fatta*, cit., p. 52.

[19] Ivi, p. 51. Su questi passaggi importanti, cfr. per es. V. Brugiatelli, *La relazione tra linguaggio ed essere in Ricœur*, Uniservice, Trento 2009, pp. 232-233, a cui i passaggi che seguono sono in diversa misura debitori.

predicazione – e solo in tale contesto essa produce davvero un incremento di senso[20]. In *Tempo e racconto*, invece, il luogo naturale in cui l'ermeneutica può esercitare la sua funzione, fuori dai vincoli imposti dall'astrazione strutturalista, è il testo: la testualità è il supporto fondamentale attraverso cui l'interlocuzione, e dunque l'atto concreto del discorso, possono svolgersi[21]. Ma ciò non è vero soltanto al livello a cui tradizionalmente si pone il rapporto tra l'oralità e la scrittura: quello per cui la testualità, in quanto supporto durevole, è l'oggetto elettivo dell'atto di interpretazione. Al principio del mondo dei significati – questa è la tesi più radicale di Ricœur – vi è il testo; e qualsiasi atto che articoli (produca, trasmetta, condivida...) significati manifesta *in nuce* una struttura complessa, di natura testuale.

2. Politiche della traduzione

La centralità – o, meglio, la pervasività – della metaforica del conflitto nel Ricœur degli anni '60-'80 ha dunque in ciò la sua attestazione più evidente: il campo ermeneutico è popolato di oggetti che si sottopongono a strategie interpretative opposte e la stessa circoscrizione di un "oggetto" di interpretazione non è univoca, perché dipende dalla scala (parola, enunciato, testo...) sulla quale ci si colloca. D'altro canto, l'esigenza di far lavorare l'interpretazione a diversi livelli si ritrova con molte analogie significative anche nel caso della traduzione. Anzi, a voler essere più espliciti, si può dire che nella prospettiva di Ricœur il fenomeno del tradurre mostra *in concreto* questo movimento verso unità del discorso più vaste, senza il quale la trasposizione da una lingua all'altra non sembra potersi compiere. È il rapporto – classico per l'ermeneutica filosofica e per le discipline traduttologiche – tra la parte e il tutto del testo: dove però, in questo caso, il "tutto" di cui è questione travalica gli stessi confini della testualità, per diventare la "totalità culturale" a cui il testo appar-

[20] Cfr. per esempio P. Ricœur, *La metafora viva. Dalla retorica alla poetica: per un linguaggio di rivelazione*, Jaca Book, Milano 2001, pp. 260-263.

[21] La centralità del testo nell'evoluzione del pensiero di Ricœur è confermata, tra l'altro, dal fatto che la testualità induce una ridefinizione dell'ermeneutica stessa. Lo sottolinea con chiarezza Brugiatelli, nei passaggi che abbiamo appena richiamato. Cfr. per es. P. Ricœur, *Dal testo all'azione. Saggi di ermeneutica*, Jaca Book, Milano 2004, p. 71-95. Su questi aspetti, cfr. anche O. Aime, *Senso e essere*, cit., pp. 218-222.

tiene. A questa totalità il traduttore è chiamato a riferirsi, come al *terminus a quo* del suo lavoro: “Il compito del traduttore – riassume infatti Ricœur – non va dalla parola alla frase, al testo, alla totalità culturale, ma tutt’al contrario: impregnandosi dello spirito di una cultura attraverso vaste letture, il traduttore scende dal testo alla frase e alla parola”[22].

Questo riferimento alla *concretezza* del tradurre, nel rapporto tra le parti e il tutto, è centrale e identifica con precisione il livello al quale la lettura di Ricœur si colloca. Si tratta di un piano che tende a mettere tra parentesi le domande più tipicamente filosofiche: *che cosa è tradurre? è possibile qualcosa come una traduzione?* E sposta l’attenzione in direzione di un interrogativo molto diverso, rivolto all’operatività effettiva del tradurre: *come fa il traduttore?* La questione emerge esplicitamente in un altro dei saggi sparsi che Ricœur dedica al tema, *Un “passaggio”: tradurre l’intraducibile* (2004):

> Come *fa* il traduttore? Uso apposta il verbo “fare”, perché è proprio tramite un fare che cerca la sua teoria che il traduttore vince l’ostacolo – e anche l’obiezione teorica – dell’intraducibilità di principio da una lingua all’altra[23].

È difficile non leggere in queste poche parole una presa di posizione netta, di natura quasi metafilosofica, su ciò che la filosofia della traduzione può legittimamente proporsi di essere: da una parte, a Ricœur pare escluso che si dia una teoria della traduzione indipendente dall’attività del traduttore, da ciò che il traduttore *fa* e dal modo in cui lo *fa*; dall’altra, lo stesso fenomeno del tradurre sembra affetto da una particolare tendenza a *cercare la sua teoria*, a imporre il passaggio dall’attività concreta alla riflessione su di essa. Volendo usare la nota espressione che Luigi Pareyson riserva alla produzione delle forme, si potrebbe insomma dire che per Ricœur il tradurre assomiglia a *un fare che mentre fa inventa le regole del fare*. Proprio di questa concretezza, l’ermeneutica filosofica si propone, come dicevamo in apertura, di fare un paradigma.

Ma, di nuovo, “paradigma” di che cosa? Un primo abbozzo di risposta può finalmente essere dato, partendo dagli elementi che sono appena

---

[22] P. Ricœur, *Un “passaggio”: tradurre l’intraducibile*, in *Tradurre l’intraducibile*, cit., pp. 16-17.
[23] Ivi, pp. 17-18.

emersi. L'ipotesi che a buon diritto può essere formalizzata, anche al di là delle parole di Ricœur è la seguente: la traduzione sembra portatrice di una connessione esemplare tra l'esperienza (del tradurre) e la sua formalizzazione teorica; una connessione così significativa che, in virtù di essa, il tradurre pare modellizzare una specifica idea di *praxis*, che tocca più in generale il funzionamento dell'ermeneutica filosofica. In altre parole esiste un qualche senso, ancora da determinare, in base al quale il modello della traduzione può diventare il principio per costruire una metaforica complessiva dell'ermeneutica filosofica – una metaforica della connessione tra *theoria* e *praxis* – che risulta profondamente diversa da quella del conflitto. A voler procedere in modo schematico, si può ricondurre questa lettura a due tesi, che è utile affrontare separatamente: (1) *La filosofia ricœuriana della traduzione è una teoria della verità*; e (2) *La filosofia ricœuriana della traduzione è una teoria dell'emancipazione*.

2.1. La filosofia della traduzione è una teoria della verità

L'interrogativo circa la verità del tradurre è naturalmente centrale in qualsiasi riflessione sul tema. Il suo punto di accesso più classico è rappresentato dalla questione della traduzione perfetta. Ricœur lo identifica in modo esplicito nel saggio *Sfida e felicità della traduzione* (1997), che fin dal titolo è sintomatico del problema e delle sue possibili soluzioni. I due termini "sfida" e "felicità", che costituiscono uno dei fili conduttori del testo, dicono infatti un dato importante: essi designano, in maniera apparentemente contraddittoria, l'atteggiamento che il traduttore è chiamato ad avere nei confronti dell'ideale del tradurre. Nei termini di Ricœur, infatti, la traduzione perfetta non si dà: quella del traduttore è appunto l'esperienza di una sfida impossibile. Tuttavia, se esiste *de facto* qualcosa come una traducibilità da una lingua all'alltra, essa si basa sulla sostituzione di quell'ideale mancato con un'esperienza profondamente diversa, che il titolo francese del saggio connota come "le bonheur de la traduction" – una parola, *bonheur*, che come è noto sembra a sua volta intraducibile in italiano, essendo una specie di *vox media* che significa al contempo *felicità* e *fortuna*[24].

---

[24] Come in italiano, anche l'edizione inglese del saggio declina il francese "bonheur" nel senso della felicità: il titolo suona infatti *Translation as challenge and source of happiness*. Si smarrisce dunque il significato del termine che è evidente in espressioni francesi

Per Ricœur, il problema della traduzione sta tutto qui. Nella sua prospettiva, tradurre significa incamminarsi lungo una via stretta, che muove da un fallimento sul piano dell'ideale per sostituirvi un obiettivo diverso. Tale obiettivo di secondo ordine è rappresentato proprio dalla felicità/fortuna della traduzione, intesa come un punto d'incontro possibile tra l'autore, il traduttore e il lettore. Naturalmente, posto in questi termini, *le bonheur* della traduzione può apparire ancora come una determinazione astratta, financo meno consistente della nozione di traduzione perfetta. In realtà, le cose non stanno così ed è proprio il riferimento alla verità del tradurre ad articolarne il significato in modo risolutivo.

Ma procediamo con ordine. Sotto il profilo della verità, l'ideale della traduzione consiste sostanzialmente nell'obiettivo di adeguare completamente la lingua di arrivo alla lingua di partenza. Da questo punto di vista, la traduzione sarebbe un'operazione in grado di rendere del tutto permeabile la lingua di arrivo alle specificità (sintattiche, semantiche, contestuali) del testo originale. È il modello tipico di qualsiasi metafisica della traduzione, i cui stilemi sono noti: il traduttore sarebbe una sorta di servo di due padroni, capace con il suo lavoro di "colmare l'assenza di una lingua universale"[25], cioè di forzare le lingue concrete fino a sovrapporle perfettamente. Ma nulla di tutto ciò è possibile, secondo Ricœur. La traduzione appartiene insomma a un regime della verità del tutto diverso: un livello al quale è possibile pensare l'equivalenza tra le lingue, ma escludendo in linea di principio la loro adeguabilità. *Le bonheur* del tradurre significa esattamente questo: lavorare sulla differenza tra le lingue, ma senza "sperare di poter colmare lo scarto tra equivalenza e adeguazione totale"[26].

Ecco la conseguenza filosoficamente più pregnante dell'approccio di Ricœur. Una traduzione accade, nel senso impersonale del binomio tra felicità e fortuna, non quando è la trascrizione punto-a-punto di un atto di comprensione che il traduttore compie nei confronti del testo di partenza. Al contrario, si dà traduzione quando una certa comparabilità si realizza attraverso l'atto costruttivo del mediatore. L'"equivalenza senza adegua-

---

come "par bonheur" (*per fortuna*; *fortunately*) o "porter bonheur à quelqu'un" (*portare fortuna a qualcuno*; *to bring somebody luck*).

[25] P. Ricœur, *Sfida e felicità della traduzione*, in *Tradurre l'intraducibile*, cit., p. 56.

[26] Ivi, p. 57.

zione" consiste esattamente in ciò: è una comparabilità "che è piuttosto *prodotta* dalla *traduzione* che *presunta* dalla stessa"[27]. A volerla dire in modo fin troppo rapido, si tratta insomma di una concezione costruttivista della verità in traduzione – una sorta di "comparatismo costruttivo", secondo le parole di Marcel Détienne, giustamente ricordate da Ricœur[28]. Lungi dal limitarsi a registrare una tavola di corrispondenze tra lingue diverse, la traduzione consisterà allora nella stipula di accordi successivi e via via provvisori tra i due codici linguistici dell'autore e del lettore.

2.2. La filosofia della traduzione è una teoria dell'emancipazione

Con questa lettura pragmatista della verità in traduzione si è detto qualcosa di fondamentale rispetto alla sfida e al *bonheur* del traduttore. Ma non si è ancora precisato in che senso essa disegni una metaforica del politico, diversa da quella del conflitto. Né, a ben vedere, si è verificato fino in fondo se la costruzione dei comparabili sia effettivamente praticabile – se cioè *le bonheur* del tradurre prefiguri davvero una soluzione possibile all'aporia della traduzione perfetta.

Questo insieme di interrogativi ricade entro il confine di un tema ben determinato, all'interno dei dibattiti che fanno capo alle discipline della traduzione: è quello disegnato dal binomio tra la traducibilità e l'intraducibilità. Come è noto, il tema dell'intraducibilità ha modellato una lunga tradizione di studi. Anzi, a voler essere espliciti, si è concretizzato in una vera e propria retorica aporetica – una retorica dell'impossibilità – che sembra insolubile sul piano teorico. Ora, di fronte a questo scacco, la strategia argomentativa di Ricœur è molto netta. Posto che tradurre significhi pretendere di *comparare l'incomparabile*, non possiamo non riconoscere, di contro, un fatto elementare: le traduzioni esistono da sempre e, più in generale, da sempre si dà qualcosa come un'esperienza della traduzione.

Sul piano dell'analisi, si tratta di un punto di svolta fondamentale:

> Da una lingua all'altra – spiega Ricœur – la situazione è quella della dispersione e della confusione. Eppure la traduzione s'inscrive nella lunga litania dei 'nonostante tutto'. Nonostante i fratricidi, noi militiamo per la fratellan-

[27] P. Ricœur, *Un "passaggio": tradurre l'intraducibile*, cit., p. 21.
[28] *Ibid.*

za universale. Nonostante l'eterogeneità degli idiomi ci sono dei bilingui, dei poliglotti, degli interpreti e dei traduttori"[29].

In sostanza, la traduzione appare affetta da un'inaggirabile difficoltà sul piano teorico; eppure è di tutta evidenza che l'umanità è in grado di tradurre, e *de facto* lo fa da sempre. Rispetto alle ambiguità teoriche di fronte a cui il compito del traduttore sembra incagliarsi, l'analisi deve allora spostarsi a un livello diverso, sul quale è semplicemente incontrovertibile che le traduzioni esistono.

Ecco l'affermazione più chiara del pragmatismo di Ricœur. Ma, proprio a questo livello, si comprende anche in che misura la traduzione possa essere elevata a metafora del politico. Il lettore abituale dei suoi testi riconoscerà infatti in questo argomento una movenza tipica della riflessione politica ricœuriana degli ultimi dieci anni. Quello dell'impossibile che si produce "nonostante tutto" è, per così dire, il confine estremo dell'azione politica e, per ciò stesso, la sua immagine più propria. Pensiamo, per esempio, al modo in cui Ricœur declina in chiave pubblica i temi della memoria e dell'oblio, nel grande affresco de *La memoria, la storia, l'oblio* (2000)[30]. Ricordiamone la tesi portante, almeno in termini schematici: se gli atti del ricordare e del dimenticare non appartengono esclusivamente alla sfera individuale e interpersonale, ma manifestano un rilievo pubblico, ciò dipende dal fatto che essi svolgono un ruolo fondamentale nella costruzione di tessuti sociali e politici coesi e coerenti. In altri termini, tali atti operano come meccanismi di selezione di un passato condiviso tra i membri delle comunità: senza di essi, il legame sociale e politico sarebbe continuamente minacciato dall'insorgere di divisioni e conflitti, in corrispondenza di quelle che, non a caso, chiamiamo "le ferite della storia"[31]. Ora, nella lunga analisi che ne fa Ricœur, il fenomeno del perdono entra in gioco qui, come un fattore di mediazione tra la memoria e l'oblio. Ed è una fenomenologia complessa, soprattutto alla luce della fortunata tradizione che vede in esso un atto logicamente impossibile: se la vera sfida del perdonare consiste nella sua smisuratezza, sembra che

[29] P. Ricœur, *Il paradigma della traduzione*, cit., p. 35.

[30] Cfr. P. Ricœur, *La memoria, la storia, l'oblio*, Raffaello Cortina, Milano 2003, pp. 649-720. L'altro riferimento classico è P. Ricœur, *Ricordare, dimenticare, perdonare. L'enigma del passato*, il Mulino, Bologna 2004, pp. 51-62, 71-98.

[31] Cfr. in particolare P. Ricœur, *Ricordare, dimenticare, perdonare*, cit., pp. 71ss.

non si possa dare perdono, se non dell'imperdonabile. Come è noto, Ricœur contesta in modo radicale questa lettura: davvero – si domanda *La memoria, la storia, l'oblio* – il perdono è un atto che stravolge ogni logica della possibilità? E se le cose stessero così, non dovremmo allora concludere che il perdono semplicemente non esiste? Eppure, *nonostante tutto ciò* – aggiunge Ricœur – abbiamo testimonianza che esso si dà, e si dà con grande evidenza nelle nostre esperienze quotidiane. Pertanto, la sua rappresentazione tradizionale, giocata sulla paradossalità, non deve ritenersi valida: la filosofia politica è dunque chiamata a fare uno sforzo teorico supplementare, per pensare in qualche modo tale datità, a onta della sua impossibilità logica[32].

In questi passaggi, sebbene raccolti in forma molto sommaria, si vede con chiarezza un'articolazione che rappresenta il calco perfetto di quella della traduzione: il fenomeno del tradurre consente di porre in luce un intero versante dell'esperienza umana – quello dei "nonostante tutto", appunto – in cui infine lo stesso atto politico del perdono si colloca stabilmente. Ma le analogie non si fermano qui. In quanto è il tentativo di rimarginare le ferite del passato, l'esperienza del perdono si basa su una struttura che considera imprescindibile l'esistenza di narrazioni divergenti: se il passato fa problema, è essenzialmente perché vissuti conflittuali non trovano spontanea conciliazione in un tessuto sociale e politico unitario. Lo strumento del perdono opera esattamente a partire da questa inconciliabilità. E non lo fa nel senso di ridurre *ad unum* i vissuti diversi, perché un'operazione del genere non avrebbe alcuna efficacia dal punto di vista del legame sociale; al contrario, esso interviene come uno strumento che si propone di articolare tra loro le narrazioni. Ricœur pensa in particolare alla testimonianza offerta dal fenomeno delle riconciliazioni nazionali, per esempio quella del post-*apartheid* in Sudafrica. Ciò che rileva, dentro questo e altri modelli simili, è insomma una possibilità: quella di aprire spazi nei quali il confronto tra le narrazioni può essere messo in scena, in una sorta di gestione regolata del conflitto. Da questo punto di vista, si capisce allora in che senso la metaforica del tradurre sia operante, e in modo potente, alle spalle di un atto che rende possibile la convivenza dentro una comunità: il compito del perdono è davvero un'operazione di traduzione, di una comparazione possibile tra incomparabili, senza *reduc-*

[32] Cfr. P. Ricœur, *La memoria, la storia, l'oblio*, cit., pp. 689-701.

tio ad unum. Ancora una volta, se il tradurre fa paradigma, ciò dipende dalla capacità di costruire un meccanismo di confronto che prescinde dall'adeguazione perfetta tra le parti in causa, siano esse due lingue diverse o due differenti racconti del passato.

Tuttavia la traduzione non si limita a fornire l'orizzonte concettuale per pensare l'operatività politica del perdono; ciò che la metafora del tradurre designa – ed è anche l'ultima parola che possiamo dire, seguendo Ricœur – è la *ratio* di questa operatività. L'effettività del tradurre, ovvero la gestione regolata delle differenze, dice infatti di un processo che Ricœur ama definire di *ospitalità interlinguistica*: tradurre significa fornire una garanzia di pluralità al conflitto tra le lingue (tra le loro sintassi, le loro semantiche, i loro contesti); ed è una garanzia dotata di un valore politico ben preciso, che possiamo connotare in senso emancipativo.

Da questo punto di vista, infatti, la politica della traduzione è – al pari del perdono – un modello di gestione dei rapporti con ciò che è tramandato. Richard Kearney ne parla a giusto titolo come di una "ripresa creatrice delle promesse non mantenute del passato"[33]. Se la traduzione e il perdono stanno tra loro in un rapporto di metaforizzante e metaforizzato, è perché in entrambi i casi si tratta di *dare un futuro al passato* (alla lingua che non c'è più; oppure ai delitti che una comunità ha alle spalle): si tratta insomma di aprire al passato un ventaglio di possibilità che erano rimaste irrealizzate. È sotto questo profilo che la prassi della traduzione diventa a tutti gli effetti un atto di emancipazione: ovvero, l'instaurazione di un rapporto con il tramandato, al di fuori della gabbia concettuale che riduce la trasposizione linguistica (o il perdono) all'alternativa tra la fedeltà e il tradimento[34]. Anzi, a ben vedere, si tratta di un'emancipazione alla seconda potenza. Da una parte, il traduttore sfugge al dogmatismo che lo relega a essere un mero ripetitore del già-detto; dall'altra, questi libera a sua volta l'autore, non con l'obiettivo di tenerlo artificialmente in vita, in un tempo o in un luogo altro, ma con lo scopo di aprirgli un futuro diverso e imprevedibile. Se esiste qualcosa come una politica della traduzione, il suo progetto è interamente raccolto in questa doppia esperienza di libertà.

---

[33] R. Kearney, *Vers une herméneutique de la traduction*, in G. Fiasse (a cura di), *Paul Ricœur. De l'homme faillible à l'homme capable*, Puf, Paris 2008, p. 175.
[34] Ivi, p. 159.

ADRIANO FABRIS

ETHIK DER ÜBERSETZERISCHEN BEZIEHUNG

1. Die verschiedenen Erfahrungen des Übersetzens

Das Übersetzen gehört zu den Erfahrungen, in denen man – mehr als in anderen Fällen, und sogar fast in einem Reinzustand – mit einer ganz spezifischen Situation unser Leben betreffend zu tun hat. Es handelt sich um eine unbequeme, aber unvermeidliche Situation, in der nämlich die Begegnung mit etwas Anderem, Verschiedenem erfolgt, mit dem man sich auseinandersetzen muss. Das kann unheimlich, beunruhigend sein. Und doch, wie wir wissen, kann man dieser Begegnung nicht entgehen.

Mit dem Anderen als Anderem stehen wir nämlich immer in Beziehung. Doch in diesem Fall, im spezifischen Fall der Übersetzung, bindet uns die Beziehung mit dem Anderen an das, was wir nicht verstehen, oder was wir nicht vollumfänglich verstehen. Wir würden manchmal gern auf diese Begegnung verzichten, würden gern das Unbehagen entschärfen, das es uns beschert. Wir versuchen auch, ihm auszuweichen. Doch, wie gesagt, das ist nicht möglich. Es handelt sich nämlich um genau das Unbehagen, das unsere ureigene Erfahrung zutiefst kennzeichnet.

Für all das steht das Übersetzen. Mehr noch, es ist ein emblematisches Beispiel dafür. Allgemein können wir sagen, dass die übersetzerische Tätigkeit ein Prozess ist, der in unserer Erfahrung konstant am Werk ist. Es handelt sich sogar, in dieser allgemeinen Perspektive, um einen Aspekt, der unsere Fähigkeit, Erfahrungen zu machen, erst ermöglicht. Wir übersetzen nämlich das Unverständliche in Idiome, die uns vertraut sind, um uns – zumindest teilweise – in ihnen zurechtzufinden. Wir übersetzen zum Beispiel die Prozesse der Welt in eine Sprache, die uns erlaubt, sie nach Regelmäßigkeiten zu ordnen und, soweit möglich, zu kontrollieren: Dies ist es, was ein wissenschaftlicher Approach gewährleistet. Wir übersetzen die Kategorien und die Denkweisen anderer – zum Beispiel wenn die Gesprächspartner unterschiedlichen Generationen angehören – aus Notwendigkeit, zum Vergnügen, zum Nutzen. Wir übersetzen das, was in einer Sprachegesagt wird, in Formen mit einem uns vertrauten Kode. Oder umgekehrt.

Das Übersetzen, in seiner allgemeinen Bedeutung, die ich hier untersuche, ist demnach eine Art, in der wir die Beziehungen schaffen, in denen wir uns befinden. Es ist, mit anderen Worten, eine Art, mit der Andersheit umzugehen. Dabei geht es um Beziehungen, die unterschiedliche Elemente zusammenhalten. Sie halten sie zusammen, jedoch ohne ihre Verschiedenheit auszuschalten, aber auch, ohne dass sich diese Verschiedenheit verfestigt, zu einer undurchsichtigen und unüberwindlichen Barriere erstarrt. Genauer gesagt, verwirklicht das Übersetzen konkret diese Beziehungsformen, indem es vermittelt zwischen den verschiedenen Ebenen, den unterschiedlichen Bereichen, in denen Verschiedenheit und Beziehung miteinander verflochten sind. Einige dieser Bereiche habe ich bereits genannt: Sie betreffen unser Verhältnis zur Welt, das Verhältnis der menschlichen Wesen untereinander, das durch die Sprache vermittelt wird.

Deshalb ist übersetzen eine Art, vielleicht sogar *die* Art, durch die wir Erfahrungen machen. Und dies hat nicht nur eine philosophische Bedeutung, sondern – insofern, als Erfahrungen machen ein eigentliches Merkmal des Philosophieren ist, wenn man es in seiner Entstehung und Entwicklung betrachtet – drückt auch einen Aspekt der Philosophie aus. Vergessen wir nicht, dass laut Platon im *Theaitetos* (155d) und Aristoteles im ersten Buch der Abhandlungen der *Metaphysik* (982b-983a) die philosophische Tätigkeit aus der Befremdung der Verwunderung entsteht, dem Eintreten des *Thaumas*, und sich entwickelt, indem es das, was uns verwundert, übersetzt in Formen, die uns schlussendlich nicht mehr verwundern.

2. Hermeneutik und Ethik der Übersetzung

Im Allgemeinen, wenn von "Übersetzung" die Rede ist, meinen wir damit jedoch insbesondere das Übersetzen von einer Sprache in eine andere. Und auch ich möchte mich hier vor allem diesem Aspekt des Übersetzens zuwenden. Doch ich werde nicht so sehr die technischen Aspekte und Regeln behandeln, die – immer und in jedem Fall – eine korrekte und gute Übersetzung möglich machen, sondern die Tätigkeit des Übersetzens vor allem innerhalb der spezifischen Form von Beziehung fokussieren, die ich weiter oben erwähnt habe, auf der Suche nach dem korrekten Gleichgewicht zwischen bewahrter Andersheit und bevorzugter Einbindung. Nur so, indem also auch dem Aspekt Rechnung getragen wird, wie viel und auf welche Art ein solches Gleichgewicht effektiv gelingen kann, treten die Grenzen und Möglichkeiten ins Licht, die dem übersetzerischen Handeln innewohnen.

Das Gleichgewicht als Zielpunkt einer guten Übersetzung, von dem ich hier spreche, war Thema einer Rede Schleiermachers mit dem Titel *Über die verschiedenen Methoden des Übersetzens*, die er am 24. Juni 1813 vor der Akademie der Wissenschaften in Berlin vorgetragen hatte. Laut Schleiermacher bewegt sich die übersetzerische Tätigkeit bekanntlich zwischen zwei Extremen: am einen Ende steht die dem Leser entgegenkommende Übersetzung, die ihm die Komplexität des Ausgangstextes in der Zielsprache leicht zugänglich macht, am anderen Ende dagegen steht die Übersetzung, die dem treu bleibt, was die Zielsprache sagt, sowie der Art, in der sie es sagt, was den Leser der Zielsprache zu einer größeren Bemühung um Verständnis zwingt.[1] Es ist offenkundig, dass hier, wenngleich in der Verschiedenheit der Methoden, der Versuch im Spiel ist, eine Mediation zu vollbringen zwischen zwei Andersheiten, die, wie ich weiter oben erläutert habe, allerdings quasi gezwungen sind, sich zu begegnen. Der Übersetzer vollbringt in diesem Sinn ein eigentliches hermeneutisches Werk, wobei der Begriff „Hermeneutik“ in seiner ursprünglichen Wortbedeutung aufgefasst wird. Er ist demnach ein Bote Hermes': Er ist derjenige, der versucht, unterschiedliche Bereiche miteinander in Verbindung zu bringen.

Wenn wir diesen Gedanken weiter verfolgen, bemerken wir jedoch, dass die Grundfrage, weit über die *hermeneutische* Aufgabe hinaus, das heißt

---

[1] Schleiermacher sieht diese beiden Methoden als Alternativen: „Entweder der Übersetzer läßt den Schriftsteller möglichst in Ruhe, und bewegt den Leser ihm entgegen; oder er läßt den Leser möglichst in Ruhe und bewegt den Schriftsteller ihm entgegen. Beide sind so gänzlich voneinander verschieden, daß durchaus einer von beiden so streng als möglich muß verfolgt werden, aus jeder Vermischung aber ein höchst unzuverlässiges Resultat nothwendig hervorgeht, und zu besorgen ist, daß Schriftsteller und Leser gänzlich verfehlen“ (F.D.E. Schleiermacher, *Über die verschiedenen Methoden des Übersetzens*, in H. J. Störig, *Das Problem des Übersetzens*, Wissenschaftliche Buchgesellschaft, Darmstadt 1969, S. 47).

weit über die Fähigkeit hinaus, zwischen bestimmten Techniken und Methoden zu vermitteln, von anderer Art ist. Das Problem, das sich stellt, ist in Wahrheit *ethischer* Natur. Es betrifft die Anerkennung der Verschiedenheit der Bereiche, die miteinander in Beziehung gesetzt wurden, und den Respekt, der diesen Bereichen gebührt, gerade weil sie verschieden sind. Er betrifft die Motivation, die dazu drängt, sie in Beziehung zu setzen, anstatt sie zu lassen, wie sie sind, in ihrer gegenseitigen Fremdheit. Diese ethische Dimension steht demnach am Anfang der übersetzerischen Tätigkeit und der hermeneutischen Aufgabe, die sie sich aufbürdet: Unabhängig von den konkret zur Anwendung kommenden Methoden, und die, wie Schleiermacher sagt, auch ganz unterschiedlich sein können.

Selbst in unserer Epoche ist es im Übrigen nicht schwierig, Beispiele für beide von Schleiermacher unterschiedenen Übersetzungsstrategien zu finden. Man könnte dazu als erstes Beispiel die vielen Heidegger-Versionen in italienischer Sprache nennen, in denen eine eigentliche Verflachung stattfindet, und zwar nicht nur lexikalischer Art, sondern auch in der syntaktischen Struktur der ganz besonderen deutschen Sprache, die dem Autor eigen ist. Es handelt sich dabei um das, was Vittorio Sainati, ausgehend von seiner Erfahrung als Aristoteles-Übersetzer, eine „Lehnübersetzung“ genannt hat.[2] Genau betrachtet, liegt der Grund für ein solches Verhaltens in einer Mischung aus Respekt – der jedoch in diesem Fall in eine Verehrung abgleitet – und Angst: Angst vor der eigenen Fähigkeit, das *analogische Wunder* zu vollbringen, das wenn auch innerhalb gewisser Grenzen, in der Lage wäre, in der Zielsprache dieselben Beziehungen zur angestrebten Sache herzustellen wie, manchmal versuchsweise, in der Ausgangssprache geschaffen wurden.

---

[2] Vgl. V. Sainati, *Ermeneutica e traduzione. Il problema della traduzione filosofica* [*Hermeneutik und Übersetzung. Das Problem der philosophischen Übersetzung*], jetzt in *Dall'idealismo all'ermeneutica* [*Vom Idealismus zur Hermeneutik*], Edizioni ETS, Pisa 1999, SS. 401-29. Dazu im Besonderen p. 428: „1) Die Übersetzung eines philosophischen Textes, weit davon entfernt, eine passive ‚Lehnübersetzung‘ des ‚Originals‘ zu sein, ist eine hermeneutische Initiative, die aktiv teilnimmt an der historischen Dialektik von Vorverständnis und Verständnis, die den gesamten interpretativen Leseprozess unterstützt; 2) Das innere Modell des Textes fordert, lenkt und beurteilt die tentative Erfahrung des Übersetzens (ist ihre *ratio essendi*); 3) Die Übersetzung bringt zum Ausdruck die konzeptuelle Struktur des Modells (ist seine *ratio cognoscendi*)“.

Das Ergebnis einer solchen, gleichzeitig psychologischen und kulturellen Untertänigkeit ist ein Text, der vielleicht in der Originalsprache einfacher verständlich ist als in der Übersetzung. Dies ist das paradoxe Resultat eines Übersetzens, das sich als solches verneint, das sich der unausweichlich innewohnenden Gewalt seines Mediationsversuchs schämt und das vielmehr das verbirgt, was es als eigentliche Majestätsbeleidigung gegenüber der – vorsätzlich verschwiegen als unübersetzbar angesehenen – Ausgangssprache betrachtet, durch den übertriebenen Gebrauch von Glossaren, Apparaten, Kommentaren. Und all dies sind, wenn man es genau betrachtet, in Wirklichkeit Formen der *excusatio non petita* betreffend die Grenzen des Übersetzens: Formen, die dazu führen, dass solche Grenzen zusätzlich hervorgehoben werden.

Die andere von Schleiermacher herausgearbeitete Strategie dagegen ist diejenige der sogenannten „freien" Übersetzung. In diesem Fall beugt sich die Ausgangssprache der Zielsprache. Sie tut dies auch unabhängig vom Respekt, den letztere ihr zollt. Sie tut es vielleicht aus Bequemlichkeit: auch wenn der Übersetzer nicht jedes Detail versteht, ist das Wesentliche, dass sich der Zieltext fließend lesen lässt.
Von diesem Typus sind mehrheitlich die ersten Übersetzungen eines komplexen Textes: zum Beispiel die Hegel-Versionen aus dem 19. Jahrhundert. In diesen Übersetzungen riskiert die Verantwortung des Übersetzers – die hauptsächlich darin besteht, auf das zu antworten, was der Autor in der Ausgangssprache sagen wollte –, vernachlässigt zu werden angesichts spezifischer übersetzerischer Schwierigkeiten. Es ist im Endeffekt ausreichend, wenn der Text – wie man heute sagen würde – „funktioniert".

Es ist klar, dass beide Lösungen, wenn sie ins Extreme getrieben werden, falsch sind. Abgesehen davon, dass sie allzu oft Notbehelfe darstellen, ist das, was sie vernachlässigen, eben die Suche nach dem Gleichgewicht, der Mediation zwischen den Bedürfnissen des Autors, der sich in seiner Sprache ausdrückt und damit mit dieser ein ganz spezifisches Verhältnis zwischen Inhalt und Ausdrucksform herstellt, und den Bedürfnissen des Lesers, der nur dann wirklich versteht, was der Autor sagen will, wenn dessen Text in die Sprache übersetzt ist, die dem Leser eigen ist. Doch das Erlangen dieses Gleichgewichts und die Motivation, das uns dahingehend bewegt, ist, wie bereits angedeutet, nicht mehr nur ein hermeneutisches, sondern vor allem ein ethisches Problem. Und zwar in dem Maß, als es eine *Verantwortung*, in erster Linie des Übersetzers, mit sich bringt. Diese Verantwortung besteht sowohl dem Autor als auch dem Leser gegenüber. Und sie korrekt wahrzunehmen, bedeutet, das richtige Gleichgewicht zwischen den Bedürfnissen beider zu erreichen.

So betrachtet, verrät sowohl die Position dessen, der Lehnübersetzungen macht, als auch dessen, der um jeden Preis seinem Publikum entgegenkommen will, eine *unverantwortliche* Haltung. Und muss deshalb verworfen werden: nicht nur wegen der hermeneutisch falschen Resultate, zu denen sie gelangt, sondern auch und vor allem aus einem moralischen Gesichtspunkt. Wer allerdings um eine Regel bitten würde, um das richtige Gleichgewicht im übersetzerischen Verhältnis zwischen der Verschiedenheit des Autors und derjenigen des Lesers herzustellen, muss enttäuscht werden, denn eine solche Regel gibt es nicht. Dass ein Gleichgewicht, ein richtiges Gleichgewicht herrscht, merken wir erst danach: wenn wir feststellen, dass es sich eingestellt hat.

Es handelt sich in der Tat um eine kontingente, unstabile Verwirklichung. Es gibt ein Hier und Jetzt, was das Gelingen einer Übersetzung betrifft (eine besonders gelungene Lösung, der Erfolg ihrer Rezeption), die wir nicht vorauszusehen in der Lage sind, und die nur teilweise vom Übersetzer abhängt. Aus diesem Grund, gerade weil es keine Regeln und keine zu befolgenden Prozeduren gibt, hat die Arbeit des Übersetzers etwas Kreatives: sie besteht nämlich in einer Neu-Schöpfung des Werks des Autors innerhalb der Grenzen der spezifischen Herangehensweise an die Dinge, die der Autor selber auszudrücken imstande war.

3. Analogie des Übersetzens

Wer diese verschiedenen Aspekte ganz klar sah und sie miteinander in Verbindung brachte, war Walter Benjamin. In seinem Aufsatz über *Die Aufgabe des Übersetzers* wird dessen Kreativität in ihren Möglichkeiten und ihren Grenzen aufgezeigt, ausgehend von der Tatsache, dass übersetzen nicht einfach bedeutet, einen Text aus einer Sprache in eine andere zu übertragen, sondern, sich in einer anderen Sprache auf dieselbe Quelle zu beziehen, aus der auch der Autor in seiner Sprache geschöpft hat. Die Voraussetzung dieser These beruht jedoch auf der Idee, dass den verschiedenen Sprachen eine einzige „Sprache der Wahrheit" zugrunde liegt.[3]

Hier ist – auch wenn ich nicht weiß, wie weit Benjamin sich dessen bewusst war – eine Version des aristotelischen Modells der Analogie *pros en* im Spiel. Mit anderen Worten, was vom Autor geschaffen wird mit dem Bezug, den seine Sprache ihm erlaubt, auf einen bestimmten Ausdrucksknoten, der eben gerade dank dieser seiner Sprache zum Ausdruck gebracht wird, wird nun analog neu-geschaffen, das heißt mit Bezug auf denselben Ausdrucksknoten, aber eben des Übersetzers. Es handelt sich dabei um ein sozusagen „vertikales" Verhältnis, das die verschiedenen Sprachen und die Sache an sich mit einbezieht, und nicht etwa um eine „horizontale" Beziehung zwischen unterschiedlichen Idiomen.

Die Garantie der Korrektheit dieses Vorgehens beruht auf dem Substrat, auf dem eigentlichen *ypokeimenon*, auf das die verschiedenen Sprachen zurückgeführt werden können: auch wenn sich das nur in einer zukünftigen – d. h. eschatologischen – Perspektive verwirklichen wird. Es geht darum, dass allen Sprachen die „wahre Sprache", die „Sprache der Wahrheit" zugrunde liegt: die messianische Sprache. In ihr sind der Unterschied zwischen Wort und Ding aufgehoben: der Unterschied, der gerade den verschiedenen effektiv gesprochenen Sprachen zugrunde liegt.

Darin besteht nun also die Aufgabe des Übersetzers. Er muss sich vor allem des Dings bewusst sein, auf das sich der Autor bezieht. Und seine Aufgabe besteht deshalb darin – die Spezifizität seiner Sprache abbüssend –, das neuzusagen, was der Autor in seiner eigenen Sprache schon gesagt hat. Doch – ich wiederhole – der Übersetzer muss sich auch bewusst sein, gemäß einer anderen Beziehungsordnung, dass sein Projekt des Neusagens in seiner Sprache dessen, was in einer anderen Sprache bereits gesagt wurde, nur durch die Existenz eines gemeinsamen Substrats gelingt, das beide kennzeichnet und auf das alle Sprachen, in unterschiedlicher Weise, analogisch anspielen.

---

[3] „Wenn anders es aber eine Sprache der Wahrheit gibt, in welche die Geheimnisse, um die alles Denken sich müht, spannungslos und selbst schweigend aufbewahrt sind, so ist diese Sprache der Wahrheit – die wahre Sprache" (W. Benjamin, *Die Aufgabe des Übersetzers*, in *Gesammelte Schriften*, Bd. IV/1, hrsg. v. R. Tiedemann und H. Schweppenhäuser, Suhrkamp, Frankfurt a. M. 1991, S. 16).

Kein Vergleich also, wie man sieht, mit dem, was der Google Translator vollbringt. Denn es handelt sich hier nicht um eine eindeutige Abbildung zwischen Sprache und Sprache, sondern um einen gemeinsamen Bezug beider auf dasselbe Ding, das diese Sprachen sagen wollen. Das Gelingen der Übersetzung hängt also von der Tatsache ab, dass es dem Übersetzer zu erfassen gelingt, was der Autor ausdrücken will, über die einzelnen Wörter hinaus, die er dazu verwendet. Und auch der Leser muss, wenn er wirklich versteht, was geschrieben ist, zwangsläufig über die – originale oder übersetzte – Sprache hinausgehen, um sie zu einem Ausdrucksträger der Sache zu machen: um sie in ihrer wesentlichen Sprachlichkeit zu erfassen.

Da gibt es allerdings eine Voraussetzung, die von Benjamin stillschweigend angenommen wird. Er hat sogar fünf Jahr vor dem Essay über das Übersetzen darüber geschrieben hat: im Aufsatz *Über die Sprache überhaupt und über die Sprache des Menschen*. Die Voraussetzung, wie ich bereits angedeutet habe, ist durch die Tatsache gegeben, dass die Sprache, wenngleich in einer ihr eigenen Konfigurationen, in der Lage ist, das Ding vollumfänglich auszudrücken: sein Wesen zu sagen – beziehungsweise zu äußern. Dies geschieht im Fall der menschlichen Sprachen, das heißt der nach Babel entstandenen Sprachen, nur teilweise; es kennzeichnet dagegen in ihrer Macht die Ursprache: die in der Lage ist, die Dinge in ihrem Wesen zu sagen.[4] Sie ist ursprünglich und in der Lage, das Wesen zu sagen, weil, gemäß der biblischen Tradition, die Dinge der Welt dank ihrer Namen gebildet sind: jener Namen, mit denen Gott sie hervorgerufen hat. Sie ist es, weil das menschliche Wesen in der Lage ist, weit über die Urteile hinaus, die es zu formulieren vermag, sich unmittelbar in Verbindung zu setzen mit den Geschöpfen, indem es sie bei ihrem Namen ruft: anhand dessen, was Gott bereits zuvor getan hat.

Benjamin greift also auf seine Art den Mythos der Ursprache auf. Es handelt sich nicht um eine *mathesis universalis*, doch immerhin um etwas, das uns erlaubt, eine Entsprechung zwischen den Sprachen anzustreben und diese zu gewährleisten. Und auf eben diese Weise, in dieser

---

[4] Vgl. W. Benjamin, *Über die Sprache überhaupt und über die Sprache des Menschen*, in *Gesammelte Schriften*, Bd. II/1, hrsg. v. R. Tiedemann und H. Schweppenhäuser, Suhrkamp, Frankfurt a. M. 1991, SS. 140-57. Vgl. auch darüber G. Scholem, *Der Name Gottes und die Sprachtheorie der Kabbala*, in *Judaica* 3, Suhrkamp, Frankfurt a. M. 1973, SS. 7-70.

Perspektive betrachtet, wird glaubhaft, dass eine gute Übersetzung möglich ist.

4. Zwischen metaphysischen Garantien und Freiheitsansprüchen

Doch ist dies alles wirklich wahr? Ich meine: gibt es tatsächlich eine gemeinsame Basis, die eine Übersetzbarkeit und das Gelingen einer Übersetzung gewährleistet? Und außerdem: erfordert die Übersetzung notwendigerweise eine solche Grundgemeinsamkeit? Oder ist, wie Ortega y Gasset geltend macht, die Übersetzung keine Doppelgängerin des Originals, sondern besitzt im Gegenteil ihre ganz eigenen Normen und Zwecke?[5]

Mehr noch. Wenn übersetzen tatsächlich ganz generell die Art ist, mit der wir uns in Beziehung setzen zur Welt, zu anderen Menschen, uns trotz unterschiedlicher Idiome verstehen – in einem Wort: wenn wir einen Akt der Mediation zwischen Verschiedenheiten vollbringen –, ist es dann wirklich möglich, dass die Begegnung zwischen diesen Verschiedenheiten von Anfang an gewährleistet ist? Und wenn ja, inwiefern ist sie das? Ist sie das vielleicht ausgehend von einem gemeinsamen Bezug zu den Dingen, oder ausgehend von einer transzendentalen Perspektive, oder ist sie vielmehr das Ergebnis eines Willensakts, das heißt der Ausdruck guten Willens von Seiten der Menschen? Mit anderen Worten: betrifft die Möglichkeit des Übersetzens, und damit auch die Grenzen einer Übersetzung, eine spezifische *Doktrin des Wesens der Sprache* (wie in Benjamin), oder impliziert sie vielmehr eine *technische Fähigkeit*, eine *hermeneutische Dimension* (wie in Schleiermacher), oder sogar – wie ich weiter oben nur angedeutet habe – bezieht sie etwas mit ein, das in erster Linie mit der *Ethik* zu tun hat?

So gesehen, erscheint die Frage in der Tat schwer zu beantworten. Und dies, weil der übersetzerischen Tätigkeit, und insofern ihre Bemühungen motivierend, scheinbar eine "Metaphysik des Übersetzers" zugrunde liegen muss: eine Auffassung, nach der die Beziehung – eine Beziehung, die sich in objektivierender Form präsentiert, Ergebnis einer göttlichen Geste oder eines menschlichen Akts – immer schon gewährleistet ist und

[5] Vgl. J. Ortega y Gasset, *Miseria y esplendor de la traducción*, in *Obras completas*, Bd. V, Alianza Editorial/Revista de Occidente, Madrid 1983, SS. 431-53.

Oberhand gewinnt über jede mögliche Verschiedenheit. Dieser Auffassung steht, auf dieselbe und gegensätzliche Art, die Idee gegenüber, nach der das Übersetzen sozusagen eine verzweifelte Suche nach Verbindungen ist, dort wo jedoch keine Bindung möglich ist. Die Bindung andererseits ist nur äußerer Schein, nur Missverständnis, nur das Ergebnis eines Gutdünkens. Babel, aus diesem Blickwinkel betrachtet, würde endgültig gesiegt haben.

Gewiss. Es gibt gewiss viele gute Gründe für diese ernüchternde Idee. Umso mehr in unsere Zeitepoche – einer Epoche, in der trotz der durch die Globalisierung produzierten Uniformität die von Völkern, Kulturen, Religionen verkörperten Unterschiedlichkeiten mit Gewalt ihre Nichtrückführbarkeit einfordern. Und damit scheint der Versuch, sie in Beziehung zu setzen, nur Frucht eines willkürlichen Akts zu sein.

Wenn wir uns dann noch einmal auf die übersetzerische Tätigkeit als Über-Setzen von einer Sprache in eine andere beschränken, gibt es zwei Arten, wie diese Nichtrückführbarkeit, dieses Schicksal des Unverständnisses sich in aller Klarheit präsentiert. Mehr noch: als unausweichlich erscheint. Es handelt sich in erster Linie um Erfahrungen, die eine *interlinguistische* Dimension betreffen; des Weiteren handelt es sich um Beispiele, die eine *intralinguistische* Dimension kennzeichnen.

Der erste Fall bezieht sich auf die *interlinguistische Dimension* und ist derjenige, der Texte miteinander in Beziehung setzt in Sprachen, denen ein gemeinsamer Bezug fehlt: nicht so sehr und nicht nur auf dieselben Dinge, sondern vielmehr und vor allem auf die Art, wie dieselben Dinge *erfasst und ausgedrückt* werden. Es ist die Gegenüberstellung und die Nichtrückführbarkeit die zum Beispiel zwischen „Athen" und „Jerusalem" bestehen: zwischen zwei radikal verschiedenen Arten, die Welt, unser Verhältnis zu ihr, ihre Wahrheit aufzufassen und zu sagen. Von den Kirchenvätern – mehr noch: von den Übersetzern der *Septuaginta* – bis hin zu Šestov und Levinas[6] hat dieses Thema einen Stolperstein dargestellt für sämtliche Auffassungen, die die westliche Kultur als etwas Homogenes und Einheitliches begreifen wollten. Das ist der immer ersehnte und enttäuschte Horizont der Möglichkeit eines Einverständnisses zwi-

[6] L. Šestov, *Athènes et Jerusalem. Un essai de philosophie religieuse* (1938), Flammarion, Paris 1967; E. Levinas, *La Bible et les Grecs*, in *A l'heures des Nations*, Minuit, Paris 1988.

schen östlicher und westlicher Welt. Wir denken dabei an den gegenseitigen Kulturschock, der die Begegnung zwischen westeuropäischen Bürgern (vor allem Deutschen) und Japanern in den ersten Jahrzehnten des 20. Jahrhunderts gekennzeichnet hat. Und des weiteren die gegenseitige Nichtrückführbarkeit, die sich insbesondere im letzten Jahrhundert zwischen verschiedenen Sprachen – in Worten, Klängen, Gesten –, mit denen der Mensch sich ausdrückt, in ihrer ganzen Vehemenz gezeigt hat. Und ich beziehe mich dabei nicht nur auf die gesprochenen Sprachen, und auch nicht auf die häufigen Missverständnisse beim Gebrauch der nonverbalen Sprache im interkulturellen Bereich, sondern auch auf die zahlreichen Ausdrucksweisen in der Musik oder der Malerei: oft selbst für Insider unverständlich. Dies ist das Schicksal der Avantgarden.

Den zweiten Fall, das heißt den Fall der oft unüberwindlichen Schwierigkeit einer *intralinguistischen Übersetzung*, möchte ich dagegen mit Verweis auf den philosophischen Bereich ausführen. Wie wir wissen, gibt es in der Philosophie, von Aristoteles bis zur Gegenwart, eine Struktur und einen dominanten Stil. Es handelt sich nicht nur um eine vorherrschende Form, sondern auch um die Interpretation gewisser grundlegender Inhalte, die an diese Form gebunden sind. Die für die ganze westeuropäische Lehre bestimmende Grundentscheidung wurde von Aristoteles in *De interpretatione* vorgenommen:[7] Unter den vielen verfügbaren Diskursformen ist die Philosophie durch den apophantischen Logos gekennzeichnet. Er sagt etwas über einen Zustand von Dingen aus; er ist in der Lage, die Wahrheit zu sagen (im Sinn einer Entsprechung zwischen dem, was gesagt wird, und dem, was ist); er findet seinen Ausdruck in der sacherfassenden Sprache, in der dritten Person, wie sie der Abhandlung eigen ist.

Hier geht es nicht nur um einen spezifischen Verzicht der Philosophie auf andere Arten des Sagens – die Aristoteles explizit aufzählt: der Ausdruck des Wunsches, einer Überzeugung, des Gebets –, sondern es geht vor allem um die Einschränkung der gewöhnlich gesprochenen Sprache auf die Modalitäten, die sie auf eine in ihrer Struktur korrekte Weise interpretieren (die eben in der von Aristoteles entwickelten „Logik" dargelegt und erläutert wird). Falls diese Einschränkung dann nicht funktionieren sollte, falls also die gewöhnliche Sprache den Strukturen widerstehen

---

[7] Aristoteles, *De interpretatione* 17 a, 1 sgg.

sollte, die die Lehre von ihr verlangt, müsste auf die Richtigkeit des Diskurses verzichtet werden. Oder man müsste die anderen Arten des Sagens – Poesie, Gebet usw. – als ein trügerisches Epiphänomen des Diskurses ansehen – oder auch (um ein Bild von Emanuele Severino aufzugreifen) als Beispiel eines Wahns.

Im Verlauf der Geschichte der Philosophie hat aber auch eine Abrechnung mit diesen Annahmen nicht auf sich warten lassen. Man hatte sich so sehr an den Logos der Apophantik gewöhnt, dass man ihn selbst als etwas Gewöhnliches, etwas „Natürliches" betrachtete. Dies hat weitere Reaktionen nach sich gezogen: vor allem, wenn dieser Logos sich als nicht adäquat erwies, um Phänomene auszudrücken, die wir nur in anderen Formen angemessen erfahren können. Und so war es nötig, andere Ausdrucksweisen zu suchen, um das zu sagen, was die philosophische Untersuchung vor Augen hatte. Zwei unterschiedliche Arten, neue Wege einzuschlagen, sind Hegel mit dem spekulativen Satz und Heidegger mit dem Versuch, poetisch zu denken.[8]

All das bedingt allerdings entsprechende Formen der Übersetzung: innerhalb derselben Sprache, gewiss, aber zwischen unterschiedlichen Gedankenstrukturen. Und es ist beileibe nicht gesagt, dass ein gemeinsamer Boden existiert, der das Gelingen dieses übersetzerischen Werks gewährleistet. Mit anderen Worten: Es ist nicht gesagt, dass eine Metasprache vorliegt, beziehungsweise eine Ursprache, die zwischen verschiedenen Erfahrungen teils identischer und teils unterschiedlicher Dinge als Brücke dienen kann. Der Verweis auf einen gemeinsamen Inhalt ist nicht ausreichend: denn auch dieser verändert sich, wenn sich die Formen ändern, in denen dieser Inhalt geäußert wird, sowie seine Absichtsweisen. Und so steht die Übersetzung wiederum vor ihren Grenzen.

Was bleibt also? Uns bleibt, neue Erfahrungen auszuprobieren. Es bleibt die Möglichkeit, in andere Arten von Szenarien einzubeziehen, wer daran interessiert ist, die Dinge so zu betrachten, als ob sie immer wieder neu wären. Es bleibt die Möglichkeit, die Koordinaten zu ändern, sich neuen Horizonten gegenüber zu öffnen. Ohne dass uns jedoch das Verständnis

---

[8] Vgl. G.W.F. Hegel, *Phänomenologie des Geistes*, *Vorrede*, in *Gesammelte Werke*, Bd. 9, Meiner, Hamburg 1980; M. Heidegger, *„... dichterisch wohnet der Mensch..."*, in *Vorträge und Aufsätze*, in *Gesamtausgabe*, Bd. 7, hrsg. v. F.-W. von Herrmann, Klostermann, Frankfurt a.M. 2000.

derjenigen, die uns bei diesen Erfahrungen nicht folgen, sicher ist. Denn durch die geänderten Koordinaten verändert sich auch die Welt, mit der wir zu tun haben.

5. Die übersetzerische Beziehung als ethische Beziehung

Wir befinden uns also in der Schwebe zwischen der Annahme einer immer gewährleisteten Übersetzbarkeit und der Resignation angesichts eines Babels, das als unser Schicksal aufgefasst wird. Beide Positionen sind begründet und haben ihre Befürworter. Einigen von ihnen sind wir bereits begegnet. Doch sie eröffnen einer Beziehung den Raum, die vom Übersetzer geschaffen werden muss. In diesem Raum, zwischen diesen beiden extremen Positionen, werden von Mal zu Mal die Möglichkeiten und Grenzen des Übersetzens ausprobiert, erkannt und erarbeitet. Und es kann sich auch die ganze *ethische Substanz* ergeben, die einer solchen Tätigkeit eigen ist.

Die Übersetzbarkeit ist nämlich nie garantiert. Auch und vor allem aufgrund der Tatsache, dass die Sprache, die zu übersetzende Sprache, die übersetzte Sprache, an sich mehrdeutig ist. Sie ist *Organ und Hindernis* der Kommunikation. Durch die Sprache verstehen wir uns; durch die Sprache missverstehen wir uns. Doch das Verständnis erreicht man nur, indem man das Risiko des Missverständnisses in Kauf nimmt. Und dem Missverständnis kann nur abgeholfen werden, indem man das Verständnis sucht.

Wenn man sich diese Situation vergegenwärtigt, und wenn man nicht der Idee einer perfekten Sprache als metaphysischer Hintergrund eines in messianischer Perspektive erreichbaren Einverständnisses verfällt, dann wird die Aufgabe des Übersetzers, wie wir bereits bei der Erläuterung Schleiermachers gesehen haben, wieder in erster Linie eine ethische Aufgabe. Das Verhältnis, das der Akt des Übersetzens schafft, ist nämlich nicht das Ergebnis eines willkürlichen Akts, der gleichermaßen zu verbinden wie auch zu zersetzen vermag. Man kommt nicht von der Garantie eines universellen philosophischen Esperantos zum Skeptizismus eines von derselben Person erlangten und aufgelösten Einverständnisses. *In Beziehung zu stehen* ist eine vermittelte Art, in der wir die Welt erleben:

genauer gesagt, in der wir sind. Und das Übersetzen ist eine der Formen, in der diese Beziehung sich vollzieht.

Dies kann auf verschiedenen Ebenen erfolgen. Eine gute Übersetzung schafft Beziehungen, die nicht nur verschiedene Idiome betreffen, sondern verschiedene, durch den Gebrauch dieser Idiome ausgedrückte und verwandelte Inhalte, transportierte Grundwerte und stillschweigende, implizit angenommene Ausgangslagen. Eine gute Übersetzung betrifft die Wörter, ihre Intentionen, den Text und den Kontext, in dem sie geäußert werden. Einer guten Übersetzung gelingt es, *Welten miteinander zu verbinden*. Eine gute Übersetzung *beseitigt das Fremde nicht, sondern macht es der Beziehung zugänglich*. Dies ist die *ethische Aufgabe* des Übersetzers.

All dies ist zweifellos möglich, aber nie garantiert. All dies ist möglich, doch die Grenzen der Handlung können mehr oder weniger einschneidend sein. Es handelt sich auf jeden Fall um etwas, das in jeder Beziehung geschieht: keine Fusion von Verschiedenheiten, sondern – ich wiederhole– ein Versuch, diese Verschiedenheiten miteinander zu verbinden und dabei als solche zu bewahren und zu respektieren, sie ganz im Gegenteil zu einer funktionellen Bereicherung der Beziehung zu machen.

Indem ich von "Respekt" spreche, greife ich ein bereits eingeführtes ethisches Motiv auf. Doch auch die Ethik ist hier wiederum nicht das Ergebnis einer von gutem Willen angetriebenen Entscheidung. Ethik ist die Art, der spezifischen Relationalität, die uns als Menschen kennzeichnet, treu zu sein. Und unsere Motivation, ethisch zu handeln, hängt gerade vom Bewusstsein und von der spezifischen Annahme dieses Beziehungscharakters ab.

Wir sind nämlich nicht in erster Linie isolierte Individuen, die grundlos Beziehungen eingehen zu den Dingen, zur Welt, zu anderen menschlichen Wesen. Wir sind bereits in Beziehung. Die Beziehung steht am Anfang, die Beziehung ist der Anfang.[9]

Die offensichtlichste Form dieses uns zustehenden Beziehungscharakters ist durch unsere Kommunikationsfähigkeit gegeben. Wobei unter "kom-

---

[9] Dieses Thema habe ich vertieft behandelt in meinem Buch *TeorEtica. Filosofia della relazione* [*TheorEthik. Philosophie der Beziehung*], Morcelliana, Brescia 2010. Die kommunikativen Implikationen habe ich in meinem *Etica della comunicazione* [*Ethik der Kommunikation*], Carocci, Roma 2013, behandelt.

munizieren" nicht das Übermitteln von Nachrichten oder Informationen von einem Individuum an ein anderes Individuum (das heißt von einem Sender an einen Empfänger) zu verstehen ist, sondern die Möglichkeit, in Worten, Gesten, mittels verschiedener Kommunikationsinstrumente den gemeinsamen Raum zu erfahren, der uns miteinander in Beziehung bringt: tendenziell mit allen möglichen Kommunikationspartnern. Kommunizieren ist nämlich ein ganz konkretes Erschaffen einer gemeinsamen Beziehung zwischen Verschiedenen, wobei das Unterschiedliche in Beziehung überwunden, aber nicht aufgelöst werden soll.

Eine der Arten, in der dies im Allgemeinen geschieht, ist gerade die übersetzerische Tätigkeit. Beim Übersetzen erfolgt nämlich dieser Vermittlungsprozess, durch den eine Beziehung zwischen verschiedenen Sprachen geschaffen wird. Genau gesagt, zwischen Idiomen, die einander fremd sind. Konkret findet er statt zwischen Texten, aus denen übersetzt und in die übersetzt wird. Doch die Struktur bleibt gleich: Sie betrifft die Übung und die Darlegung jener Relationalität, die uns kennzeichnet, während wir an diesen Formen arbeiten.

Aber warum sollen Beziehungen gefördert werden? Warum zudem durch die übersetzerische Tätigkeit? Dies ist die ethische Grundfrage. Dies ist der Grund, warum die wahre Basis der Übersetzungsarbeit nicht metaphysisch, sondern eben *ethisch* ist. Und dies ist die Antwort. Wenn unser Sein tatsächlich ein beziehungsmäßiges ist, besteht die ethische Entscheidung in der Möglichkeit, in das einzuwilligen, was wir schon sind, und es in die Tat umzusetzen: indem wir es uns wirklich zu eigen machen und es damit neu bestätigen.

Dies kann auch in der konkreten Übersetzungsarbeit geschehen. Eine Übersetzung kann deshalb nicht nur gut oder schlecht sein, weil sie treu oder untreu, richtig oder falsch ist, sondern vor allem, weil sie *der dem Menschen eigenen Relationalität getreu oder nicht getreu ist*. Und damit geht es nicht so sehr um eine *gutgemachte Übersetzung* als vielmehr um eine *gute Übersetzung*.

Kurzum: Auch bei Übersetzen versuchen wir uns treu zu sein. Mehr noch, das was wir sind, besser zu sein. Die Verschiedenheit aus einer Begrenzung in eine Ressource zu verwandeln. Und vor allem, die uns gegebene Möglichkeit zu verwirklichen, bei all unseren Handlungen dem treu zu sein, was wir sind: gut.

PART III

CROSSING THE FRONTIERS:

THE LITERATURE

Adalberto Mainardi

"THE POET'S MOTHER TONGUE". TRANSLATION AS ETHIC OF THOUGHT

> St-Gilles-sur-Vie, July 6, 1926
>
> Dear Rainer!
>
> Somewhere Goethe affirms that it is impossible to create anything worthy in a foreign language: and that has always seemed to me inexact …
>
> Writing poems is already translating, from one's mother tongue into another language – French or German, it doesn't matter. No language is a mother tongue. Writing poems is transcribing. That's why I cannot understand when one speaks about French or Russian poets and so on. A poet may write in French, but he or she cannot be a French poet. It is ridiculous.
>
> I am not a Russian poet, and it always astonishes me when I am considered or defined so. You become a poet (if you could ever become a poet, if you would not have always been so!) in order not to be French, Russian etc., in order to be – all. In other words, you are a poet because you are not French. Nationality is separateness and self-closure. Orpheus either obliterates any nationality, or he widens it in such a way as to include everybody (all those who lived and those who are still living).[1]

Marina Tsvetaeva wrote to Rainer Maria Rilke, in the year of his death. It was through another poet, Boris Pasternak, that those two poets became acquainted with each other, just through letters. Pasternak's father, the painter Leonid Pasternak, had known Rilke from as far back as 1899.

Marina wrote in German from exile in France. She had come to Paris with her husband and their children in 1925, after staying three years in Prague, the city where Rilke was born. As Rilke himself could read some Russian – once he even claimed to have read Goncharov's *Obolomov* "almost without a dictionary" –, the correspondence between the two poets (three with Pasternak) crosses several languages: German, Russian

---

[1] M. Tsvetaeva, *Deserti luoghi. Lettere 1925-1941*, a cura di S. Vitale, Adelphi, Milano: 1989, pp. 49-50.

and French, the language of Russian exiles. No language is the mother tongue. Every language is a foreign language. As a shadow, the figure of the Stranger follows the poet. Since Plato's *Sophist*, the Stranger is another name for the philosopher. As Martin Heidegger pointed out, the region of thought has poetry at all its borders.[2]

The opening quote from Tsvetaeva's letter has already mentioned our main points of reference for this article that seeks to correlate translation with ethics: not immediately to display a fashionable "Ethics of translation", but rather to question how translation practice affects the way we think. An "Ethics of translation" does not simply consist of a set of precepts to be followed by the translator in his or her work.[3] If that were the case, the ethical dimension would merely apply to a discipline, which has its theoretical foundations elsewhere. Instead, what we are looking for is an ethics (and a poetics) of thought, which practices itself *in translation*, and whose practice defines from its very beginning the epistemological foundations of translation as a peculiar form of communication: as an archetypal form of relationship to the other.

Our quest touches on the research area dealt with by Translation Studies.[4] Although a number of theoretical models for translation will be taken into account, our aim is neither to provide further analyses of translation processes as such, nor to discuss in detail different theoretical approaches. Rather, we would like to underscore the philosophical implications of every act of translation; and, secondly, to detect an "ethics" or "practice" of thought in translation as a possible way out of the nihilistic wreck of western metaphysics.[5] Writing is implied in the very genesis of western scientific and metaphysical worldviews.[6] By focusing on "literary written

---

[2] See: M. Heidegger, *Unterwegs zur Sprache*, Pfullingen, Neske: 1959, chapter IV.

[3] See, for instance, the principles of an "ethics of translators" as those declared in the twelve articles of Dubrovnik Charter (1963); see also the UNESCO document: *Recommendation on the legal protection of Translators and Translations and the practical means to improve the Status of Translators* (Nairobi: 1976).

[4] A very useful presentation is J. Munday, *Translation Studies. Theories and Applications*, Routledge, London-New York: 2001.

[5] See C. Sini, *Etica della scrittura*, Il Saggiatore, Milano: 1992; Id., *L'origine del significato Filosofia ed etologia*, Jaca Book, Milano: 2004; see also H. Meschonnic, *Poétique du traduire*, Verdier, Paris: 1999; Id., *Spinoza poème de la pensée*, Miasonneuve et Larose, Paris: 2002.

[6] See J. Derrida, *De la grammatologie*, Minuit, Paris: 1967.

translations", we do not intend to discard other forms of translation (oral, general language translation, special language translation and so on),[7] but to concentrate on that form of translating, whose philosophical implications are more clear.

For the same reason, it could perhaps seem arbitrary to narrow ethical considerations down to the translation of poetry. Ethics in translation covers a wide range of problems, from enculturation to decolonization processes,[8] while translation of poetry is but a very peculiar type of translation. But it is in poetical translation that there emerges, at every step, the problem of the untranslatable as the presence of the other, which requires our moral responsibility.

1. "*Writing* poems is already *translating*". Tsvetaeva seems to repeat a commonplace of Symbolist (and generally avant-garde) poetics from the turn of the twentieth century. So, for instance, Paul Valéry wrote that "the poet is a peculiar sort of translator, who translates ordinary speech, altered by an emotion, into the 'language of gods'; his internal work is less to look for words fitting his ideas than to look for ideas fitting his words".[9] What appears new in Tsvetaeva's statement is the explicit mention of the *writing* process. There seems to be a sort of correspondence between transposing the uninterrupted flow of thoughts into a written form, and transposing a source text (ST) from a source language (SL) into another text (*target text*, TT), written in another language (*target language*, TL). The outcome of both processes is a final text which stands "approximately" for the original. But in a certain sense the original itself is a translation: it transcribes an original experience of meaning in a more fixed form, which can be communicated. Translators are supposed to be engaged, at last to some extent, in a sort of reiteration of the mental process which produced the ST. The moral commitment starts at this very point: on the side of the original (ST), how to be faithful to the original

---

[7] See for instance the classification of types of translation in M. Snell-Hornby, *Translation Studies: An Integrated Approach*, John Benjamins, Amsterdam and Philadelphia (PA): 1995 (revised edition), p. 32.

[8] See for instance S. Bassnet, H. Trivedi (eds.), *Post-Colonial Translation: Theory and Practice*, Pinter, London and New York: 1999.

[9] Quoted by B. Osimo, *Manuale del traduttore*, Hoepli, Milano: 2011, p. 9.

idea, when it is communicated in a fixed form; on the side of the TT, how to be faithful to the same idea once it has been transposed into a fixed form. But the chain of possible translations affects the original itself, since it would never be an "absolute original", a definite incarnation of pure ideas.

As soon as the act of writing broke the Parmenidean identity of thought and being, introducing a hidden cleft into the continuous unity of the *phonē-Lógos* (the voice immediately expressing, as it were, the rationality of being), then the very process of thinking ceased to represent an absolute correspondence to Being, and started to build a framework of relations and references, where objects are definitely substituted by signs. This is the original *parricide* of philosophy, committed by the Stranger in Plato's *Sophist*. *Thinking* turns out to be a sort of *translating*: from the original sacred, timeless scripture of *Lógos* (Parmenides' Goddess, Plato's ideas) into a historical language, that is, into a concrete ιστορία, that is, into a "written account of one's inquiries, narrative, history" (Liddell-Scott). Translation, as linguistic practice *between* languages, uncovers the problem of the relations between thought and language; it asks for a keener insight into the process of thinking, biased by its linguistic habits. The diversity of languages accounts for different ways of articulation of thought, which in turn reveals itself inseparable from its linguistic form, as a theorem from its mathematical symbolism.

The well known thesis by Edward Sapir – that "language, as a structure, is on its inner face the mold of thought"[10] – carries on a tradition, which dates back to Humboldt's essay on the diversity of languages (1827-1829). The latter writes:

> Die Sprache ist das bildende Organ des Gedanken. Die intellectuelle Thätigkeit, durchaus geistig, durchaus innerlich, und gewissermassen spurlos vorübergehend, wird durch den Ton in der Rede äusserlich und wahrnehmbar für die Sinne, und erhält durch die Schrift einen bleibenden Körper …

[10] E. Sapir, *Language. An Introduction to the Study of Speech* (1921), Harcourt, Brace & World, New York: 1949, p. 22.

> Die intellectuelle Thätigkeit und die Sprache sind daher Eins und unzertrennlich von einander.[11]

If language and thought, both at an individual and at a collective level, represent an inextricable unity, the next step will be to postulate different ways of thinking and producing worldviews in correspondence to a plurality of natural tongues. Madame de Staël found conversation insufferable in Goethe's home: whoever started speaking did not give over until he had completed his sentence. She very much missed the endless talks of her salon in Paris, where "*on parle tous en même temps et tout le monde s'entend*". The distance between social convention in Weimar and in Paris is less a matter of geography, than of language. German syntax does not tolerate interruptions, lest the sentence should fall into the absurd. It's only French, the language of the Court, which praises economizing on expressive means, allowing one word to have many flavours at the same time and mean many things. *Brot* and *pain*, as Walter Benjamin noted as early as 1921, will never taste the same: "What is meant is the same, not the way to mean it".[12]

At the beginning of the 20th Century a sort of revival of Humboldt's themes took place. In Russia it was Gustav Špet, linguist and philosopher, Husserl's student at Gottingen, who tried to elaborate a philosophy of language on phenomenological and linguistic bases. "Language is a sort of external manifestation of the spirit of the peoples", he wrote, commenting on Humboldt's theses: "Their language is their spirit and their spirit is their language".[13]

The anthropologist Benjamin Lee Whorf, developing Sapir's ideas, set out to check empirically how a background linguistic system (in other words grammar) works in every language not just as a tool expressing ideas, but as a framework shaping their form: "Facts are unlike to speakers whose language background provides for unlike formulation of

[11] W. von Humboldt, *Über die Verschiedenheiten des menschlichen Sprachbaues*, in Id., *Werke in fünf Bänden*, ed. by A. Flitner und K. Giel, Wissenschaftliche Buchgemeinschaft, Darmstadt: 1963, vol. III, p. 191.

[12] W. Benjamin, *The Task of the Translator*, in L. Venuti (ed.), *The Translation Studies Reader*, Routledge, London and New York: 2000, pp. 15-25.

[13] G. G. Špet, *Vnutrennjaja forma slova. Etjudy i variacii na temy Gumbolta* (1927), Moscow (Urss): 2006, p. 13.

them".[14] The well-known Sapir-Whorf hypothesis, in its strong form, states a deterministic correlation between a worldview in a given culture and its linguistic structure. From this strong hypothesis, there follows, as a corollary, a cultural relativism directly proportional to the incompatibility among languages. Translation would be, here, but a means of ethnocentric violence.[15] We will not discuss further cultural relativism from translation's standpoint;[16] it appears clear, though, that the untranslatable marks the boundaries of an irreducible anthropological difference.

It is properly in the experience of the untranslatable that we first meet ethics in translation. The untranslatable manifests the "other" at the very heart of the "self", in the impossible assimilation without residue of the foreign language to ours. The moral obligation arises, in different degrees, in this connection to the other. Meeting the "other", who may be the stranger speaking a foreign language, is not a peripheral phenomenon in a culture's system. Instead, it constitutes its axiological coordinates, as the core of a culture lies – accordingly to a suggestive image of Michail Bakhtin[17] – in its periphery or bordering areas, where an endless net of relations interweaves the values-producing surface of the cultural sphere. Although Bakhtin himself opposed the polyphonic word of the novel, where every sort of external voice is integrated into the writer's speech, to the monophonic discourse of poetry, where just the lyric I of the poet is speaking,[18] the resistance to translation which poetry displays is not a denial of otherness, but the evidence of its irreducibility. In other terms, the irreducibility of otherness in translating poems is an indirect proof of

---

[14] B. L. Whorf, *Language, Thought and Reality. Selected writing*, ed. by J. B. Carroll, The MIT Press, Cambridge (Mass.): 1956, p. 235.

[15] On translation and cultural studies, see S. Bassnett, A Lefevere (eds.), *Translation, History and Culture*, Pinter, London and New York: 1990; A. Lefevere, *Translation, Rewriting and the Manipulation of Literary Fame*, London and New York, Routledge, 1992; Id., *Concezione della traduzione in Cina e in Occidente*, in M. Ulrych [ed.], *Tradurre. Un approccio multidisciplinare*, Utet, Torino: 1997, pp. 195-211; T. Niranjana, *Sting Translation: History, Post-Structuralism, and the colonial Context*, University of California Press, Berkeley (CA):1992.

[16] On this point, see S. Borutti-U. Heidmann, *La Babele che noi siamo. Traduzioni, riscritture, culture*, Bollati Boringhieri, Torino: 2012, pp. 108-136.

[17] See S. Sini, *Michail Bachtin. Una critica del pensiero dialogico*, Carocci, Roma: 2011.

[18] M. Bakhtin, *Slovo v romane* (1934-1935), in *Voprosy literatury i estetiki*, Chudožestvennaya literatura, Moscow: 1975.

the impossibility of reducing the aesthetic valuation of poetry to its formal values. Its full comprehension requires an ethical stance.

2. In her letter to Rilke, Marina Tsvetaeva places poetry at that genetic point of interactions with others, which is translation. Her gesture seems to rephrase the romantic equations between Poetry and Language (*Dichtung* and *Sprache*), and between "speaking" and "translating", into a more concise form: "writing poems is translating". In his *Aestetica in nuce*, Hamann explained that "*speaking* is *translating*, from an *angelic language* into a *human language*, that is to say transposing *thoughts* into *words*, *things* in *sounds*, *images* in *signs*".[19]

Poet's work, his or her search for the word perfectly fitting those inner lands he or she explores, is exposed to the attraction of that empty space where the meaning of things is born, of that primeval lapse of time when word is born. And along with words comes writing. "*Writing* poems is already *translating*". Poetry reveals more painfully the emergence of what Jacques Derrida calls "arch-scripture": the original and insuperable complicity between language and its writing, between the voice, speaking in the presence, and the (written) "trace", separating and deferring. It is this "arch-scripture" or "trace" that *defers* in time and *differentiates* the mystic unity of being totally transparent and present to thought, thus making any historical form of writing possible.

The problem of meaning, one of the most intricate philosophical questions, seems to be perfectly settled in the "poet's mother tongue": here the word, its sound, its rhythm, fully correspond to its inner meaning, the interiority to exteriority, and the invisible to the visible. The unattainable fullness of meaning – or even its absence – seems to be here close to hand, overcoming the longing for its ever elusive presence. But the poet's mother tongue does not exist. No language is a mother tongue. This language is to be patiently looked for. Practising this quest is translating: "Writing poems is already translating, from one's mother tongue into

---

[19] J. G. Hamann, *Scritti e frammenti di estetica*, Sansoni, Roma: 1938, p. 125, cit. in A. Berman, *L'épreuve de l'étranger: Culture et traduction dans l'Allemagne romantique*, Gallimard, Paris: 1984; I quote from the Italian translation: *La prova dell'estraneo. Cultura e traduzione nella Germania romantica*, ed. by G. Giometti, Quodlibet, Macerata: 1997, p. 25.

another language – French or German, it doesn't matter". Attaining this first original translation matters more than any subsequent historical translation.

Here the problem of the untranslatable in poetry meets with ethical commitment. But, what does exactly "untranslatable" mean? We might answer: any word or text which has no equivalent in any other language. But the very notion of "equivalence" is suspected of circularity. We may define two expressions to be "equivalent" if one is the translation of the other; and in turn we may define "translation" as the process which transforms a proposition of the ST into an equivalent one in the TT.

From a philosophical point of view we may argue – following W. V. O. Quine – that a certain degree of untranslatability pertains to every language. There are no facts such as meanings independent of any language. Any translation is intrinsically biased by indeterminacy. However, this does not necessarily imply the naturalistic empiricism that underpins the thesis of the indeterminacy of translation in Quine's philosophy.[20] We can view meanings as events constructed in communication and in translation, which in turn are rooted in a deeper skill or competence, which is not simply acquired by the reiterated repetition of the chain stimulus-answer (and this would meet Chomsky's objections to Quine's empirical approach to language).[21]

Indeterminacy in translation does not define the untranslatable, but the opposite: the absence of meaning outside language. The untranslatable is, instead, the paradoxical presence of pure meaning inside a given language. Perhaps we can consider proper names as such pure meanings, which cannot be translated but only transposed into another language. So far, the untranslatable is a limit concept. At this level no equivalence can be attained in translation.

In modern translation theories, the equivalence-concept has shifted from the classic opposition between literal translation (*verbum de verbo*) and free translation (*sensum de senso*)[22] to a multifaceted model of corre-

---

[20] W.V.O. Quine, *Word and Object*, MIT Press, Cambridge (Mass.): 1960.

[21] See N. Chomsky, *Quine's Empirical Assumptions*, in D. Davidson, J. Hintikka (eds.), *Words and Objections*, Reidel, Dordrecht: 1969, pp. 53-68, and Quine'e reply: "Indeterminacy of Translation again, in *Journal of Philosophy*, 84 (1987), pp. 5-10.

[22] See the often quoted passage by Cicero, *De optimo genere oratorum*, 14.

spondences, which eventually led scholars to abandon the equivalence notion itself.

In his pioneering work *Toward a Science of Translating* (1964), Eugene Nida proposed to distinguish "formal equivalence", keenly oriented towards the ST structures, from "dynamic equivalence", based on the "principle of equivalent effect", TL and TT oriented. The success of a translation depends on its achieving equivalent response.[23] But it is hardly imaginable how dynamic equivalence can be attained in the translation of poetry, for the poetical effect is so directly linked to the linguistic structures of the SL.

Functional theories of translation place poetical texts at one vertex of the triangle that organizes the space, in which text types and text varieties are disposed. The three vertices are represented by the expressive or emotive function (source-centred: poem, novel, play...); the informative or referential function (object-centred: reference work, report...), and the operative or conative function (target-centred: advertisement, electoral speech...).[24] Text functions determine translation strategies. However, the same text may perform several functions at once, in different degrees: a scientific handbook has a high informative function, but low or inexistent expressive and operative functions; a satire has a low informative function, but high expressive and operative functions.

All these theoretical models have text as their analysis unity. Since the end of the '70s, translation studies theorists have been developing analysis and didactic methods based on Halliday's *systemic functional grammar*,[25] which "is geared to the study of language as communication, see-

---

[23] E. A. Nida, *Toward a Science of Translating*, E. J. Brill, Leiden: 1964.

[24] See K. Bühler, *Sprachtheorie: Die Darstellungsfunktion der Sprache* (1938), Gustav Fischer, Stuttgart: 1965^2; K. Reiss-H. J. Vermeer, *Grundlegung einer allgemeinen Translationtheorie*, Niemeyer, Tübingen: 1984; see A. Chesterman (ed.), *Readings in Translation Theory*, Finn Lectura, Helsinki: 1989, p. 105; F. Scarpa, *Equivalenza funzionale e tipologie testuali nella traduzione*, in *Tradurre. Un approccio multidisciplinare*, ed. by M. Ulrych, Utet, Torino: 1997, pp. 3-30. Language functions in Roman Jakobson's scheme include also the poetic, phatic and metalingual functions, centred respectively on the message, the contact and the code: R. Jakobson, *Metalanguage as a Linguistic Problem* (1956), in Id., *Selected Writings*, VII, ed. by S. Rudy, Mouton, 1985, pp. 113-121.

[25] See M. A. K. Halliday, *Language as Social Semiotic*, Arnold, London and New York: 1978; Id., *An Introduction to Functional Grammar*, Arnold, London: 1998^2.

ing meaning in the writer's linguistic choices and systematically relating these choices to a wider socio-cultural framework".[26] As Gerot and Wignell put it:

> Functional grammars view language as a resource for making meaning. These grammars attempt to describe language in actual use and so focus on texts and their contexts. They are concerned not only with the structures but also with how those structures construct meaning. Functional grammars start with the question, "How are the meanings of this texts realized?".[27]

Linguistic meaning itself is a result of a rather complex interaction of factors. Juliane House's revisited model, based on Hallidayan theory, provides a method for comparing ST and TT at register level (field, tenor, mode), with a keen analysis of "mismatches and errors" in the TT; she thus distinguishes between "overt translation", which does not purport to be an original, and "covert translation", "which enjoys the status of an original source text in the target culture".[28]

Equivalence is nothing more than a matter of choice among a plurality of functions. It depends less on the translator's stance than on a complex interplay of literary systems and cultural strains, as analysed for instance by the so called polysystem theory and descriptive translation studies.[29] The equivalence criterion in translation is in fact ambiguous. It depends on how and where the equivalence is looked for. It presupposes an anthropological equivalence, which in turn is grounded in metaphysics of identity and presence. But relinquishing "equivalence" implies the vanishing of the notion of untranslatable: everything is (to some degree) translatable; and at the same time, nothing is "absolutely" translatable. The irreducibility of the other in translation vanishes, and thence any ethics.

---

[26] J. Munday, *Introducing Translation Studies*, cit., p. 90.

[27] L. Gerot, P. Wignell, *Making Sense of Functional Grammar*, Antipodean Educational Enterprises, Cammeray (New South Wales): 1994, p. 6.

[28] J. House, Translation Quality Assessment: A Model Revisited, Tübingen, Gunter Narr, 1997, p. 69.

[29] See I. Even-Zohar, *The Position of Translated Literature within the Literary Polysystem* (1978), in L. Venuti (ed.), *The Translation Studies Reader*, cit., pp. 192-197; E. Gentzler, *Contemporary Translation Theories*, Routledge, London and New York: 1993; G. Toury, *Descriptive Translation Studies – And Beyond*, John Benjamins, Amsterdam and Philadelphia: 1995.

In an often quoted passage, Friedrich Schleiermacher describes translation as a choice between two moves: either bringing the author to the reader, or the reader to the author,[30] which contemporary translation theories calls domestication *versus* foreignization strategies.[31] But this choice is originally present at authorial level: either to please the readers following hackneyed literary patterns, or to look for new paths at the risk of misunderstanding. The movement of estrangement from the SL and of approach of the unknown to the familiar in the TL is very close to the poetic creation itself as an exodus from the silence of poet's private vision to the poetic word capable of reproducing a plurality of worlds in the readers' imagination. Italian poet Franco Fortini, in his *Lesson on Translation* (1989), saw no difference between the reasons that within one culture allow (or do not allow) writing and reading poetry and the desire (or the indifference) for reading and translating foreign poets.[32]

Already Goethe intended translation, like poetry, as a journey towards the unknown:

Wer das Dichten will verstehen,
Muß ins Land der Dichtung gehen;
Wer den Dichter will verstehen,
Muß in Dichters Lande gehen.[33]

The poet's word, like the word of the prophet (Is 40,3), resonates in a waste land. Is there any suggestion, here, that translation be understood as a way to ethics?

3. Philosophical as well linguistic objections have been raised against the very possibility of translating poetry. In his seminal paper *On linguistic*

---

[30] F. Schleiermacher, *Über die verschiedenen Methoden des Übersetzens*, in Id., *Sämtliche Werke*, Reimer, Berlin: 1838, vol. II, pp. 207-245.

[31] See L. Venuti, *The Translator's Invisibility: A History of Translation*, Routledge, London and New York: 1995, Id., *The Scandals of Translation: Toward an Ethics of Difference*, Routledge, London and New York: 1998.

[32] See F. Fortini, *Lezioni sulla traduzione*, Quodlibet, Macerata: 2011.

[33] W. Goethe, *West-östlicher Divan*, in *Goethe. Berliner Ausgabe*, Aufbau, Berlin: 1963, vol. III, p. 161.

Aspects of Translation (1959), Roman Jakobson links the untranslatability of poetry to one of the communicative functions, namely the "poetic function", which focuses on the code (a given language):

> In poetry, verbal equations become a constructive principle of the text. Syntactic and morphological categories, roots, and affixes, phonemes and their components (distinctive features) – in short, any constituents of the verbal code are confronted, juxtaposed, brought into contiguous relation according to the principle of similarity and contrast and carry their own autonomous signification. Phonemic similarity is sensed as semantic relationship. The pull, or to use a more erudite, and perhaps more precise term - paronomasia, reigns over poetic art, and whether its rule is absolute or limited, poetry by definition is untranslatable.[34]

Jakobson moves from a semiotic perspective, developing a suggestion by C. S. Peirce, who defines meaning as "the translation of a sign into another system of signs". Thus taking "translation" in a broader meaning as a case of interpretation, he distinguishes: 1) Intralingual translation or *rewording* (an interpretation of verbal signs by means of other signs of the same language); 2) Interlingual translation or *translation proper* (an interpretation of verbal signs by means of some other language); 3) Intersemiotic translation or *transmutation* (an interpretation of verbal signs by means of signs of nonverbal sign systems). As far as the translation of poetry is concerned, only

> creative transposition is possible: either intralingual transposition - from one poetic shape into another, or interlingual transposition - from one language into another, or finally intersemiotic transposition - from one system of signs into another, e.g., from verbal art into music, dance, cinema, or painting.[35]

One may think that "creative transposition" is thus a rather different process than translation. From purely philosophical premises, at the beginning of the Century Benedetto Croce in his *Aesthetics* (1900), stated the "impossibility of [literary] translations". He argued that at varying of contents or "impressions", varied accordingly the "expressive forms" as "aesthetics synthesis of impressions". So, any translation of an "expres-

---

[34] R. Jakobson, *On linguistic Aspects of Translation*, in L. Venuti (ed.), *The Translation Studies Reader*, cit., pp. 113-118.

[35] Ivi, p. 118.

sive form" (that is, an artistic work) would be either a loss, with respect to the original, or another "expressive form", with a correspondingly different content or impression. "*Brutte fedeli o belle infedeli*".[36]

But the theoretical impossibility of translating poetry is faced with the very fact of translations of poetry. Yet the notion of "untranslatable" is a key notion for the ethical commitment of the translator. Following Umberto Eco, we may qualify the deontology of the translator as a process of "negotiation": once the ST has been thoroughly interpreted, in order to grasp its deep meaning, the translator engages in a process of "negotiation" between the ST and the resources of the TL, in order to choose step-by-step what values (expression, rhythm, allusions, contents &c.) can be conveyed and which are to be given up in the TT.[37] This process in fact mirrors the original process of creating poetry and its untranslatable compromise between expression level and content level.

In translating, "we shall not immediately struggle with the foreign language", wrote Goethe to Chancellor von Müller in 1828: "One should go as far as to meet with the untranslatable and respect it: for here we find the value and the character of any language".[38] According to Antoine Berman, the "*ethics of translation* consists, at the theoretical level, of bringing to light, affirming and defending the pure finality of translation as such. In other words, to define the nature of 'faithfulness'". For Berman faithfulness ultimately means "a theory of translation which is not ethnocentric".[39] Berman thus replaces the abstract opposition translatable *vs.* untranslatable with the choice between faithfulness and betrayal, where the ethical commitment of the translator is at stake. Paul Ricœur, in outlining the relationship between ethics and translation, will follow Berman on this point.[40]

The opposition *faithfulness/betrayal* is target-oriented and defines an "ethics of translation" as a "translator's deontology". George Steiner, in his influential *After Babel*, describes what he calls "hermeneutic motion"

---

[36] B. Croce, *Estetica come scienza dell'espressione e linguistica generale. Teoria e storia*, ed. by G. Galasso, Adelphi, Milano: 1990, p. 87.

[37] U. Eco, *Dire quasi la stessa cosa. Esperienze di traduzione* (2003), Bompiani Milano: 2013^2.

[38] Quoted in A. Berman, *La prova dell'estraneo*, cit., p. 77.

[39] Ivi, p. 15.

[40] P. Ricœur, *Sur la traduction*, Bayard, Paris: 2004.

in four steps: 1) initiative trust in the ST; 2) aggression (or penetration); 3) incorporation (or embodiment); and finally 4) compensation (or restitution). The ethical dimension is restricted to the fourth step, where the translator restores the balance between the translated text and the original.[41]

The opposition *translatable/untranslatable* is, as it were, source-oriented: it pertains to the production of the text itself as "original translation". This aspect of the problem has attracted the attention of philosophers like Walter Benjamin, Martin Heidegger and Jacques Derrida.[42] The problem of an "ethics of thought" which translates itself in a text arises at this point. Drawing on a play on words which we already find in Herder, Heidegger describes the dynamic of translating (*Ueber-setzen*) as a move which transposes (über*setzt*, "transfers") our whole way of thinking, as it were, into another country. This original transposition or *transfer* is already at stake in the very first emergence of both the poetical and the philosophical word:

> We are constantly translating our own language, our mother tongue, in its *appropriated* word. Speaking and saying are in themselves translating, whose essence cannot be reduced to the fact that the word to be translated and the translated word belong to different languages. In every dialogue and in every soliloquy an original translating prevails [...] A poet's poem, a thinker's tract stay in their own word, which is one and singular. They let us understand this word as if it were heard for the very first time. These firstlings of the word *transfer* us to the river's other bank. The so called *translating* (über*setzen*) and paraphrasing always follow the *transferring* (*über*setzen) of our whole essence within a changed truth.[43]

The "untranslatable" is seen as a whole preceding the *différance* of any writing. Every translation is an implicit challenge to the untranslatable, a

---

[41] G. Steiner, *After Babel: Aspects of Language and Translation* (1975), Oxford University Press, London and Oxford: 1998[3].

[42] See J. Derrida, *Des Tours de Babel*, in *Psyché. Inventions de l'autre*, Galilée, Paris: 1987, pp. 203-235; Id., *Qu'est-ce qu'une traduction « relevante »?*, L'Herne, Paris: 2005. See also K. Davis, *Deconstruction and Translation*, St. Jerome Publishing, Manchester (UK) & Northampton (MA): 2001.

[43] M. Heidegger, *Parmenide*, Adelphi, Milano: pp. 47-48. On Heidegger and translating see G. Giometti, *Martin Heidegger. Filosofia della traduzione*, Quodlibet, Macerata: 1995.

journey into a foreign land, where the translation *transfers* our quest for meaning. It would be an oversimplification to identify an ethical move to a source-oriented strategy (*foreignization*), discarding target-oriented strategy (domestication) as an obliteration of otherness. The ethical commitment stays at the very origin of the untranslatable in the ST, where a cluster of concepts and associations comes to be inextricably linked to a linguistic expression (like "*Sehnsucht*" in German romanticism; or the phonosymbolic refrain "nevermore" in Poe's poem *The Raven*; or the anagram "Silvia/salivi" in the first stanza of Leopardi's *A Silvia* and so on).

Where every translation is at a loss, there starts ethics as a ceaseless passing through the untranslatable towards the first source of meaning: self-delivering of meaning not as original spontaneity, but as an indefinite chain of (always partial) translations. Here *begins* to appear an "ethics of thought" as consent to translation. It is the unconditioned responsibility for the Other, to which the thought agrees, delivering itself to translation. It is what Emmanuel Levinas called "the Selfhood questioned by the Other", that is to say "ethics acting as the critical essence of knowledge".[44]

As soon as philosophical discourse approaches to the "untranslatable", it finds itself in the very neighbourhood of the poetic word. Contiguity, however, does not mean identity: untranslatable in poetry depends on the materiality of language, whereas the untranslatable in philosophy refers to the impossibility of reiterating the same conceptual associations in a different linguistic context. As an example of "untranslatability" in thought, Jacques Derrida recalls the Platonic term "*χώρα*", "place", "spot", "land", "region", "country", and at the same time a metaphor for "mother", "wet-nurse", "breeding ground", "door", "imprint". "Thinking and translating", writes Derrida, "pass through the same experience".[45]

Both poetry and philosophy, taken as processes (ενέργεια, *enérgeia*), rather than as their results (έργα, *érga*), when faced to the untranslatable, show a proximity to the creational Word. No other word would be suitable in that case, lest things should return to nothing. "Then God said, 'Let

[44] E. Levinas, *Totalità e infinito. Saggio sull'esteriorità*, Jaca Book, Milano: 1990, p. 41.

[45] J. Derrida, *Chōra*, in *Poikilia. Etudes offerts à Jean-Pierre Vernant*, Editions de l'EHESS, Paris: 1987; tr. it. in J. Derrida, *Il segreto del nome. Chōra, Passioni, Salvo il nome*, ed. by G. Dalmasso and F. Garritano, Jaca Book, Milano: 1997, p. 50.

there be light'; and there was light" (Gen 1:3, New Revised Standard Version, 1989). The only imaginable way of translating the Word communicating the very being of things, is to bear witness to its power.

In his commentary on Genesis, St Augustine asks in which language God spoke when creating the world, as the diversity of languages had not appeared yet. *Qua lingua sonuit ista vox dicente Deo: fiat lux, quia nondum erat linguarum diversitas, quasi postea facta est in aedificatione turris post diluvium?* (*De Genesi ad litteram* I,I, 5-6). His answer is that it was not a material voice, but God's voice which spoke (*hoc bene intelligitur esse vox Dei*), and needed no human language, as it is written in John's *Prologue*: *in principium erat Verbum*.

Commenting on this passage, Henri Meschonnic argues that the sacred word thus becomes a mere metaphor of language, equivalent to silence:

> Le fonctionnement même du sacré. Une parole d'avant les langues. Pas d'anthropocentrisme, déjà un *deus sive natura*. Au sens latin de *natura*, puissance émettrice. Où la question « en quelle langue ? » n'a plus de sens que celle que pose saint Augustin, le fusionnel et le sacré font une métaphore du langage, sans langue et sans parole … le sacré tient du langage, tient le lieu du langage. En quoi toute invocation du sacré devrait cultiver le silence.[46]

The way out of silence passes under the sign of scripture.

4. Aristotle defined the "sounds of words" symbols of the "soul's signs"; and the written letters, "symbols of the sounds", that is to say "signifying of a signifying". Derrida's deconstruction made us sensitive to these words, which mirror the way western metaphysics was born as a concealment of the original act of writing the pure soul's sounds.

"Writing poems is transcribing". Marina Tsvetaeva explains that the birth of poetry is associated with writing down the pure soul's sounds. Poetry finds itself exactly in this fixing of the original language in written form. We are taught that in the history of humanity *oral* poetry developed first and that it had a sacral character. But in the very rhythm and metre of archaic oral poetry is already a transcription of the unutterable sacred Word, which at the same time is word and an event creating things.

---

[46] Cfr. H. Meschonnic, *Un coup de Bible dans la philosophie*, Bayard, Paris: 2004, p. 27.

Translation secularizes sacred language. It refers to the never-ending search for meanings. Henri Meschonnic takes Biblical translation as a universal paradigm of translating. The rhythmical continuity imposed upon the language by its poetical form reveals a deeper continuity through rhythm, syntax and meaning:

> ... l'impensé [du langage] est toute la chaine du continu dans le langage, le continu corps-langue, qui est nécessairement le continu rythme-synthaxe prosodie, la chaine des signifiances recouvertes par le dualisme du signifiant et du signifié et leur hétérogénéité radicale, et par là le continu du langage transformé par le poème, comme invention d'une historicité nouvelle, le poème transformé par l'éthique et historicisant radicalement l'éthique, l'éthique à son tour historicisant la politique. Au lieu de l'Hétérogénéité des catégories de raison.[47]

The translator's practice questions the very event of meaning. The Italian philosopher Carlo Sini, drawing on Peirce's semiotics and the European hermeneutic tradition (Heidegger, Derrida), reminds us that the original complicity between word and event is always at stake in our daily experience:

> There is [...] continuity and solidarity between experience and the linguistic *translation* of experience: continuity ceaselessly re-activated and put back into play. It is this continuity that allows things to walk inside words, and allows words to match things they had all along experienced and met with in their "walking".[48]

"Meaning" is always experienced within a specific practice. We meet with others as partners within these practices. The emergence of ethics in translation in fact means the emergence of the speaking subject as a moral subject, not as a master of one sole language, but as a partner in the event that always takes place *among languages* in the translation practice.

Once again we meet here with poetry, in its etymological meaning of *poesis*, practice and activity. As a well known French poet, Yves Bonnefoy, says in trying to define poetry:

---

[47] Ivi, p. 12.

[48] C. Sini, *La mente e il corpo. Filosofia e psicologia*, Jaca Book, Milano: 2004, p. 30 (emphasis mine).

> I shall eventually name it an activity. Not a text, because *the essential* resides outside poetry, in the living experience; not a state of consciousness, as its fortunes are so unstable and fleeting; but I shall name it an activity, in which our alienation through words and our need to get access to being shall play their contradictory role.[49]

Poetry, like translation, is a practice producing meaning.

5. "I am not a Russian poet, and it always astonishes me when I am considered or defined so. You become a poet (if you could ever *become* a poet!) just in order not to be French, Russian etc., in order to be – all. In other words, you are a poet because you are not French. Nationality is separateness and self-closure". Poetry is transnational as it is original openness. Becoming a poet – becoming oneself – means to overcome not only the closure of cultural particularism, but even the boundaries of one's own language: not by entering the region of a nonexistent poet's pure language, but by crossing the borders of languages in the interplay of translations. In translation we recognize ourselves. The subject finds itself as it utters its own name: not in monologue but in an answering word; in a translated word.

In his recent book *Penser entre les langues*, Heinz Wismann, a German-born philosopher and philologist, who works and lives in France, pleaded for what he calls "a reflexive identity", which realizes itself "among languages":

> Je plaide pour ce que j'appelle une « identité réflexive », qui n'est pas l'identité de l'enracinement originaire. L'identité réflexive est une idéalisation contrefactuelle, puisqu'elle n'est pas ce qui est, mais ce qu'on devrait atteindre idéalement.[50]

Wismann relates the formation of the subject to the language. He understands language as it was rediscovered by German romantic philosophers (Humboldt, Schleiermacher) at the beginning of the 19th Century. Following Kant's first *Kritik*, Schleiermacher finds out that the individual is always a phenomenon, and therefore historically situated: he reformulates

---

[49] Y. Bonnefoy, *La traduzione della poesia*, in Id., *L'opera poetica*, ed. by F. Scotto, Mondadori, Milano: 2010, p. 1351.

[50] H. Wismann, *Penser entre les langues*, Albin Michel, Paris: 2012, p. 102.

Kant's problem about personal freedom so as to explain how every speaking subject becomes an individual. Schleiermacher was looking for a third way between grammar's determinism and style's solipsism. His answer is that language, both social convention and individual invention, constructs the subject. The two extreme theses ("everything is language" and "nothing is language") are deconstructed and reformulated into an intermediate stand: the subject seeks itself in the language and finally finds itself in this language, carrying on and speaking only through this self-searching subject. The very possibility of metaphorical language, of rewording and subverting word order, is grounded in the indeterminacy of the subject, which stabilizes itself only by talking with others.[51] The essential tension between language and speech (*langue* and *parole* in Saussure's terms, but the distinction is already present in Schleiermacher) – i.e. the tension between the determinism of linguistic structures and the free spontaneity of the speaking self – is overcome in historical discourse, which, in creating history, frees the subject:

> En effet, le discours est une transaction entre le moment déterministe, ou rationnel, de la structure, et le moment indéterministe de l'irruption du « je » du moment pratique, au sens kantien de la volonté libre. Le discours est la négociation réussie entre ces deux moments, produisant ce que nous appelons histoire.[52]

The two coordinates of modern linguistics, synchrony and diachrony (Saussure), paradigmatic and syntagmatic (Hjelmslev), are here detected in the formation of the subject. Any moral subject bears responsibility for the time in which s/he lives, and in turn history moulds the moral personality of the individual.

Trivially, any translation possesses an historical character. But the problem of translating verbal tenses and temporal aspects from one language into another is perhaps one of the most complicated in translating. In fact, translating is deeply involved in the temporality of human experience. As George Steiner observed, every work lives and transforms itself in its translations. Translation usually moves from *past* to *present*. Walter Benjamin conjectures that the perfect translation is an anticipation of messianic time: therefore, there is also a translation from the future. The un-

---

[51] See ivi, pp. 68-69.
[52] Ivi, p. 145.

translatable represents Benjamin's Utopia of one pure language, toward which the ascendant series of translations converges, culminating in "the language in which occurred at the creation".[53] The perfect translation rewrites the original from the eschatological accomplishment of the original itself.

So we come to the last quotation from Tsvetaeva's letter: poetry as translation does in fact translate "time".

6. "Orpheus either obliterates any nationality, or he widens it in such a way as to include everybody (all those who *lived* and those who *are still living*)". In writing poems – which is transcribing, which is translating – the poet reaches a real solidarity with all humankind, past and present.

In an essay of 1932, *The Poet and Time*, Marina Tsvetaeva wrote that "There is no art, which is not contemporary art (which does not reveal its time) ... For a poet being contemporary is being sentenced to time. Sentenced to be drawn by time".[54] The poet is a witness to his/her time. It is this witnessing that represents the deeper sense of poetry as ethical commitment. Perhaps more than any other art, poetry in the twentieth century bore witness beyond itself. We may recall the names of many poets who passed through the hell of Nazi camps and Soviet Gulag: Osip Mandelstam, Varlaam Šalamov, Nelly Sachs, Paul Celan. We may also recall the witness of Nadežda Mandelstam, who, in a truly heroic manner, committed all *her* husband's poems to memory, and of Anna Akhmatova, who *wrote* the poems of her *Requiem* – literally – in her friends' memory; it was too dangerous to write down verses at those times (Russia in the '30s and '40s). In the desire of knowing by heart, selfhood appears as a moral subject: as a witness for others.

The untranslatable is the author himself/herself witnessing in the poetical word the event of the world as meaning. This testimony cannot be given directly by the translator; but it is the witnessing to what she or he must be ultimately *faithful*. The author's thought as original witness to meaning is what any translation cannot betray, but can only deliver further in

[53] W. Benjamin, *Sulla lingua in generale e sulla lingua dell'uomo*, in *Angelus novus*, Einaudi, Torino: 1995, p. 62.

[54] M. Tsvetaeva, *Il poeta e il tempo*, ed. by S. Vitale, Adelphi, Milano: 1993², pp. 51 and 53.

tradition, giving testimony to the transcendence of the other. The Latin *testis*, "witness", Servius informs us, commenting on a verse by Vergilius (*Aeneis* IV,608), is one of the terms that explains the wide semantic range of *interpres*, "interpreter, translator".[55]

This point may perhaps be better illustrated by an example: the comparison of a poem by Russian poet Osip Mandelstam, *Silentium*, and its German version by Paul Celan.[56]

There is a sort of elective relationship between the two poets. First, in their relation to language. They seem to be bound to different tongues at the same time; and they were both Jews: "all the poets are Jews (все поэты – жиды)" as Marina Tsvetaeva once reminded us. "My father had absolutely no language", wrote Mandelstam: "his speech was tongue-tie and languagelessness. The Russian speech of a Polish Jew? No. The speech of a German Jew? No again ... It was anything in the world, but not a language, neither Russian nor German".[57]

Paul Celan was born in Czernowitz, in Bukovina, under the Austro-Hungarian Empire, now in Ukraine; his native language was German, but he spoke Romanian at school, and was also fluent in Yiddish, English, Italian and Russian. When he later moved to Paris, French became his everyday language.[58] Their common Jew roots catalyse their universal move.

Celan came across Mandelstam's poetry after the war, and found an immediate correspondence between the doom of the Russian poet, who perished in a Soviet Labour camp, and his own. His translations of Mandelstam were started in 1957 and completed in 1959; between 1959 and 1963 Celan wrote *Die Niemandsrose*, which is dedicated to the memory of Osip Mandelstam (*Dem Andenken Osip Mandelstamms*).

---

[55] M. Bettini, *Vertere. Un'antropologia della traduzione nella cultura antica*, Einaudi, Torino: 2012, p. 95.

[56] On Paul Celan's translations from Mandelstam, see: A. Glazova, *Speaking in Tongues, Guided by Voices: Celan's Mandelstam*, http://spintongues.vladivostok.com/glazova35eng.htm; L. Naiditsch, *„Und Faustens Silhouette in der Ferne". Beiträge zu Poetik und Linguistik: Deutsch – Russisch*, Frankfurt am Main, Berlin, Bern, Bruxelles, New York, Oxford, Wien: 2012, pp. 113-141.

[57] *The Prose of Osip Mandelstam*, trans. by Clarence Brown, Princeton University Press, Princeton: 1965, p. 90.

[58] W. Emmerich, *Paul Celan*, Rororo Verlag, Reinbek bei Hamburg: 1999, p. 83.

Silentium is one of the poems of *Kamen'*, "The Stone" (1908-1913), the first collection of Mandelstam's poems. It is about the birth of the poetical word as the music of natural elements: the poet is not the maker, but the first listener of poetry. I first give the Russian text (along with a transcription) and an English version by Tony Brinkley,[59] then the German translation by Paul Celan.

SILENTIUM (1910)

Она еще не родилась,
Она и музыка и слово,
И потому всего живого
Ненарушаемая связь.

Спокойно дышат моря груди,
Но, как безумный, светел день.
И пены бледная сирень
В черно- лазоревом сосуде.

Да обретут мои уста
Первоначальную немоту,
Как кристалическую ноту,
Что от рождения чиста!

Останься пеной, Афродита,
И, слово, в музыку вернись,
И, сердце, сердца устыдись,
С первоосновой жизни слито![60]

---

[59] I would like to thank Tony Brinkley for providing me with one of his versions of this poem, and Elena Glazova-Corrigan for her kindness in counsels and information.

[60] We provide below a transcription in Latin characters with accents; unaccented "o" is pronounced "*a*'; "e" is generally pronounced "*ie*'; "ë" corresponds to "*iò*", and the clauses "-ego", "-ogo" are pronounced respectively "*-ievo*" and "*-ovo*".

Onà eshchë ne rodilàs'
Onà i muzyka i slòvo
I potomù vsegò zhivògo

SILENTIUM

She is still unborn,
Music and word,
And that is why,
Life's unbreakable chord.

Quiet breath from the sea's breast
But day like a lunatic rises—
Pale lilac foam
From a dark azure vessel.

Let my lips find
The original muteness,
The crystal note
Pure from birth!

And Aphrodite, only foam!
Word returned to music!
Humble, shy before the heart's core,
Merging with life's genesis.

Nenarushaemaya svyàz'

Spokòjno dýshat mòrya grùdi,
No, kak bezùmnyj, svètel dèn'.
I pèny blédnaya sirèn'
V chërno-lazòrevom sosùde.

Da obretùt moì ustà
Pervonachàlnuyu nemotù
Kak kristalicheskuyu nòtu
Chto ot rozhdèniya chistà!

Ostàn'sya pènoj, Afrodìta,
I, slovo, v múzyku vernìs',
I, sèrdtse, sèrdtsa ustydìs',
s pervoosnòvoj zhìzni slìto!

SILENTIUM

Sie ist noch nicht, ist unentstanden,
Musik ist sie und Wort,
so lebt, verknüpft durch ihre Bande,
was west und atmet, fort.

Im Meer das Atmen, ruhig, immer,
das Licht durchwächst den Raum;
aus dem Gefäß, das bläulich schimmert,
steigt fliederblasser Schaum.

O könnt ich doch, mit meinem Munde,
solch erstes Schweigen sein,
ein Ton, kristallen, aus dem Grunde,
und so geboren: rein.

Bleib, Aphrodite, dieses Schäumen,
du Wort, geh, bleib Musik.
Des Herzens schäm dich, Herz, das seinem
Beginn und Grund entstieg.[61]

This poem may be taken as an illustration of the poet as the midwife of the secret language of things, who translates into audible words the primeval music of creation. This corresponds in turn to the "Acmeist" poetic of the young Mandelstam, who in reaction to the abstract imagery of Symbolism looked for the poetry "of the earth". In the Russian text the iambic rhythm conveys the idea of a rising dance, of the irrepressible pulse of life. Moreover, the iamb is one of the most ancient metres of Greek poetry: nature and history are inextricably interwoven in the mystery of the word's origins.

The English version, which cannot rely on the extraordinary richness of accent of the source language, chooses to abandon the iambic rhythm but to retain the amazing variety of poetical images and the elliptical, sometimes hermetic, structure of the original, replacing rhymes with a web of

---

[61] O. Mandelstam, *Gedichte*, Frankfurt a. M.: 1959, Übersetzung: Paul Celan.

assonances (*unborn ... word ... chord*; *breast ... rises ... vessel ... muteness*).

In Celan's version the iambic rhythm is preserved, and so the rhymes' system, with some slight difference. The nominal, elliptic structure of the ST (in Russian the copula is generally not expressed) is developed into a more discursive form, somewhat reminiscent of Hölderlin's *Hymns*. In the ST there are nine verbal forms, of which two in participial form; in the TT there are seventeen verbal forms, of which fifteen are finite tenses, and only one infinitive (*sein*) and one past participle (*geboren*).

Mandelstam's poem begins with open accented vowels (repetition of "onà", in the first stanza): it is the victory cry of the rising word. In Celan's version among vowels there predominate the [i:]-sounds (S*ie* *i*st … n*i*cht, *i*st … Mus*i*k *i*st s*ie*…); and among consonants the occlusive (… is*t* … nich*t*, is*t* unen*t*s*t*an*d*en, Musi*k* is*t* sie un*d* Wor*t*). These assonances remind us of the groanings and labour pains of creation rather than the newborn's joyful cry. Some rhymes in the German version are worth noting: "Wort" (word) with "lebt … fort" (lives), which correspond to the Russian *slovo – živogo*. In the last stanza, the second line is constructed in an inverse way compared to the second verse of the first stanza ("Musik … Wort"; and "Wort … Musik"): so "Musik" ("music", which is now the double of "word") rhymes with the verb "entstiegt" (poetical form for "coming out"), which concludes the poem and contrasts (positively) with the last word of the first verse, "unentstanden", "not arisen (yet)".

Ideologically, perhaps the most striking difference is in the third stanza, where the "original muteness" ("Первоначальную немоту") in Celan's version is not a desired quality for the poet's voice, but the poet himself: "O könnt ich doch … solch erstes Schweigen sein". Celan is translating one of the poems belonging to the early Mandelstam; but he translates it *after* the Stalin's terror, *after* the *shoah*. The "pervoosnova žizni" ("life's genesis", in Brinkley's translation) is now that "Beginn und Grund" ("Beginning and ground") from which the poet's heart tries to emerge, and where we hear the echo of war's common graves. Across that "first silence" ("erstes Schweigen") has already flitted the enigmatic "Lallen" ("babbling") of Hölderlin's last poems, which we find again ending in silence and nonsense in one famous poem of *Die Niemandsrose*, "Tübingen, Jänner".

In her study on the poetics of Mandelstam, Elena Glazova observes that in Mandelstam's poetics, it does not make sense to speak about poetic communication between the poet and his readers, as poetry is communication in a plurality of directions. The addressees of his poems are at the same time the ghosts of the past, the instinctive principle of personality, the trustfulness of the reader's imagination, the reader as partner in the discovering process of poetry and finally the poet himself, who confesses himself to be but a recipient, a listener to the words' music.[62] This original listening, however, is not as merged in natural elements as to be removed from history. As Mandelstam himself wrote:

> There is not yet a single word, but the poem can already be heard. This is the sound of the inner image, this is the poet's ear touching it. Only the instant of recognition is sweet to us! Today a kind of speaking in tongues is taking place. In sacred frenzy poets speak the language of all times, all cultures[63] ... So highly organized, so organic a language is not merely a door into history, it is history itself.[64]

Speaking about Mandelstam's poems, Celan witnessed that

> For Osip Mandelstam the poem is the site where that which can be perceived and attained through language is assembled around that central point from where it gains form and truth: around the existence of a singular being, who questions the heartbeat and the aeon. This expresses the extent, to which Mandelstam's poem, the poem of a sunken one, emerges to us today in levitation from its own sinking.[65]

The poet's word calls us to reflect. Every poem is a *Book of interrogations* (E. Jabés). Poetry is like a heterodox hermeneutic blossoming among the broken Tables of the Law, for ten times we undeserved the scripture of liberty – as Reb Lima explained the destruction of the first

---

[62] E. Glazova – M. Glazova, *"Podskazano Dantom". O poetike i poezii Mandel'shtama*, Dukh i Litera, Kiev: 2011, pp. 214-215.

[63] O. Mandelstam, *Collected Critical Prose and Letters*, Collins Harvill, London: 1991, p. 116.

[64] Ivi, p. 122.

[65] P. Celan, *Gesammelte Werke in fünf Bänden*, ed. Beda Alleman et al., vol. 5, Suhrkamp Verlag, Frankfurt am Main: 1986, p. 623, quoted by A. Glazova, *Speaking in Tongues*.

Tables.[66] The poet's word does not comment on the sacred word. The poet's word asks questions. The translator does not gloss the sacred text: he asks questions. His questioning gives no answer but causes the original questions to rebound on the target text. As Celan's translations teach us, every translation is less an answer to the provocation of the source text than a question directed to the dark background against which the original arises.

This rising (*Entstehung*) is different every time. "Once God has spoken; twice have I heard" (Psa 62:11). The untranslatable unity of the same, where signifying and signified, intension and extension are indiscernible, belong only to the Divine Word, the word-event (Hebraic *dabar*), which creates things out of nothing just by naming them. This word cannot be communicated, cannot be translated. It is *Nomen innominabile*. But it can be witnessed.

The Biblical book of Genesis tells us that since the beginning God exposes himself to misunderstanding, giving man the power of the word, the power of naming things. Talking with Adam in Paradise, God delivers himself to man's (mis)understanding.

Benjamin's essay *The Task of the Translator* goes up the flow of historical translations toward the "pure language". But Adam's word does not coincide any more with the things it names. Thought does not correspond perfectly to things, not even to words: it can lie, deviate indefinitely from what it pretends to be. Words can tell either truth or falsehood; the witnesses may perjure themselves; the commandment can be contravened.

Jacques Derrida observes that "the 'Tower of Babel' does not merely figure the irreducible multiplicity of tongues; it exhibits an incompletion, the impossibility of finishing, of totalizing, of saturating, of completing something in the order of edification, architectural construction, system and architectonics. What the multiplicity of idioms actually limits is not only a 'true' translation, a transparent and adequate interexpression, it is

[66] E. Jabés quoted by J. Derrida, *La scrittura e la differenza* (1967), Einaudi, Torino: 1990, pp. 84-85.

also a structural order, a coherence of construct".[67] But this incompleteness is less a curse than a divine blessing.[68]

An ethics of thought is thought as it takes its stand for truth: not truth as a set of given answers, but truth as questioning. By asking questions, philosophical thought overcomes theory by practice, which is another name for "ethics". "Who is man? He who must testify what he is [...] Man is *what* it is exactly by witnessing its own *there*-being",[69] wrote Heidegger commenting on Hölderlin's poetry.

Paraphrasing the title of Berman's renowned book on romantic theories of translations, *L'épreuve de l'étranger*,[70] we might define an ethical test of thought as a translation test: our thinking acquires an ethical stance if what we think and write in a language can be thought and written in another language. The thought that can stand the trial of translation does not dissimulate itself in words' folds, or in the ambiguity of meanings, as the Sophist does. The aim of the latter is not to clarify thoughts and communicate them, but to conceal thoughts and thus dominate others.

This proof goes back to the point of departure of thought, when it originally finds its linguistic form. This first translation is the birth of European philosophy: the breaking of the original identity of being and thought (see Parmenides' fragment no. 5), the perfect transparency of being to *logos*. Once this first translation has taken place, then all further steps

---

[67] J. Derrida, *De Tours de Babel*, trans. by J. F. Graham [ed.], *Difference in Translation*, Cornell University, Ithaca (NY): 1985, pp. 165-207 (English translation) and 209-248 (French original) (pp. 166 and 210).

[68] Contemporary exegetes pointed out some inconsistencies in the narrative of Babel (Genesis 11, 1-9): it is not fully harmonized with the previous chapter, where the diversity of languages and human tribes has already been mentioned. Very likely the myth of Babel is actually older than the composition of the Pentateuch, but its insertion at the beginning of chapter 11 shows a deliberate design. André Wenin sees in Babel the figure of totalitarian regime: A. Wenin, *La dispersion des langues à Babel : Malédiction ou bénédiction ? Version et subversion d'une légende mythique*, in *Les langues pour parler en Europe. Dire l'unité à plusieurs voix*, ed. by P.-A. Deproost et B. Coulie, l'Harmattan, Paris: 2003, pp. 13-28.

[69] M. Heidegger, *La poesia di Hölderlin*, ed. by L. Amoroso, Adelphi, Milano: 1988, p. 44.

[70] A. Berman, *The Experience of the Foreign: Culture and Translation in Romantic Germany*, trans. by S. Heyvaert, State University of New York Press, Albany: 1992 (see footnote 19).

follow: translations *between* languages. The primeval translation of meaning is witnessed precisely by the chain of following translations. The origin (Derrida would say *the trace*) follows us. This irretrievable fellowship makes any translation (and any transmutation: intralingual, interlingual, intersemiotic) possible. At any step in the chain of translations, the original shift from unexpressed thoughts to their linguistic form is renewed and improved. To consent to this move, giving up the metaphysical hypothesis of a *primum mobile* – a first cause in the chain of causes, a first meaning in the chain of being – is the ethics of thought practising itself in translation. As in a dance, the meaning of dancing is not the first step, but the choreography of responding figures in the harmony of bodies, delivered to music. Like every score, writing needs an interpreter. Any music is always at the same time interpreted and listened to.

The Biblical God, who sees Babel and clears the senseless project of a single language in a totalitarian society, fears neither the freedom of languages, nor the challenge of welcoming the stranger (which is more than tolerance), at a risk of misunderstanding. It is in this plural space that an ethics of thought, if any, works so as to make people acquainted with each other.

The effect of Babel should not be forgotten in the dream of one sole language, but transfigured into the miracle of Pentecost, where everybody understands each other "in their *own tongue, wherein* they *were born*" (as the King James Bible translates Acts 2:8). The realized Utopia *entre les langues*, is still a language: a language to be looked for by us all, in that inner space of freedom that Rilke and Marina Tsvetaeva in their correspondence called "the poet's mother tongue".

EVGENIJ SOLONOVIČ

ESPERIENZA DEL TRADURRE POESIA: TRA POSSIBILE E IMPOSSIBILE

Probabilmente non c'è niente che ci avvicini di più alla contemplazione dell'essenza della poesia del lavoro di tradurre versi, o anche solo di una riflessione approfondita su tale lavoro. Il paradosso di questo lavoro è che il traduttore tende all'impossibile e proprio su questa strada arriai a un buon risultato, al risultato desiderato, persino a un risultato meraviglioso, sebbene non giunga mai al risultato cui tendeva.

(V. Vejdle, *O poetach i poezii*, Parigi,YMCA-Press, 1973 p. 147)

Negli anni venti del Novecento, a Pietrogrado / Leningrado, esisteva il gruppo letterario "Fratelli di Serapione" di cui, per fare i nomi più noti, facevano parte Zoščenko, Kaverin, Fedin. Secondo una leggenda, i membri del gruppo incontrandosi si salutavano in questo modo: «Salve, fratello! Scrivere è molto difficile». Questo saluto, cambiando una sola parola, potrebbe essere un saluto adatto ai traduttori: «Salve, fratello! Tradurre è molto difficile». Tradurre sia prosa sia poesia, ma soprattuto poesia, poiché la traduzione della poesia deve lasciar trasparire l'originale, con il suo imperativo semantico e formale. E anche perché (non ricordo a chi appartenga la definizione) la traduzione è l'arte delle perdite. Con tutto il rispetto non tanto per la teoria della traduzione come tale, quanto per alcuni teorici, traduttori essi stessi, vorrei soffermarmi, come risulta dal titolo del mio intervento, in linea di massima, su una serie di problemi tecnici. Passo dunque agli esempi.

L'ORDEGNO SPREGATO

Pare un destino ch'er più mmejjo attrezzo
Che ffesce Ggesucristo ar padr'Adamo,

Ciavessi da costà , ssi ll'addopramo,
Da strillacce caino per un pezzo.

Questa nun ce la dà ssi nnun sposamo,
Quella vò er priffe e nnun je róppe er prezzo,
L'antra t'impesta e tte fa vverd'e mmezzo:
E er curato sta llì ssempre cor lamo.

Bbenedetta la sorte de li cani,
Che sse ponno pijjà cquer po' de svario
Senz'agliuto de bborza e dde ruffiani,

E pponno fotte in d'un confessionario,
Ché nu l'aspetta com'a nnoi cristiani
Sta freggna de l'inferno e dder Vicario.

Roma, 24 novembre 1831

Il sonetto con il quale inizio il mio modesto contributo è di Giuseppe Gioachino Belli. Scritto in romanesco, è intraducibile in russo, che non ha dialetti, non (o non solo) per il fatto di essere un testo in dialetto, ma anche perché è un testo poetico, e la poesia è, per sua stessa natura, intraducibile. Fra i tanti che hanno espresso il loro autorevole giudizio sull'intraducibilità della poesia citerò solo due poeti, uno italiano e uno russo. L'italiano è Andrea Zanzotto, convinto che "la poesia nasce e muore in una sola lingua" [1], il russo – Valerij Brjusov, che nel 1905 scriveva: «Trasferire la creazione di un poeta da una lingua a un'altra è impossibile, ma altrettanto impossibile è rinunciare a tale sogno».

La prassi di un traduttore di poesia è una continua navigazione tra Scilla e Cariddi, tra il possibile e l'impossibile. Chi traduce versi non fa altro che cercare il compromesso tra i due opposti. Uno dei risultati di tale ricerca è la mia traduzione di uno tra i 2297 sonetti romaneschi del poeta, noto in Europa e ammirato da Gogol'.

---

[1] A. Zanzotto, *Eterna riabilitazione da un trauma di cui si ignora la natura,* a cura di L. Barile e G. Bompiani, Roma, Nottetempo, 2007, p. 32.

ВОТ ТЕБЕ И ШТУКА!

Создай Адама Бог без главной штуки,
Неведомо, чем кончил бы Адам?
А как терпеть, когда приспичит нам?
Как тут не взвыть от нестерпимой муки?

Та требует - женись, а то не дам,
Той заплати - и рассупонишь брюки,
На той подхватишь кой-чего, на суке,
А поп не спит – ведет учет грехам.

Собакам проще, хоть за них приятно:
Сношаются когда и где хотят,
Без сводников и задарма, бесплатно.

Бывает, случку в церкви учинят,
Поскольку нехристи, так что обратно
Им наплевать на Папу и на ад.

Per far capire il testo della versione a chi non conosce il russo lo riporto nella traduzione letterale in italiano:

GUARDA CHE ROBA!

Se Dio avesse fatto Adamo senza il principale aggeggio,
Chissa' che fine avrebbe fatto Adamo.
Come faremmo quando ci vien la fregola?
Come non gemere per la grande pena!

Questa non te la da' se non la sposi,
Quella, prima paga, poi togliti i calzoni,
La terza, cagna, t'appiccica un malanno,
E il prete vigila, tiene il conto dei peccati.

Per i cani e' facile, almeno loro godono,
Fanno l'amore quando e dove vogliono,

Senza mezzani, senza denaro, aggratis.

A volte s'accoppiano anche in chiesa,
Tanto non son cristiani come noi
E se ne fregano del Papa e dell'inferno.

Tralasciando, per il momento, il contenuto della traduzione, chiedo se la forma del testo di partenza sia riconoscibile nella traduzione (quella vera, naturalmente, non quella letterale). Capisco che si tratta di una domanda retorica, eppure ritengo necessario spiegare che la pentapodia giambica russa è il metro che nel sistema sillabo-tonico corrisponde meglio all'endecasillabo italiano. Aggiungo, in riferimento alla forma, che l'alternanza, nella traduzione, di rime femminili e maschili riflette il carattere del lessico russo, il quale ha una grande percentuale di parole tronche (l'ordine delle rime, tra l'altro, nella traduzione è rispettato).

Per quanto riguarda il contenuto, la sostanza materiale della versione potrebbe essere un esempio tanto di intraducibilità, quanto di traducibilità della poesia, oppure, parlando nei termini annunciati nel titolo della mia relazione, sia di impossibilità, sia di possibilità di tradurre poesia.

Idealmente il binomio autore-traduttore rappresenta un canto all'unisono, nel quale la parte del traduttore tende spesso a una certa autonomia. La responsabilità che si assume un traduttore di portare il messaggio altrui a conoscenza di chi è in grado di captarlo solo per suo tramite è, in un certo senso, doppia, perché non parla a nome proprio, ma a nome di un altro, di cui si sente sosia.

Consapevole dell'inelubilittà delle perdite e, di conseguenza, della necessità di colmare eventuali vuoti, il traduttore di poesia fa di tutto per non contraddire il poeta e quindi prova a immaginare che cosa il poeta non ha detto, ma avrebbe potuto dire, se avesse scritto la propria poesia nella lingua in cui viene tradotto.
Passiamo a un altro esempio:

LA STITICHERIA

Rosa der froscio so' 'na bbagattella
De sei ggiorni e ssei notte che non caca.
E je l'ho ddetto: "Pijja la triaca."

M'hai dato retta tu? Bbe', accusí cquella.

Ma un giorno o ll'antro l'hai da véde bbella
Quanno da oro se farà ttommaca,
Allora quer zor Corna'de'lumaca
Der marito je soffi a la bbarella.

Io lo vedde jerzera a Sant'Ustacchio,
Che stava sbattajjanno der più e ' r meno
Sur un ciorcello e sur un mezz'abbacchio.

Je fece: "Eh, dico, o de pajja o de fieno,
Sibbè cche Rrosa nun po' pprenne un cacchio,
Voi er budello lo volete pieno."

29 settembre 1831

ЗАПОР

У немцевой жены, у бедной Розы,
Шесть дней уже как начался запор.
Касторки дать – и весь бы разговор:
Прочистило бы от хорошей дозы.

Она как ты – мол, и за что! – и в слезы,
Так и сидит без стула до сих пор,
А муженек, рогатый живодер,
Не видит в этом никакой угрозы.

В трактире на моих глазах вчера
Тарелку потрохов и полбарашка
Умял за разговором неичура.

Видать и самому-то было тяжко:
Хватило бы и на двоих добра,
Но ведь жена не может есть, бедняжка.

Tradotto letteralmente il secondo verso della seconda quartina sembra qualcosa di incomprensibile: «...e sta seduta tuttora senza sedia...». Tuttavia, il verso suscita immancabilmente una risata del pubblico che lo sente durante le mie letture pubbliche. Il motivo delle risate è semplice. Comincio dal verbo "сидит" (sta seduta). In russo "sedere senza qualcosa" significa "essere senza qualcosa, essere privi di qualcosa, non avere qualcosa". Per esempio "сидеть без денег" (letteralmente "sedere senza un soldo" significa "non avere un soldo"; riguardo al sostantivo "стул" il *Dizionario russo-italiano* di Julia Dobrovolskaja dà la seguente spiegazione:

> **Стул** (*med.*) evacuazione dell'intestino; у вас сегодня был стул? – è andato di corpo oggi? (Uno dei probabili etimi del sostantivo russo *Stul* è il tedesco *Sthul*, con il significato, tra gli altri, di evacuazione dell'intestino).

Il verso «Так и сидит без стула до сих пор» (*Sta seduta tuttora senza sedia*) è di quelle trovate euristiche che regalano a un traduttore dei momenti di *non trascurabile felicità* (chiedo scusa per aver sfruttato il titolo del libro di Francesco Piccolo *Momenti di trascurabile felicità*). Si tratta di una licenza poetica, di un particolare che non c'è nel testo di partenza, ma potrebbe essere sottinteso che Belli avrebbe potuto dire la stessa cosa, se avesse scritto in russo. È un verso che compensa tutte le perdite inevitabili lungo la strada tra l'originale e la traduzione.

L'imperativo poetico incide per la sua stessa natura sulle strategie del traduttore. Chi traduce sa che nella traduzione non esistono soluzioni definitive: in base alla propria esperienza ogni traduttore di poesia scarta una variante dopo l'altra, mirando al risultato che lo soddisfi e che un minuto, un'ora, un giorno, un mese, un anno o persino anni dopo lo deluderà. È vero che nella traduzione la distanza tra i poli del possibile e dell'impossibile è un valore non costante, ma è pur vero che il lavoro di traduzione, citando le parole di Brodskij, «è di per sé interessante, giacché sin dall'inizio hai davanti un compito a priori irrealizzabile, e che cosa può essere più avvincente dell'impossibile?».

Potrei continuare a parlare dei problemi tecnici della traduzione poetica, affastellando esempi, ma non sarebbe giusto ignorare il tema del carattere etico-politico della traduzione. Nel lontano 1967 la casa editrice sovietica "Molodaja gvardia" pubblicò, su mia proposta, l'esile raccolta di poesie *Liriche scelte* di Salvatore Quasimodo in versione russa. Tra le poesie incluse nella *plaquette* c'erano *Parole a una spia*, dell'ultimo libro del poeta, *Dare e avere.* Consapevole della relativa modestia di questo testo, decisi di includerlo nella raccolta per far dire in russo all'illustre Premio Nobel italiano ciò che a quei tempi non potevo dire a mio nome. Ecco l'originale di questa poesia:

C'è una spia che scrive versi
d'amore nella mia città. I suoi piedi
si sollevano lungo le vetrine,
i marciapiedi di speranza.
Strisciavi un tempo
sulla faccia dei tuoi morti,
quelli che s'inchiodavano ai muri
per una tua parola cortese e segreta
da codice di primi rimatori.
Le spie non possono scrivere versi,
lo sai, né bere vino con gli amici,
né dire parole al cuore di nessuno.
La terra è rapida, non hai radici,
conosco il tuo nome, del Nord o del Sud,
e temi la decadenza dell'uomo.
La tua era decisa come bandiera calpestata
o cavallo sventrato da un colpo necessario.
Scrivi versi d'amore, dici di sogni
avversari dell'angoscia.
Eh no, potenze sotterranee!
Voi o chi? Nel Giorno del Giudizio
lasciate che la sua larva penzoli
da un filo di ragno nuovamente vivo.

Non mi fu difficile leggere in questi versi di Quasimodo la condanna degli scrittori che, con le loro delazioni, avevano partecipato, in un modo o nell'altro, alle repressioni del regime staliniano contro i loro colleghi (basti citare i nomi di Babel, Charms, Mandel'štam, Zabolockij); e se ero in grado di leggerla io, ero sicuro che l'avrebbero letta anche gli altri. Erano tempi in cui, parafrasando il famoso verso di Evtušenko, «Un poeta in Russia è più che un poeta»; si sarebbe potuto dire: «Un traduttore in

Russia è più che un traduttore». E fu logico, e quindi leggittimo, sostituire, nel titolo della poesia quasimodiana, "una spia" con "un delatore".

Nel 2010 ho partecipato al convegno tenutosi a Salerno *Le muse inquietanti*: *sulla storia dei rapporti russo-italiani nei secoli XVIII-XX*, con la relazione "Il contemporaneo di Gogol' – nostro contemporaneo (Giuseppe Gioachino Belli, dissidente russo)". Essendo partito dal fatto che i sonetti romaneschi di Belli circolavano per la Roma papale in manoscritto, cioè in *samizdat*, nella mia relazione mi sono soffermato, su quella parte della "commedia umana" che prendeva di mira i difetti dello Stato Pontificio, quali lo strapotere del vertice clericale, con la sua paura dei cambiamenti politici, la corruzione, la burocrazia ecc. Pubblicati in URSS e nella Russia di oggi, certi sonetti di Belli erano e sono attualissimi, sembravano e sembrano riflettere la situazione dei diritti umani nel mio paese. Non è difficile capire la reazione dei lettori russi al sonetto del 2 settembre 1838 *Li rivortosi,* di cui mi limito a citare la prima quartina:

Chiammeli alliberali, o fframmasoni,
O ccarbonari, è ssempre una pappina;
È ssempre canajjaccia ggiacubbina
Da levassela for de li cojoni.

La traduzione inizia con una scelta: si sceglie, in ordine diverso, l'autore e l'opera concreta da tradurre. Cominciando a tradurre Belli, cercavo tra le sue poesie quelle che descrivevano situazioni ben note agli eventuali destinatari della traduzione. Il repertorio si ampliava sempre più, ma risfogliando i volumi del poeta non riuscii a resistere davanti a un sonetto come questo, del 3 dicembre 1832, perché, prima ancora di tradurlo, conoscevo la reazione del pubblico:

L'UFFISCI

Nun c'è ppiù ccarità, fijja, oggiggiorno:
Sò ttutti orzi coll'anime de cani.
Come nun porti da dajje li spani
Tu ppòi morí che nun je preme un corno.

Sercio sta strada scento vorte ar giorno
Inzinenta dall'Arco de Pantani:
E lloro? ogg' e ddomani, ogg' e ddomani:
E io santa pascenza, e cciaritorno.

Credi, si cce so ssanti in paradiso
J'ho rrotto li cojjoni uno per uno:
Ebbè? nun trovo mai ggnente indisciso!

Mó nun c'è udienza, mó nun c'è ggnisuno:
O è ppresto, o è ttardi: un po' è ffaro, un po' è rriso;
E io logro le scarpe e sto a ddiggiuno.

Per rendere Belli più familiare ai destinatari della traduzione, escludo spesso dalla versione i toponimi, come ho fatto nel sonetto appena citato, dove l'*Arco de Pantani*, se fosse conservato nel testo d'arrivo, avrebbe reso problematica la reazione subitanea dei lettori, necessaria quando si tratta di un testo satirico. È una perdita, d'accordo, ma una perdita voluta, che senza nessun danno all'originale si sostituisce con *mi sono stancata di andare avanti e indietro*, dove per *avanti e indietro* ho usato un espressione popolare, *vzad-nazad*, che, tradotta letteralmente, suonerebbe come *dietro-indietro.*

È stato altrettanto difficile resistere, a sua tempo, alla tentazione di regalare ai lettori russi il sonetto *Er ciàncico*, che per loro continua a essere una conferma dell'universalità del "poeta dello Stato Pontificio", come definisce Belli il poeta italiano contemporaneo Valentino Zeichen. Per far capire il parallelo tra la Roma papalina dell'Ottocento e la Russia dai tempi di Saltykov-Sčedrin al lettore dei giorni nostri, cito solo le due terzine del sonetto, nelle quali, traducendo, del lungo elenco degli intressati alla "Cuccaggna" ho lasciato solo il Papa e il Segretario, sostituendo gli altri con il verso ... *i reč idët ne tol'ko o verchuške...* (*e non si tratta soltanto del vertice*):

Cqua mmaggna er Papa, maggna er Zagratario
De Stato, e quer d'abbrevi, e r' Cammerlengo,
E r' tesoriere, e r' Cardinàl Datario.
Cqua 'ggni prelato c'ha la bbocca, maggna:

Cqua… inzomma dar più mmerda ar majorengo
Strozzeno tutti-quanti a sta Cuccaggna.

Nella lingua d'arrivo la traduzione funge da originale, assume il ruolo dell'originale. Il pubblico è costretto a consumare il frutto che gli offre l'artefice della versione. Ignora, il lettore comune, le discordie tra teorici e pratici di traduzione, ignora il concetto di traducibilità di un'opera letteraria. Se un'opera di letteratura straniera lo delude è propenso a dare colpa all'opera stessa e non al suo traduttore, di cui ignora perfino il nome, per il quale, nella maggioranza dei casi, gli editori non trovano altro posto che il retro della copertina.

NADIA CAPRIOGLIO

IL PONY DI NABOKOV. LA TRADUZIONE INGLESE DI *EVGENIJ ONEGIN*

A translation is more like a portrait in oils[1]

Vladimir Nabokov, nato a San Pietroburgo nel 1899, soleva definirsi uno scrittore americano cresciuto in Russia, educato in Inghilterra, imbevuto di cultura occidentale. La sua versatilità, unita ai casi della sorte che lo portarono a lasciare la Russia dopo la Rivoluzione d'Ottobre, ha fatto sì che, pur avendo come lingua materna il russo, dal suo trasferimento negli Stati Uniti adottasse per la scrittura l'inglese, lingua che parlava fluentemente fin dai tempi dell'infanzia, così come il francese. La linea di demarcazione fra l'uso del russo e dell'inglese, tracciata a metà della sua vita e della sua biografia creativa nel 1941, è rappresentata dalla pubblicazione di *The Real Life of Sebastian Knight*: da quel momento Nabokov scriverà i suoi romanzi, i testi autobiografici e i saggi letterari principalmente in inglese. Il suo sperimentalismo, volto alla fusione di lingue e culture diverse, culminerà nel 1969 con la pubblicazione di *Ada or Ardor: A Family Chronicle* in cui, non solo per la compresenza di vocaboli inglesi, russi e francesi, lo stile di Nabokov si delinea definitivamente come uno stile *transmigratory*[2], caratterizzato da un sincretismo linguistico e culturale senza pari. I fortunati studenti che seguirono i suoi corsi di letteratura[3] alla Cornell University negli anni Cinquanta e Sessanta hanno

[1] D. Bellos, *Is That a Fish in Your Ear?*: *Translation and the Meaning of Everything*, Faber & Faber, London 2011.

[2] R. Giblett, *Translating 'the Other': Nabokov and the Theory of Translation*, «Babel» 33 (3), 1987, p.158. Nabokov stesso nel saggio *The Art of Translation* del 1941 definisce la traduzione «the queer world of transmigration» (V. Nabokov, *The Art of Translation*, «The New Republic» 105, 22 settembre 1941, p. 161).

[3] Cfr. V. Nabokov, *Lectures on Literature*, a cura di Fredson Bowers, Harcourt Brace Jovanovich, New York 1980 (tr. it. di Ettore Capriolo, Garzanti, Milano 1982); Id., *Lectures on Ulysses*, a cura di Fredson Bowers, Harcourt Brace Jovanovich, New York 1980;

conservato per tutta la vita l'ammirato ricordo di un incantatore, un illusionista capace di spaziare tra le pagine di *Don Chisciotte*, *Il Processo* o la *Ricerca del tempo perduto* con sicurezza di giudizio e forte carica comunicativa. Appartiene a questo periodo la sua più interessante esperienza di traduttore, applicata a ciò che esiste di più intraducibile: la poesia. Negli anni Cinquanta, infatti, per rispondere alla necessità dei suoi studenti di disporre di una traduzione adeguatamente vicina al testo originale, Nabokov inizia a cimentarsi con la traduzione in lingua inglese del romanzo in versi di Aleksandr Puškin *Evgenij Onegin*, formulando anche originali teorie traduttive esposte nell'introduzione e nelle copiose note al testo[4], oltre che in numerosi articoli scritti per varie riviste[5]. Durante la propria giovinezza Nabokov aveva già tradotto alcune poesie di autori russi, prendendosi qualche libertà con l'originale al fine di conservare il metro e la rima; con la traduzione dell'*Onegin*, avendo a lungo maturato la propria riflessione, rinnegherà il metodo precedente e inviterà gli studiosi a troncare definitivamente il vecchio dibattito su «fedeltà» e «tradimento» della traduzione, affermando che l'originale di una poesia deve essere reso «letteralmente», a costo di sacrificare il metro e la rima. Ai suoi occhi di traduttore etica ed estetica costituiscono un tutt'uno e chi desidera volgere un capolavoro letterario in un'altra lingua ha un solo dovere, quello di riprodurre con esattezza assoluta il testo, «nient'altro che il testo». Il problema, in seguito, si pone nella scelta fra "rima" e "ragione":

Id., *Lectures on Russian Literature*, a cura di Fredson Bowers, Harcourt Brace Jovanovich, New York 1981 (tr. it. di Ettore Capriolo, Garzanti, Milano 1987); Id., *Lectures on Russian Literature*, a cura di Fredson Bowers, Harcourt Brace Jovanovich, New York 1983 (tr. ital. di Edoardo Albinati, Garzanti, Milano 1989).

[4] A. Pushkin, *Eugene Onegin. A Novel in Verse by A. S. Puškin Translated from the Russian, with a Commentary by Vladimir Nabokov*, Bollingen Foundation, voll. I-IV, New York 1964; Id., *Eugene Onegin. A Novel in Verse by A. S. Puškin*, Rev. Ed., Routledge and Kegan Paul, London 1975.

[5] V. Nabokov, *On translating "Eugene Onegin" (An Allusion of the "Onegin" Stanza – Metre and Rhyme Pattern*, «The New Yorker», 8 gennaio 1955; Id., *Problems of Translation:* Onegin *in English*, «Partisan Review» 22, 1955, pp. 496–512; Id., *Zametki perevodčika*, «Novyj žurnal» 49, 1957, pp. 130-144 (I parte); «Opyty» 8, 1957, pp. 36-49 (II parte); Id., *The servile Path*, in R. A. Brower (a cura di), *On Translation,* Harvard University Press, Cambridge (Mass.) 1959, pp. 97–110.

> Can a translation while rendering with absolute fidelity the whole text, and nothing but the text, keep the form of the original, its rhythm and its rhyme? To the artist whom practice within the limits of one language, his own, has convinced that matter and manner are one, it comes as a shock to discover that a work of art can present itself to the would-be translator as split into form and content, and that the question of rendering one but not the other may arise at all[6].

A titolo di esempio, può essere interessante confrontare le due diverse traduzioni, realizzate da Nabokov in anni diversi, di una quartina della poesia di Michail Lermontov *Son* [Il sogno, 1841]:

И снилась ей долина Дагестана;
Знакомый труп лежал в долине той;
В его груди дымясь чернела рана,
И кровь лилась хладеющей струей[7].

Nabokov la traduce una prima volta nel 1941, trasformandola in un «nuovo» sogno, con il suo ritmo, elegante ed elegiaco:

For in her dream, she saw a gorge, somewhere,
In Dagestan, and knew the man who lay.
There on the sand, the dead man, unaware
Of steaming wound and blood ebbing away[8].

Ritradotta nel 1958, dopo la conversione di Nabokov alla «letteralità», la stessa quartina appare più dura e minimalista:

And of a dale in Dagestan she dreamt;
In that dale lay the corpse of one she knew;
Within his breast a smoking wound showed black,
And blood ran in a stream that colder grew[9].

---

[6] Id., *Problems of Translation*, cit., p. 505.

[7] «E una valle sognò nel Daghestan; / Giaceva un noto corpo in quella valle; / Sul suo petto fumava nera piaga, / E ne scorreva quasi diaccio il sangue». Tr. it. di Tommaso Landolfi, in M. Lermontov, *Liriche e poemi*, Adelphi, Milano 2006, p. 131.

[8] V. Nabokov (a cura di), *Three Russian Poets, Selections from Pushkin, Lermontov and Tyutchev*, New Directions, Norfolk (Conn.) 1944, p.23.

Nella prima versione il traduttore arricchisce il testo di sottigliezze che rappresentano la sua firma personale. Invece di «svelare» il significato del testo, rischiando di andare incontro a una perdita, in quanto quest'operazione passa per una forma di universalizzazione, o di destoricizzazione, della lingua della poesia, il traduttore si avventura nel dominio dell'interpretazione, come ha ben enunciato George Steiner[10]. Nella seconda traduzione si ha l'impressione che sparisca la relazione con le risonanze passate della lingua e della cultura per lasciare spazio a una lingua meno simbolica, meno carica di riflessi, ma più chiara e più netta, ad «un senso puro ed univoco»[11].

Si tratta, dunque, di stabilire se la traduzione sia un atto di comunicazione o un lavoro estetico sulla parola di un autore. Nove anni prima della pubblicazione del suo *Onegin*, Nabokov affronta il problema in un saggio apparso sulla rivista «Partisan Review» dal titolo *The Art of Translation:* Onegin *in English* che rappresenta una sorta di manifesto sulle possibilità di tradurre il romanzo in versi di Puškin e sulle norme che il traduttore intenderebbe seguire nella propria versione:

> To translate an *Onegin* stanza does not mean to rig up fourteen lines with alternate beats and affix to them seven jingle rhymes starting with *pleasure-love-leisure-dove*. Granted that rhymes can be found, they should be raised to the level of *Onegin's* harmonies but if the masculine ones may be made to take care of themselves, what shall we do about the feminine rhymes? When Pushkin rhymes "*devy*" (maidens) with "*gde vy*" (where are you?), the effect is evocative and euphonious, but when Byron rhymes "*maidens*" with "gay dens," the result is burlesque…[12].

Nabokov giunge alla conclusione che, se tradure *Onegin* in rima è impossibile, tuttavia è possibile descrivere le modulazioni e le rime del testo, così come tutte le associazioni e le altre sue caratteristiche, in una serie di note a piè di pagina. Inoltre, ritiene di poter ottenere una traduzione di

---

[9] Id., *Translator's Foreword* in: M. Lermontov, *A Hero of Our Time*, tr. ing. di Vladimir Nabokov e Dmitri Nabokov, Doubleday Anchor, Garden City (NY) 1958, p.15.

[10] «Translation is, and always will be, the mode of thought and understanding, "giacché tradurre, in verità, è la condizione d'ogni pensare e d'ogni apprendere"» (G. Steiner, *After Babel*, Oxford University Press, New York and London 1975, p. 251).

[11] A. Berman, *L'essence platonicienne de la traduction*, «Revue d'Esthétique»12, 1987, p. 69.

[12] Id., *Problems of Translation*, cit., pp. 511-512.

Onegin di discreta precisione sostituendo i quattordici tetrametri in rima di ogni strofa con quattordici versi liberi senza rima, di lunghezza variabile fra il dimetro giambico e il pentametro giambico. Una delle implicazioni dei princìpi esposti nel saggio è la radicale divisione tra contenuto e forma che porta, come conseguenza, a un trattamento differente fra *ciò* che dell'opera deve essere tradotto «letteralmente» (termine più ambiguo di quanto possa sembrare) e *come* questo debba essere descritto nelle note. L'atto finale di sintesi, necessario affinché questo tipo di traduzione «funzioni», deve avvenire nell'immaginazione attiva del lettore, cui è lasciato il compito di filtrare il contenuto del romanzo in versi attraverso il prisma delle note.

La traduzione è pubblicata finalmente nel 1964, in un'edizione in quattro volumi che comprende la traduzione «letterale» di Nabokov, il suo commento (più di mille pagine per spiegare contenuto, contesto e impatto), due appendici (compreso un trattato sulla prosodia russa), l'indice e la riproduzione del testo originale di *Onegin* nell'edizione data alle stampe da Puškin nel 1837. Il lettore comprende subito di dover compiere un lungo cammino attraverso un sistema di rimandi infinito per accedere al testo di Puškin, come testimonia anche l'autoparodia di questo lavoro di esegeta, lo strano romanzo *Pale Fire* (1962), scritto nella forma tipicamente nabokoviana di poema-commento. Citando Shakespeare (*Timone di Atene*), cui Nabokov fa riferimento per il titolo del suo romanzo, si potrebbe porre la questione della traduzione in termini di «luce»: può la luna, «ladro vagabondo», rubare al sole qualcosa di più di un «pallido fuoco»? Può il traduttore di *Evgenij Onegin* offrire più di un pallido riflesso del verso di Puškin? Puškin non va al lettore, brilla lontano, irraggiungibile; tocca al lettore compiere il viaggio, e il traduttore, come lo concepisce Nabokov, non può far altro che fornirgli il «biglietto» (come recita il titolo di un'amara poesia sull'esilio del 1927) per la lettura di un testo che spesso si assenta e si fa desiderare.

La traduzione di Nabokov è un'impresa senza precedenti nella letteratura mondiale, senza possibili termini di paragone, soprattutto se si accoglie l'opinione del poeta e storico della letteratura russo Kornej Čukovskij, secondo il quale tutti i traduttori di Puškin prima di Nabokov «avevano trasformato *Evgenij Onegin* in un assortimento da quattro soldi di frasi piatte, vacue, logore»[13]. Čukovskij, tuttavia, è critico anche nei confronti della traduzione nabokoviana, che definisce «brutta per il solo fatto di essere in prosa», ma di cui apprezza il commento in grado di compensare «la plateale assenza della forma e dello "spirito"»[14] dell'originale.

Nabokov stesso si rende conto delle implicazioni che il suo concetto di traduzione "letterale" comporta:

> In transposing *Eugene Onegin* from Pushkin's Russian into my English I have sacrificed to completeness of meaning every formal element save the iambic rhythm. In fact, to my ideal of literalism I sacrificed everything else (elegance, euphony, clarity, good taste, modern usage, and even grammar)[15].

Parafrasando Puškin, che aveva paragonato le traduzioni al cambio dei cavalli nelle stazioni di posta[16], Nabokov si augura che la propria fatica possa essere considerata almeno un «pony».

La bella immagine puškiniana va riferita non tanto allo spazio e all'incontro, o al cambio, delle lingue, quanto, piuttosto, al tempo e alle diverse tappe della civiltà. È a questi concetti che Nabokov si riferisce nell'ironica poesia, scritta nello stile un po' "vintage" del sonetto che Puškin aveva creato per *Evgenij Onegin*:

What is translation? On a platter
A poet's pale and glaring head,
A parrot's screech, a monkey's chatter,
And profanation of the dead.
The parasites you were so hard on
Are pardoned if I have your pardon,
O Pushkin, for my stratagem.
I traveled down your secret stem,
And reached the root, and fed upon it;
Then, in a language newly learned,

---

[13] K. Čukovskij *Vysokoe iskusstvo: o principach chudožestvennogo perevoda*, Izdatel'stvo "Iskusstvo", Moskva 1964, p. 203.

[14] *Ibid.*

[15] A. Pushkin, *Eugene Onegin. A Novel in Verse ...*, cit., vol. I, p. X.

[16] Cfr. Id., *Polnoe sobranie sočinenij v 10-ti tomach*, vol. VII, «Kritika i publicistika», Nauka, Leningrad 1978, p. 354.

I grew another stalk and turned
Your stanza, patterned on a sonnet,
Into my honest roadside prose—
All thorn, but cousin to your rose.[17]

I versi, pubblicati inizialmente su *The New Yorker*, entrano nel monumentale commento di Nabokov ad illustrare quanto sia difficile ricalcare il ritmo della strofa in tetrametri giambici e l'alternanza della rima BaBaccDDeFFeGG[18] di *Evgenij Onegin*. Lo schema, come in Puškin, è quello classico del sonetto, che pone in apertura una domanda («what is translation?») cui Nabokov risponde con l'uso di ricche metafore. In quest'esempio l'autore va veramente "all'origine" dell'opera puškiniana, creando un nuovo "germoglio" che presenta molte caratteristiche "della rosa" originale, di cui si sente "cugino". Non nutre, invece, alcuna speranza che *Evgenij Onegin* possa essere recepito come un poema «inglese», augurandosi solo che la sua traduzione ispiri il lettore a conoscere l'originale in russo, così come Dante sperava che *La Divina Commedia* avvicinasse il lettore alle Sacre Scritture[19]. Negli anni Cinquanta, in un'epoca in cui non si parla ancora di post-colonialismo[20] e nella traduzione si tende ad annettere o ad esotizzare i testi stranieri, l'innovativo procedimento elaborato da Nabokov sembra anticipare di quindici - vent'anni gli studi sulla teoria e la pratica della traduzione occidentale.

In cosa consiste, esattamente, il concetto di «letteralità» per Nabokov? Nell'introduzione a *Evgenij Onegin* individua tre modi possibili di tradurre i versi. Il primo, *parafrastico*, che può presentare anche un ingannevole fascino, offre una versione dell'originale con omissioni o aggiunte dettate da esigenze della forma, da convenzioni attribuite al destinatario o dall'ignoranza del traduttore; il secondo, *lessicale*, è una sorta di "macchina" che si propone soprattutto di rendere il significato basilare delle

---

[17] V. Nabokov, *On Translating "Eugene Onegin"*, cit., p. 34; in seguito in: A. Puškin, *Eugene Onegin. A Novel in Verse ...*, cit. vol. I, 1964, p. XII.

[18] La rima maschile è rappresentata dalle lettere maiuscole e la rima femminile dalle lettere minuscole.

[19] Citato in D. Remnick, *The Translation Wars*, «The New Yorker», 7 novembre 2005, p. 98.

[20] Cfr. N. Teplova, *Les migrations linguistiques de Vladimir Nabokov*, «TTR: traduction, terminologie, rédaction» 16 (2), 2003, pp. 137-154.

parole e il loro ordine; il terzo, infine, *letterale*, che mira a rendere il più possibile, per quanto lo permettano le possibilità associative e sintattiche della lingua d'arrivo, l'esatto significato contestuale dell'originale. Solo quest'ultima per Nabokov rappresenta la vera traduzione, poiché conserva l'equivalenza lessicale, «intesa in un senso complesso che tenga conto anche del significato contestuale e connotativo»[21], e non trascura le relazioni del contesto storico, sociale e letterario da cui l'opera deriva.

Nabokov approfondisce ulteriormente questa definizione nel commento alle strofe XVII –XVIII del capitolo ottavo di *Evgenij Onegin*, in cui sottolinea che, benché l'espressione "traduzione letterale" sembri una tautologia, dal momento che solo una resa letterale del testo si può considerare una traduzione vera e propria, tuttavia vi sono alcune sfumature che non vanno ignorate. Innanzitutto la "traduzione letterale" richiede aderenza non solo al senso diretto di una parola o di una frase, ma anche al suo significato sottinteso: deve essere un'interpretazione esatta sotto l'aspetto semantico, ma non necessariamente lessicale (che ignora il contesto della parola) o sintattico (che rispetta la costruzione grammaticale), dell'originale. In sostanza, una traduzione "letterale" è tale solo se è corretta dal punto di vista contestuale e se rende con precisione le sfumature e l'intonazione del testo.

Ai molti detrattori della sua opera, Nabokov faceva notare che ognuna delle parole inglesi utilizzate ha un proprio *pedigree* doloroso e va trattata con la delicatezza con cui ci si rivolge a un convalescente o ad un orfano[22]. Un esempio di questa attenzione è rappresentato dai versi 4-5 della strofa 13 del capitolo V cui Nabokov dedica ampie spiegazioni nel commento:

На солнце, на часы смотрел,
Махнул рукою напоследок[23].

---

[21] J. Rosengrant, *Nabokov,* Onegin *and the Theory of Translation*, «The Slavic and East European Journal» 38 (1), 1994, p.15.

[22] Cfr. V. Nabokov, *Intransigeances*, Julliard, Paris 1986, p. 286.

[23] «Guardava l'orologio… ed alla fine / scrollò le spalle […]». A. Puškin, *Eugenio Onegin*, tr. it. di E. Lo Gatto, Quodlibet, Macerata 2008, p. 159.

Il protagonista della scena è Lenskij il quale, prima del fatale duello con Onegin, si trova davanti al dubbio se andare o non andare da Olga, la sua amata.

Nella traduzione di Nabokov il distico è reso nel seguente modo:

The sun, his watch he kept consulting:
Gave up at length - .

Nabokov si sofferma sul gesto di rinuncia evocato dall'espressione «*machnul rukoju*» e nella nota scrive che l'unico caso evidente in cui la letteralità deve farsi da parte (e lasciare posto ad un'esauriente spiegazione) è quando la frase riguarda dei gesti nazionali che nella lingua d'arrivo non avrebbero senso. Si riferisce qui al gesto russo di rifiuto o di rinuncia che consiste in un brusco movimento della mano verso il basso. «Se lo si osserva al rallentatore si noterà che la mano destra, le cui dita sono piuttosto rilassate, traccia un semicerchio da sinistra a destra, mentre la testa ruota da destra verso sinistra. In altri termini, il gesto consiste in realtà di due piccoli movimenti simultanei: la mano abbandona ciò che stringeva, o sperava di stringere, e la testa si gira per non vedere la sconfitta o il biasimo»[24]. E' impossibile, dunque, tradurre in inglese l'espressione con un verbo e il vocabolo "*hand*". In «*gave up at length*» resta la rinuncia resa un po' più sofferta dall'espressione «*at length*» usata invece della più immediata «*at least*».

Ogni parola si trova sempre ad un incrocio linguistico o geografico e la scelta operata dal traduttore comporta immancabilmente delle perdite, soprattutto dal punto di vista della poesia, la cui «anima», appena si avvicina il traduttore, s'invola, lasciandogli tra le mani solo «una piccola gabbia dorata»[25].Tuttavia, la versione nabokoviana "verosimile" di *Onegin*, sfruttando le maggiori possibilità che la prosa offre rispetto alla poesia di oltrepassare le frontiere [26], riesce, se non altro, a salvare la cosiddetta parola-«segno». E' quest'ultima, secondo Nabokov, l'unica che, «senza

---

[24] A. Puškin, *Eugene Onegin. A Novel in Verse* ..., cit., vol. II, p. 19-20 (tr. N.C.).

[25] Id., *Pouchkine, ou le vrai et le vraisemblable*, «*La nouvelle Revue Française*» 25 (282), 1 marzo 1937, p. 373.

[26] Ivi, p. 372.

pretese di eleganza»[27], riesce a trasmettere la precisione d'immagine del suo doppio russo presente nell'originale, quella verità che va oltre la lingua, poiché tradurre, come suggerisce una frase molto colorita del romanzo *Pnin*, (1957), significa «tirar via il familiare sgabello della lingua materna facendo in modo che i bambini (perché è questo che si diventa) non cadano»[28].

[27] Id., «Eugen Onegin *rivisité*», in: *Eugen Onegin*, ed. del 1975, vol. I, p. XIII.
[28] Cfr. I. Poulin, *Vladimir Nabokov, lecteur de l'autre: incitations*, Presse Universitaires de Bordeaux, Pessac 2005, p. 147.

CONTRIBUTORS

Silvana Borutti is Professor of Theoretical Philosophy at the University of Pavia. Her research fields are: the analysis of contemporary theorical languages, notably epistemological languages, philosophy of the human sciences, and philosophy of language. Since the 1990's she has worked on the foundational problems and categories of the human sciences and on the relation between imagination and science. She has introduced a model concerning fictional construction of the objects of the human sciences, especially in anthropology. Her work has been presented in articles published in national and international journals, and in many books; one of them, *Teoria e interpretazione*, has been translated into French. Since 1993 her research in the epistemological foundation of the human sciences has been part of a cooperative research group between the Universities of Lausanne, Paris V - Sorbonne, Torino, Milano Bicocca, Pavia and the École des Hautes Études en Sciences Sociales. Her most recent book regarding the problem of translation, *La Babele in cui viviamo* (2012), has been written with Ute Heidmann.

Nadia Caprioglio is Associate Professor of Russian Language and Literature at University of Turin (Italy). She is author of translations from Russian of both prose (F. Dostoevsky, A.Chekhov, V. Rozanov, M. Bulgakov, K. Malevich) and poetry (K. Pavlova, D. Merezhkovsky, I. Lisnyanskya, V. Vysotsky); she is also author of studies about the Russian Symbolism, Modern and Contemporary Russian Literature, Russian Vanguard Literature.

Gaetano Chiurazzi is Associate Professor of Theoretical Philosophy at the University of Torino. He studied and worked as research fellow in the Universities of Torino, Berlin, Heidelberg, and Paris. His interests are especially concerned with French and German philosophy, in particular Derrida, Kant, Hegel, Husserl, Heidegger, and Gadamer. This is attested by his main publications: *Scrittura e tecnica. Derrida e la metafisica* (1992); *Hegel, Heidegger e la grammatica dell'essere* (1996); *Teorie del giudizio* (2005; Spanisch translation: *Teorías del juicio*, 2008); *Modalità ed esistenza* (2001; German translation: *Modalität und Existenz*, 2006);

L'esperienza della verità (2011). With Gianni Vattimo he is the co-editor of *Tropos. Rivista di ermeneutica e critica filosofica.*

Donatella Di Cesare is Professor of Theoretical Philosophy at the University "Sapienza", Rome. She studied in Rome, Tübingen and Heidelberg under Hans-Georg Gadamer and at the Hochschule für Jüdische Studien. She has been visiting professor in Köln and Freiburg (Germany), and Distinguished Visiting Professor of Arts and Humanities at the Pennsylvania State University (United States – 2007). She is vice-president of the "Martin Heidegger-Gesellschaft". Her research fields are: hermeneutics, contemporary philosophy, philosophy of language, Jewish philosophy, phenomenology, ethics, Greek philosophy. Among her most recent works: *Grammatica dei tempi messianici*, 2010; *La giustizia deve essere di questo mondo. Paesaggi dell'etica ebraica*, 2012; *Utopia of Understanding. Between Babel and Auschwitz*, 2012.

Adriano Fabris is Professor of Moral Philosophy at the University of Pisa. He studied at the Universities of Mannheim, Freiburg and Heidelberg. He is director of the Master in Public Communication and Politics and of the "Centro di ricerche e di servizi sulla comunicazione" at the University of Pisa, editor in chief of the journal "Teoria", and Committee member of various philosophical Italian and International journals. He is the editor of the series "Parva Philosophica" and "Comunicazione e oltre" by the ETS Editions of Pisa. His most recent publications are: *Etica della comunicazione*, 2006; *Senso e indifferenza. Un clusterbook di filosofia*, 2007; *TeorEtica. Filosofia della relazione*, 2010.

Ute Heidmann is Professor of Comparative Literatures at the University of Lausanne, Switzerland, founder and director of the "Centre de recherche en Langues et littératures européennes comparées" (CLE). Her research fields are: the epistemology of comparative studies, of interdisciplinarity and of translation, comparative and discursive analysis of literary and non literary genres, the (re)writing of the Greek myths, the intertextual dialogism of stories and related genres (16th-20th centuries). Among her monographies and edited books: *Die eigene Art zu sehen. Zur Reisebeschreibung des späten achtzehnten Jahrhunderts* (1993); *Poétiques comparées des mythes* (2003); *Sciences du texte et* *analyse de discours* (2005); *Le texte littéraire. Pour une approche interdisciplinaire* (2009); *Textualité et intertextualité des contes* (2010); *La Babele in cui viviamo. Traduzioni, riscritture, culture* (with Silvana Borutti, 2012); *Le dialogisme intertextuel des contes des Grimm* (2012).

Adalberto Mainardi, monk of Bose (Biella, Italy), is a member of the Scientific Commettee of the Ecumenical International Congress of Ortodox Spirituality at the Bose monastery. He has studied Philosophy and Modern Foreign Literature; he is interested in the History of the orthodox Russian Church, in ecumenical theology and in Russian philosophy, on which he has published many articles in Italian and International journals. He has contributed to the *Bibliotheca sanctorum orientalium* (Città Nuova 1998 and 1999), to the *Lessico della contemporaneità* Treccani, and edited the Italian version of some of the classics of Rumenian and Russian spiritual literature, among which *Racconti di un pellegrino russo* (Qiqajon 2005, 20112), *Lettere sulla vita interiore di Arsenij Troepol'skij* (2011), and the writings of Silvano of the Monte Athos (*Nostalgia di Dio*, Qiqajon 2011). He has also translated and edited the first Italian anthology of the Russian poetess Olga Sedakova (*Solo nel fuoco si semina il fuoco*, Qiqajon 2008). Among his most recent works is an essay on the *Paternità spirituale nel monachesimo russo* (Qiqajon 2009), the edition of the books *La Parola di Dio nella vita spirituale* (Qiqajon 2012), *L'uomo custode della creazione* (Qiqajon 2013), and a collection of essays *Tradizione cristiana in Oriente e in Occidente* (in Russian, Kiev, Duch i Litera, 2012).

Francisco José Martín Cabrero is Associate Professor of Spanish Literature at the "Department of Human Studies", University of Torino, and taught in at Universities of Münster and Siena. His main research fields are Spanish contemporary literature, philosophical Hispanism and the relations between philosophy and literature in a philological and philosophical perspective. He is the author of *El sueño roto de la vida. Ensayo sobre la poesía de Francisco Brines* (1997), *La tradición velada. Ortega y el pensamiento humanista* (1999) and *El uno, el otro, el mismo. Vindicación de J. Martínez Ruiz* (2012). He has edited *Diario de un enfermo* (2000) by J. Martínez Ruiz, *España invertebrada* (2002, 2ª ed. 2007) by Ortega y Gasset, *Fiesta de Aranjuez* (2005), *El Político* (2007) by Azorín, and *España. Pensamiento poesía y una ciudad* (2008) by María Zambrano. He translated works of Eugenio Trías and of María Zambrano into Italian. He has lectured and given seminars and conferences in various Universities and Institutes of Culture in Italy and abroad.

Alberto Martinengo is a Research Fellow at the University of Turin and a Lecturer at the University of Aosta. His research interests include aesthetics, hermeneutics, and deconstruction. He has published essays on the 20th century debates in continental philosophy and authored two books: *Introduzione a Reiner Schürmann* (2008), and *Il pensiero incompiuto. Ermeneutica, ragione, ricostruzione in Paul Ricœur* (2008).

Caterina Resta is Professor of Theoretical Philosophy at the University of Messina. She has dealt especially with Heidegger's, Jünger's and Schmitt's thought, and themes related to difference and alterity, with particular attention to Derrida, Nancy and Levinas. Among her publications: *La misura della differenza. Saggi su Heidegger*, Milano, Guerini e Associati, 1988; *Pensare al limite. Tracciati di Derrida*, 1990; *Il luogo e le vie. Geografie del pensiero in Martin Heidegger*, 1996; *Passaggi al bosco. Ernst Jünger nell'era dei Titani*, 2000 (with Luisa Bonesio); *L'evento dell'altro. Etica e politica in Jacques Derrida*, 2003; *L'Estraneo. Ostilità e ospitalità nel pensiero del Novecento*, 2008; *Stato mondiale o* Nomos *della terra. Carl Schmitt tra universo e pluriverso*, 2009 (n. ed.); *Intervista sulla Geofilosofia*, edited by R. Gardenal, 2010 (with Luisa Bonesio); *Geofilosofia del Mediterraneo*, 2012.

Chiara Sandrin is Associate Professor of German Literature at the University of Torino. Her research and publications are devoted especially to the aesthetic-literary debate in the Classic-Romantic period (Wackenroder, Goethe, Hölderlin, Novalis, Kleist) and in the early 20th century (Bachmann, Celan, Heidegger, Adorno). She has translated many works of Martin Heidegger and Ernst Jünger into Italian. Among her publications: *Da Omero a Colombo. Itinerario attraverso la poesia di Hölderlin* (2002), *Thomas Mann. L'eco e la grazia* (edited with R. Morello, 2005), *L'acuto del presente. Poesia e poetiche a metà del Novecento* (edited, 2009).

Evgenij M. Solonovič, is a literary translator, Italianist, critic, poet, Professor of Theory and Practice of Literary Translation from Italian at the University Institute of Literature "M. Gor'kij", Moskow; he is member of the Union of Writers and of the Editorial Committe "Inostrannaja Literatura". He is recognised as the greatest translator of Italian poetry into Russian, from Dante to Petrarca, Ariosto, Alfieri, to the great authors of 20th Century, such as Saba, Montale, Ungaretti, and of contemporary poets such as Luzi, Caproni, Quasimodo, Sereni and many others. Winner of prestigious literary prizes in Italy (Prize Traduzione 2010, for Eugenio Montale's *Farfalla di Dinard*), and in Russia he has been bestowed with the Laurea honoris causa in Foreign Literatures and Languages by the University of Siena (2007) and the PhD honoris causa in Sciences of Text at the University "Sapienza", Rome (2013).

INDEX